JN409524

4 사사기 · 룻기
치유의 말씀

하나님은 역사하십니다

| 김의식 지음 |

쿰란출판사

| 추천사

열정과 노력과 긍정의 목회자인 김의식 목사님은 저와 동역한 목사님으로, 다른 목회자들이 갖지 못한 몇 가지 특징이 있습니다.

첫째로 열정 있는 전도사였습니다.

그가 전도사였던 시절, 교회에서 각 부서(영아, 유치, 유년, 초등, 소년, 중등, 고등부)가 500명 이상 모이기 운동을 전개했는데 단연 김의식 전도사의 담당 부서가 가장 먼저 500명을 돌파하였습니다. 김 목사님은 목회 초기부터 "부지런하여 게으르지 말고 열심을 품고 주를 섬기라"(롬 12:11)는 말씀대로 열심을 품고 주를 섬기는 주님의 종이었습니다. 똑같이 출발하여 달려도 언제나 가장 먼저 목표 이상을 달성하는 열정 있는 종입니다. 어떤 이가 "역사에 기록이 될 만큼 큰 운동들은 열심이 가져다준 승리의 기록이다. 열심 없이 성취된 위대한 일은 없다"라고 말하였습니다. 김 목사님이 시무하는 교회는 그의 열정만큼 빨리 성장하였습니다.

둘째로 배우려는 노력이 강한 목사입니다.

김 목사님은 신학교 시절과 전도사 때부터 목회에 관한 각 분야에 남달리 깊이 배우려는 노력을 하였습니다. 목사 안수를 받고 목회 현장 경험도 익히는 한편 미국에 가서 신학을 더 공부하며 목회 경험을 쌓았습니다. 그리고 지금은 신학대학교에서 가르치기도 하고, 대형 교회 목회자이면서도 계속 배우려는 노력을 지속하는 목사입니다.

독일이 낳은 대철학자 칸트가 “인간은 교육을 통하지 않고는 인간이 될 수 없는 유일한 존재다”라고 말하였습니다. 같은 인간인데 문명과 비문명의 차이는 교육의 차이라고 할 수 있습니다. 목사도 예외가 아닙니다. 영적인 면에서부터 목회의 세미한 분야에 이르기까지 배우려는 노력과 정성만큼 깊어지고 성숙해집니다. 김 목사님의 배움의 지속이 계속적인 발전과 향상의 밑거름이라고 여겨집니다.

셋째로 적극적인 목회자입니다.

김 목사님은 목회를 '기쁘게' 생각하며 '즐거움'으로 감당해가는 목회자입니다. 세상 일, 즉 스포츠, 음악, 예술, 학문, 사업 등 어느 분야에서든 진정으로 성공한 사람들의 공통점은 자기가 하고 있는 일에 긍정적이고 적극적인 자신감을 가지고 있다는 점입니다.

하물며 하나님의 사업을 맡은 목회에 있어서는 "내게 능력 주시는 자 안에서 내가 모든 것을 할 수 있느니라"(빌 4:13)는 바울 사도의 고백 그대로 적극적인 신앙과 생각으로 최선을 다해야 합니다. 그런 의미에서 "목회는 긍정의 물을 먹고 자라는 나무다"라고 할 수 있습니다. 김 목사님은 언제나 미래 지향적으로 내다보며 달리는 적극적인 목회자입니다.

이렇듯 김의식 목사님만이 가진 특색이 있습니다. 그런 김 목사님의 치유목회를 엿볼 수 있는 증언들을 모은 설교집이기 때문에 많은 목회자들과 교회를 섬기는 성도들과 믿지 않는 사람들에게까지 큰 도움이 되겠기에, 김 목사님의 설교집을 기쁜 마음으로 널리 추천합니다.

2021년 10월
대한예수교장로회 증경총회장
노량진교회 림인식 원로목사

| 추천사

현대인들은 너 나 할 것 없이 아픈 사람들이다. 인간은 음식과 함께 다른 사람과의 깊은 만남에서 오는 사랑을 먹어야 산다. 그런데 가정에서는 소유하고 지배하려는 부모들의 병든 사랑 때문에 자녀와 부모관계는 깨어졌고, 직장에서는 심한 경쟁의식으로 질식해 가고 있다. 그래서 사랑에 배고파 방황하는 현대인들이 가장 많이 모여드는 곳이 교회이다.

21세기 한국 교회는 치유자요 상담자이며 영적 인도자를 갈망하고 있다. 그리고 현대인들의 아픈 상처를 싸매 주고 이들의 외로움을 가슴으로 들어주며 치유해 줄 수 있는 목자를 찾고 있다. 바로 이때 방황하는 한국 민중, 외로움으로 신음하는 한국 교인들을 위해 하나님은 김의식 목사님을 보내주셨다. 김의식 목사님은 이 백성의 아픔을 함께 아파해 주고 함께 울어줄 수 있는 치유자요 목회자라고 믿는다. 그 자신이 깊은 상처에서 치유받은 '상처 입은 치유자'이기 때문이다.

본서는 상처 입은 현대인들에게 부어주는 생명수임에 틀림없다. 이 책이 우리 가슴에 이렇게 뜨겁게 와 닿는 것은 목회상담학자요 치유자이며 목회자인 김의식 목사님 본인의 눈물과 아픔과 사랑 속에 우리가 빨려 들기 때문이리라.

나는 이십 년이 훨씬 넘게 김의식 목사님을 학교 강단에서 보아왔다. 강의실에서 학생들에게 지식을 강의하는 것도 힘든 일인데, 김의식 목사님은 학생들의 머리와 가슴을 함께 뒤흔드는 명교수이다. 강의에서 느끼는 깊이와 넓이와 뜨거움이 본서에서도 처음부터 끝까지 이어지고 있다. 이 책이 한국 교회와 백성들을 위해 좋은 소식임에 틀림없다.

2021년 10월

치유상담대학원대학교 총장

정태기 목사

| 머리말

"너희가 성경에서 영생을 얻는 줄 생각하고 성경을 연구하거니와 이 성경이 곧 내게 대하여 증언하는 것이니라"(요 5:39).

"이르시되 미련하고 선지자들이 말한 모든 것을 마음에 더디 믿는 자들이여 그리스도가 이런 고난을 받고 자기의 영광에 들어가야 할 것이 아니냐 하시고 이에 모세와 모든 선지자의 글로 시작하여 모든 성경에 쓴 바 자기에 관한 것을 자세히 설명하시니라"(눅 24:25-27).

우리는 구약성경을 읽으면서 율법적으로, 역사적으로, 시가적으로, 예언적으로 대할 수 있습니다만 가장 복음적인 접근은 우리가 구약성경에서 예수님을 만나야 하고 예수님의 음성을 들어야 합니다. 그래서 예수 그리스도의 복음의 관점에서 구약성경을 연구하는 것은 보다 더 깊은 영적인 은혜를 체험하게 할 것입니다.

그러나 우리는 여기서 그쳐선 안 됩니다. 사실 신구약성경은 엄밀한 의미에서 치유서(The Book of Healing)입니다. 예수님께서는 십자가에서 우리 인간에게 불행과 고통을 안겨주는 영혼의 죄악과 마음의 상처와 육신의 질병을 대신 지셨습니다. 이 영, 혼, 육의 치유의 복음을 구약성경에서 예언하셨고 신약성경에서 성취하셨습니다. 그러므로 우리가 구약성경을 대할 때 치유적인 관점에서 보다 더 깊은 영적인 은혜를 나누어야 할 것입니다.

'하나님은 역사하십니다' 시리즈는 창세기로부터 시작하여 말라기에 이르기까지 이러한 치유의 복음의 관점에서 조명하고 있습니다. 가장 먼저 구약성경을 히브리 원어로 파헤치며 그 뜻을 바로 해석하고, 그 기록의 문맥이나 배경을 살펴보며 더 나아가 이 말씀이 오늘의 시대 상황 속에서 어떠한 치유의 은혜의 메시지를 들려주는가를 찾아내고자 한 것입니다.

지금까지의 전통적인 설교들이 삶과 괴리가 있는 율법적이거나 이론적이거나 지식적인 말씀의 선포에 치우침으로 인해 더 이상 영혼과 육신의 아픔을 치유하지 못하고 자신의 삶의 통회 자복과 결단은커녕 영적인 교만과 판단만 더해줄 때가 얼마나 많았습니까? 그러므로 본서는 죄악과 상처와 질병으로 인해 지치고 병들어 죽어가고 있는 말세 마지막 때의 수많은 영혼들을 살려내기 위한 치유설교로서의 하나의 모델로서의 시도인 것입니다. 본서의 출판이 하나의 계기가 되어 치유설교가 더욱더 깊이 연구되고 발전되기를 간절히 바라는 마음입니다.

가장 먼저 본서가 나오기까지 사랑으로 역사해 주신 하나님 아버지께 진심으로 감사드리며 지난 22년 동안 묵묵히 중보적 기도에 힘쓰며 사랑으로 섬기며 함께 치유의 은혜를 나눠주신 치유하는교회의 신실한 장로님들과 권사님들과 집사님들과 성도님들과 충성스런 주의 종들에게 진심으로 감사드립니다. 특별히 본서의 추천의 글을

써주시고 오늘의 저를 있게 하신 림인식 목사님과 정태기 총장님께도 더욱 깊은 감사를 드립니다.

더 나아가 모든 말씀들을 정리해 준 이수영 행정목사님과 사랑하는 아내 문채성 사모와 아버지의 뒤를 이어 상담치유학을 전공하고 있는 딸 김안나 전도사 내외와 하늘나라에 가셔서도 사랑하는 아들을 위해 끊임없이 기도하고 계실 저의 신앙생활의 모범이 되어주신 사랑하고 존경하는 부모님 故 김성열 장로님과 마인순 권사님께도 깊은 감사의 마음을 전합니다. 마지막으로 치유의 은혜를 사모하는 이 땅 위의 모든 상처받은 심령들에게 이 책을 바치고자 합니다.

2022년 8월

치유하는교회 목양실에서

김의식 목사

| 차례

추천사 림인식 원로목사(노량진교회, 대한예수교장로회 증경총회장) _ 2
정태기 목사(치유상담대학원대학교 총장) _ 6
머리말 _ 8

계속되는 고난 속에서(사사기 2장 11–17절) _ 15

고난을 이겨 내는 길(사사기 3장 7–11절) _ 34

영적 싸움의 승리 비결(사사기 3장 12–23절) _ 52

연약한 자의 승리 비결(사사기 4장 4–16절) _ 73

부족한 자의 부르심(사사기 6장 7–18절) _ 92

이렇게 시대를 극복하라(사사기 6장 11–24절) _ 112

부족한 자의 승리 비결(사사기 7장 2–18절) _ 127

아 하나님의 은혜로(사사기 11장 1–11절) _ 149

이렇게 행복을 회복하라(사사기 13장 1-8절) _ 169

마지막 날을 기억하라(사사기 16장 23-31절) _ 189

이렇게 양육하라(룻기 1장 1-5절) _ 208

개혁의 회복(룻기 1장 6-18절) _ 226

이렇게 효도하라(룻기 1장 14-18절) _ 245

이렇게 선택하라(룻기 2장 1-7절) _ 260

이렇게 행복하라(룻기 3장 1-5절) _ 278

이렇게 이어 가라(룻기 4장 13-17절) _ 294

계속되는 고난 속에서

사사기 2장 11-17절

오늘은 예수님께서 하늘로 올라가신 후 약속하신 대로 이 땅에 성령님을 보내 주신 성령강림주일입니다. 지난날 초대교회와 같이 우리도 불신앙의 죄를 회개하고 예수님을 구주로 믿고 영접할 때 성령님이 임하시게 됩니다.

인생을 살아가다 보면 신앙생활을 해도 고난은 끊이지 않습니다. 그러나 많은 경우 성령님으로 충만하지 못함으로 인해 우리의 가정이나 직장, 하나님의 교회까지 고난을 겪게 됩니다. 본문 말씀에서도 이스라엘을 가나안 땅으로 인도했던 여호수아와 2세대들이 세상을 떠난 뒤, 그들의 자손인 새로운 세대가 신앙을 떠남으로 인해 고난이 시작됩니다. 사사기를 통해 계속해서 이어지는 이 고난을 보면서, 우리도 앞으로 인생에서 계속되는 고난을 어떻게 대비하며 이겨 낼 것인지, 이 성령강림주일에 들려주시는 하나님의 음성을 다 함께 들을 수 있길 간절히 바랍니다.

하나님의 품을 떠나 범죄하지 말아야 함

먼저 본문 11-12절 말씀을 보겠습니다. "이스라엘 자손이 여호와의 목전에 악을 행하여 바알들을 섬기며 애굽 땅에서 그들을 인도하여 내신 그들의 조상들의 하나님 여호와를 버리고 다른 신들 곧 그들의 주위에 있는 백성의 신들을 따라 그들에게 절하여 여호와를 진노하시게 하였으되."

이스라엘 자손은 그들의 조상들을 애굽 땅에서 430년에 이르는 그 엄청나게 길고 고통스러운 종살이에서 해방시켜 주시고 40년 광야생활을 인도하셔서 가나안 땅에 정착하게 해주신 여호와의 사랑과 은혜를 저버리고 하나님의 품을 떠나, 심지어 여호와의 목전에서 악을 행하여 바알신들을 섬겼습니다.

여기서 '바알'을 히브리어로 'הַבְּעָלִים'(합베알림)이라는 복수형을 사용해 '바알들'이라고 한 것은, 잡다한 인간들의 종교를 혼합한 바알 종교의 혼합성을 말하는 것입니다. '바알'은 '주인' 또는 '남편'이라는 뜻으로, 가나안과 베니게의 주신(主神)이자 최고의 남신(男神)이었고 농사와 풍요의 신이었습니다. 가나안 땅의 지형과 메마른 기후가 이런 바알신의 숭배를 흥왕케 했던 것입니다.

또 이스라엘 자손은 아스다롯신들도 섬겼는데, 여기서 '아스다롯'을 히브리어로 'עַשְׁתָּרוֹת'(아쉬타로트)라는 복수형으로 쓴 것도 아스다롯 역시 혼합 종교로 타락했음을 보여 주는 것입니다. '아스다롯'은 '여주인' 또는 '아내'라는 뜻의 풍요와 번식의 신으로 베니게와 앗수르, 바벨론의 최고의 여신(女神)이었습니다. 아스다롯은 항상 바알과 함께하면서 성적 행위를 부추겼기에 이스라엘 자손을 도덕적으로 문란하게 했습니다. 이스라엘 자손이 물질의 복을 받고 아들

딸 낳고 잘 살며 세상 쾌락까지 누릴 수 있는 이러한 세속종교에 빠져들어 바알신들과 아스다롯신들에게 절하며 우상숭배를 함으로써 하나님을 크게 진노하시게 했던 것입니다.

말세의 마지막 때를 살아가는 우리 또한 신앙생활을 하며 눈에 보이는 이러한 유형 우상을 만들어 섬기지는 않는다 할지라도, 눈에 보이지 않지만 하나님보다 더 사랑하는 무형 우상들이 얼마나 많이 있습니까? 결국 이러한 우상들이 우리의 신앙생활을 멸망의 길로 끌고 가는 것입니다.

지난 주간에도 한국토지주택공사(LH) 간부가 아파트 투기로 걸려들었고, 강원도 양구군 간부 공무원들과 제21사단장까지 역세권 투기로 수사를 받게 되었습니다. 또 관세청 산하 관세평가분류원 등 세종시로 이전한 공무원들이 청사 신축과 더불어 아파트 특별공급을 통해 시세 차익을 몇 배나 얻어, 국무총리가 이에 대해 취소 등 위법 행위에 대한 법적 조치를 하라고 하지 않았습니까? 언제까지 이렇게 세상 욕심에 빠져 살다 인생을 망쳐야 하겠습니까? 먹고 살 만큼 벌고 주의 일을 하면 됐지, 그렇게 쌓아 놓고 무얼 하겠다는 것입니까?

골로새서 3장 5절을 보면 "그러므로 땅에 있는 지체를 죽이라 곧 음란과 부정과 사욕과 악한 정욕과 탐심이니 탐심은 우상숭배니라"고 강력히 경고하고 있습니다. 음란과 부정과 사욕과 악한 정욕과 탐심에 대해 날마다 순간마다 스스로를 십자가에 못 박아 죽어야 하고, 이러한 욕심과 욕망을 철저히 부인해야 합니다. 그렇지 않으면 주님보다 더 사랑하는 사람이나 물질이나 명예가 결국에는 우리의 신앙을 흔들어 놓고 큰 시험에 빠지게 할 것입니다. 그러면 결국 하나님의 은혜가 메마르기 시작하고, 축복이 사라져 가고, 행복을 다 잃어버리고 맙니다.

영국 웨스트민스터 교회의 그 유명한 마틴 로이드 존스(D. Martyn Lloyd-Jones) 목사님의 후임으로 25년 동안 목회한 이 시대의 마지막 예언자 로버트 T. 켄달(Robert Tillman Kendall) 목사님이 쓴 《감사해요 하나님》(*Thanking God*)이라는 명저가 있습니다. 이 책에 의하면, 성령 충만의 증거(엡 5:18)로 찬송의 기쁨(엡 5:19)과 감사의 행복(엡 5:20)과 복종의 섬김(엡 5:21)이 있는데, 그중에 감사는 가장 확실한 성령의 능력이며 성령 충만의 증거라는 것입니다. 그래서 우리가 천국 백성으로 살게 하는 한마디 고백이 있다면 "감사해요! 하나님"인데, 우리가 모든 일에 감사하게 되면 모든 삶이 너무도 은혜롭고 복되고 행복해지고 원수도 사랑하게 되어 이 땅에서 천국을 누리며 살다가 영원한 천국에 이르게 된다고 말합니다.

말세 마지막 때가 되어 사탄은 우리에게 하나님보다 더 사랑하는 우상들을 갖게 함으로, 현실에 결코 감사하거나 만족하지 못하게 하고 행복해하지 못하게 만듭니다. 입만 열면 불평과 원망이 쏟아지고 험담과 비방이 가득한 지옥 같은 삶을 헤어 나오지 못하게 합니다. 그렇게 하나님의 영광만 가리고 살다가 어느 날 갑자기 인생이 끝나 버리면, 이 얼마나 불행하고 불쌍한 일생입니까?

이번에 임직자 선거를 치렀는데, 어느 교회나 임직자 선거의 어지러운 틈을 타서 사탄이 가장 극렬하게 역사하는 것을 볼 수 있습니다. 특히 말세 마지막 때가 되어서 그런지 지난 21년 동안 치유하는 교회 목회를 하면서 지난 주일처럼 사탄이 극렬하게 역사하는 것은 처음 보았습니다.

그렇게 교회에 나오라고 해도 코로나19가 그렇게 두려운지 코빼기도 안 보이다, 장로 선거를 한다니까 그것이 우상이 되어서 사람들이 불나방처럼 몰려들었습니다. 진작 장로 선거를 했으면 나오지 말라고 막아도 나왔을 텐데, 하는 생각이 들 정도였습니다. 그러나 그러기 전에 진작 그랬더라면 하나님 아버지께서 얼마나 기뻐 받으셨겠습니까? 이미 그들은 영적으로 잠들고 병들고 죽은 신앙인 것입니다.

심지어 교회도 잘 안 나오던 자녀들까지 동원해 투표하게 하면, 자녀들이 말은 안 해도 속으로 '우리 부모님은 장로 하려고 교회 다니는구나!' 하고 실망하지 않겠습니까? 결국 그들의 신앙도 함께 죽어가는 것입니다. 그런데 급기야는 거룩한 주일에, 거룩한 성전에서, 그것도 선거투표소 앞에서까지 장로 명단을 적은 쪽지를 나눠 주면서 부정행위를 하는데, 세상 선거판도 그렇게까지 하지는 않습니다. 투표소 앞에서 그런 부정행위를 하면 현행범으로 체포됩니다. 세상의 소금과 빛이 되어야 할 교회에서 그런 부정행위가 벌어지고 또 그것을 묵인하면서 우리가 장로, 권사, 집사라고 큰소리칠 수 있습니까? 그런 사람들은 앞으로 정의나 개혁을 외칠 자격이 없는 것입니다. 그러더니 지난 화요일에는 교구에 자기 명함까지 돌리던데, 그렇게 쪽지와 명함을 돌릴 열심으로 전도지를 나눠 줬으면 귀한 생명을 얼마나 많이 살렸겠습니까?

그렇게 부정하게 장로가 되어서도 안 되지만, 도대체 그렇게까지 장로가 되어서 무엇을 하겠다는 것입니까? 평소에 예배도 잘 안 나오고, 술과 담배도 끊지 못하고, 자신의 신앙조차 제대로 지키지 못한 채 온전한 헌신은커녕 온갖 교만과 거짓과 불의로 가득한 사람이, 신앙생활의 본도 못 보이면서 장로가 되어 사탄의 도구로 하나님의 교회의 발목이나 잡고 걸림돌이나 된다면 장차 어떤 심판을 받겠습니까? 그런 사람들은 차라리 장로나 권사나 집사가 되지 않는 것이 자신의 신앙생활에 유익할 것입니다. 그렇게 신앙생활하면 자기 자신의 일생은 말할 것도 없고, 자녀들의 장래까지 다 무너뜨리고 맙니다.

그러니 이제 남은 인생이라도 열심히 성경 말씀 읽고, 기도에 힘쓰고, 헌신적으로 헌금하고, 구제하고, 봉사하고, 전도하고, 선교하면서 살아보십시오. 하나님께서 얼마나 기쁘게 받으시겠습니까? 하나님께서 베풀어 주시는 은혜와 축복으로 얼마나 행복하게 마지막 때의 사명을 감당하며 영광 돌릴 수 있겠습니까?

그러므로 이렇게 장로가 되려고 육신적으로 열심을 내는 사람들은 절대로 뽑아서는 안 됩니다. 이미 20여 년 전 우리 교회 당회가 근본적으로 병들고 썩어서 10년 동안 그 큰 전쟁을 치러 놓고도 또 다시 과거로 돌아가려고 그러십니까? 그렇다면 우리가 사는 이 말세, 마지막 때가 사사시대나 다를 것이 뭐가 있겠습니까? 여러분, 장로가 명예나 감투입니까? 명예나 감투로 생각하는 사람이 장로가 되면, 어깨에 완장 차고 돌아다니면서 교회를 분열시키고 어지럽힙니다. 그러나 진정으로 헌신한 목사나 장로나 권사나 집사는 주님의 복음을 위해 모든 것을 다 바치고 십자가를 지고 죽을 각오로 헌신합니다. 그렇게 목숨 걸고 주님의 종들과 합심, 합력하여 주님과 고통당하는 이웃을 위해 헌신하고 봉사하고 충성을 다할 각오가 되어 있으면, 그 사람은 하나님이 먼저 아시고 교인들도 다 알아 보고 세우게 되어 있습니다.

우리는 하나님께서 너무나 싫어하시고 사탄이나 기뻐하는 기복주의, 인본주의, 세속주의의 바벨탑을 쌓으면 안 됩니다. 사람들은 자기들이 스스로 모으고 힘쓰고 세우면 다 할 수 있다고 큰소리치지만 이것이 말세 마지막 때의 인간 바벨탑입니다. 그런데 이 인간 바벨탑은 하나님께서 한 번 휘저으시면 다 무너지고 말 것입니다. 이처럼 세속의 물결이 교회에 너무나 깊숙이 그리고 거세게 들어와, 점점 우리의 신앙이 잠들고 영혼이 병들어 세상의 우상을 섬기는 죄악 가운데 죽어가고 있지는 않습니까? 그렇다면 이제라도 빨리 살아 있는 동안 하나님의 사랑의 품으로 돌아와 주님 안에서 새로워진 믿음으로 돈이나 명예, 세상 그 무엇이라도 주님보다 더 사랑하는 것들을 과감하게 내어 버릴 수 있길 바랍니다.

요한1서 2장 15-17절에서는 이렇게 말씀합니다. "이 세상이나 세상에 있는 것들을 사랑하지 말라 누구든지 세상을 사랑하면 아버지의 사랑이 그 안에 있지 아니하니 이는 세상에 있는 모든 것이 육신의 정욕과 안목의 정욕과 이생의 자랑이니 다 아버지께로부터 온 것이 아니요 세상으로부터 온 것이라 이 세상도, 그 정욕도 지나가되 오직 하나님의 뜻을 행하는 자는 영원히 거하느니라." 이 약속의 말씀처럼, 하나님의 사랑의 품을 떠나 사는 그 견디기 어려운 불행과 고통 속에서 더는 범죄하지 않고 하나님의 사랑의 품으로 돌아올 때, 하나님께서는 기적적으로 역사하셔서 계속되는 어떠한 고난도 다 이겨 내고 영원히 복되게 살아가게 하실 줄 분명히 믿으시기 바랍니다.

고난 속에서 통회 자복하며 돌이켜야 함

본문 14-15절 말씀을 보겠습니다. "여호와께서 이스라엘에게 진노하사 노략하는 자의 손에 넘겨주사 그들이 노략을 당하게 하시며 또 주위에 있는 모든 대적의 손에 팔아넘기시매 그들이 다시는 대적을 당하지 못하였으며 그들이 어디로 가든지 여호와의 손이 그들에게 재앙을 내리시니 곧 여호와께서 말씀하신 것과 같고 여호와께서 그들에게 맹세하신 것과 같아서 그들의 괴로움이 심하였더라."

이스라엘 자손이 여호와 하나님을 버리고 바알신들과 아스다롯신들을 섬기자, 하나님께서 진노하셔서 그들을 노략하는 자들의 손에 넘겨주심으로 노략을 당하게 하시거나, 주위에 있는 원수 대적들의 손에 팔아넘기셔서 그들에게 더는 항거하지 못하게 하셨습니다. 더 나아가, 경고의 말씀대로 하나님의 손이 그들에게 재앙을 내리셔서, 이스라엘 자손이 어디로 가든지 괴로움이 더욱 심해져 갔습니다. 그런데 그 고통 가운데서 회개한 그들이 하나님의 품으로 돌아왔던 것입니다.

여러분, 하나님께서는 우리를 사랑하셔서 하나님의 말씀대로만 살면 우리가 하나님의 복을 마음껏 누릴 수 있게 하셨는데, 그 하나님의 말씀을 떠났기 때문에 불행과 고통이 시작된 것입니다. 마음의 기쁨을 잃어버리고, 육신이 병들고 고통스럽고, 물질의 손실을 당하고, 가정의 불행을 겪고, 주의 종들이나 영적인 교우들과의 관계가 무너진 바로 그때 주님 앞에 엎드려야 합니다. 그리고 그러한 고통 속에서 자신의 교만과 거짓과 불의와 폭력에 대해 통회 자복하고 새롭게 변화되어야 합니다.

대부분의 믿음의 사람은 복되고 형통할 때보다 이러한 고난을 통해 연단을 받고 하나님의 사랑의 품으로 돌아오게 됩니다. 여자들은 남자들이 군대 이야기하는 것을 싫어하고, 축구 이야기하는 것은 더 싫어하고, 군대에서 축구한 이야기하는 것은 가장 싫어한다고 하지 않습니까? 최근에 즐겨 보는 TV 프로그램이 있는데, 채널A에서 매주 화요일 저녁 10시 30분부터 방영하는 〈강철부대〉라는 군대 예능 프로그램입니다. 지난주 화요일 방송은 육군 제707특수임무단과 육군 특수전사령부의 육군연합이 해군 특수전전단(UDT)과 해군 해난구조전대(SSU)의 해군연합에게 극적인 대역전승을 거두는 내용이었습니다.

저는 그 출연자들 가운데서 〈한잔해〉라는 노래로 인기 절정에 있는 '박군'이라는 예명을 가진 특전사 상사 출신의 박준우 가수를 너무도 좋아하고 열렬히 응원합니다. 부모가 이혼을 하고 군대에 있을 때 어머니가 암으로 빨리 세상을 떠나셔서 너무도 불우한 환경에서 자라났는데 왜소한 체격임에도 얼마나 사나이답고 화끈하면서도 뱀과 같이 지혜롭고 비둘기같이 순결한지, 그리고 얼마나 불타는 전우애를 가지고 부하들을 이끌어 가는지 모릅니다.

그런데 저는 이 〈강철부대〉를 보면 지난날 수도경비사령부 30경비단 청와대 경호부대에서 근무하던 시절이 떠오릅니다. 매일 온갖 욕설과 구타에 시달리면서 고된 훈련과 기합을 받았기에, 그때 '순둥이 김의식 전도사'가 영적 전쟁의 최전방에 서는 '악바리 김의식 목사'로 변화되었습니다. 겉보기는 순해 보여도 건드렸다가는 큰코다칠 수 있습니다. 제가 어렸을 때부터 아버지께서는 강한 신체와 담대한 마음을 길러 주고자 하셨습니다. 초등학교 때는 태권도, 고등학교 때는 유도, 군대에서는 특공무술로 신체 단련을 많이 받았습니다. 특히 2년 3개월 수경사 군대생활을 하면서 신체적으로 강하게 훈련받고, 정신적으로도 독하게 단련 받고, 또 영적으로도 죽으면 죽으리라는 믿음의 연단을 받았기 때문에, 지금은 주님 외에는 세상에서 두려울 게 아무것도 없습니다.

이렇게 인생의 고난 속에서 정금 같은 믿음으로 연단을 받고 변화되어 나오면 더욱 큰 은혜와 축복과 행복 속에서 살게 됩니다. 그런데 목회를 하면서 보게 되는 안타까운 이들이 있습니다. 다른 사람을 비판하고 비난하는 사람일수록 더 크고 심각한 문제를 안고 있는데, 자신의 죄악은 깨닫지 못하고 남을 비판하고 정죄만 하다 일생을 끝내고 만다는 것입니다. 이것이 바로 세상 사람들이 그토록 싫어하는 '내로남불'(내가 하면 로맨스고 남이 하면 불륜)입니다.

딸과 아들을 결혼시켜 모두 미국으로 보낸 어머니 권사님이 모처럼 자녀들을 방문하기 위하여 미국에 갔는데, 먼저 딸이 사는 집을 방문한 어머니는 다음날 아침 깜짝 놀랐습니다. 딸이 일어나기도 전에 사위가 먼저 일어나 아침을 만들어 먹고 스스로 설거지하고 점심 샌드위치까지 싸서 출근하는 모습 때문이었습니다. 자기 딸을 그토록 배려해 주는 사위가 한없이 고맙고 사랑스럽게 보였습니다.

그리고는 며칠 후에 이번에는 아들이 사는 집을 방문하게 되었는데, 다음 날 아침이 되자 어머니는 속이 몹시 상했습니다. 아침이 되었는데도 며느리는 일어날 생각도 안 하고, 아들 혼자서 아침 먹고 설거지 하고 점심 샌드위치까지 싸서 출근을 했기 때문입니다. 그렇게 사는 자기 아들이 너무나 불쌍해 보이고, 반대로 편하게 잠이나 자고 있는 며느리가 얼마나 괘씸한지 화를 참느라 혼났다고 합니다. 사실 딸과 사위의 행동이나 아들과 며느리의 행동이나 다를 바 없이 똑같은데도, 판단의 기준이 자기중심적으로 바뀌니 그럴 수밖에 없는 것입니다.

우리의 판단 기준에는 문제가 있어서, 내가 타협하면 '양보'가 되고, 남이 타협하면 '야합'이 됩니다. 내가 한 우물을 파면 뚝심 있는 '전문가'이고, 남이 한 우물을 파면 '우물 안 개구리'입니다. 내가 이혼하면 '하루빨리 새 삶을 찾기 위한 것'이 되고, 남이 이혼하면 '이해심과 참을성이 부족한 것'입니다. 내가 남의 말을 잘 들으면 '포용력이 있는 사람'이고, 남이 다른 사람의 말을 잘 들으면 '줏대가 없는 사람'입니다. 내가 빗나간 사랑을 하면 '로맨스'가 되고, 남이 빗나간 사랑을 하면 '불륜'이 되기 때문에 '내로남불'이라는 말이 나온 거 아닙니까?

아이돌 가수이자 탤런트인 애프터스쿨 출신 리지가 과거에 "음주 운전을 하는 제2의 살인자를 보면 화가 난다"면서 이렇게 말한 적이 있습니다. "대리운전 비용 2만 원이면 안전하게 갈 수 있는데, 그 몇 만 원 때문에 음주 운전을 해서 자신의 아까운 인생을 날려 버리고 사고 내서 다른 사람에게 피해를 주는 것이 너무 싫다." 그런데 정작 자신이 지난 수요일 밤 만취 상태로 음주 운전을 하다 경찰에 적발되었습니다. 이것이 '내로남불'인 것입니다.

그런데 우리도 '내로남불'의 신앙생활을 하고 있지는 있습니까? 우리 편이 잘못하면 다 십자가의 사랑으로 용서하고 덮고 지나가면서, 다른 편이 잘못하면 하나님의 법대로 해야 한다고 하지 않습니까? 이번 임직자 선거에서도 내가 선거운동을 하면 올바른 사람을 세우기 위한 것이고, 다른 사람이 선거운동을 하면 불법이라고 따지는데, 이것인 바로 말세에 나타나는 또 하나의 심각한 문제인 것입니다.

예수님께서도 이 땅에 계실 때 이러한 거짓과 가식과 위선과 독선을 심하게 책망하셨습니다. 특히 마태복음 23장에서는 "화 있을진저 외식하는 서기관들과 바리새인들이여"라고 하고, 자기들만 하나님을 잘 믿는 체하며 큰소리만 치던 당시 종교지도자들을 7번씩이나 꾸짖으셨습니다. 여기서 '화 있을진저'는 헬라어로 'Oὐαί'(우아이)이고, 영어로는 'woe'(비통, 비애)인데, 오늘날로 쉽게 말하면 "위선적인 목사, 장로, 권사, 집사들이여, 너희들에게서 분노와 절망을 느끼노라!"라고 탄식하시며 경고하신 것입니다.

그러나 영적인 성도들이나 주의 종들을 보십시오. 절대 남의 탓을 안 합니다. 오히려 자신을 돌이켜 보면서, 세리와 같이 주님 앞에 엎드려 감히 눈을 들어 하늘을 우러러 보지도 못하고 다만 가슴을 치며 "하나님이여, 불쌍히 여기소서! 나는 죄인이로소이다!" 하고 통회 자복합니다. 그러므로 우리가 이러한 죄악으로 인한 고통 가운데서 살아날 수 있는 길은 "하나님이여, 불쌍히 여기소서! 나는 죄인로소이다!" 하고 비신자라면 회개(convert)를 해야 하고, 적어도 믿음을 가진 신자라면 통회 자복(confess)을 해야 하는 것입니다. 그리할 때 사도행전 3장 19절의 약속이 우리의 것이 되지 않겠습니까? "그러므로 너희가 회개하고 돌이켜 너희 죄 없이 함을 받으라 이같이 하면 새롭게 되는 날이 주 앞으로부터 이를 것이요."

그러므로 우리는 하나님과의 관계부터 통회 자복하며 돌이켜야 하고, 사랑하는 가족들이나 주위 사람들과의 관계도 회복해야 하고, 주의 종들이나 교인들과의 관계도 회복해 나가야 합니다. 그것은 내 의지나 노력으로는 안 됩니다. 성령님께서 회개의 영을 부어주실 때 진정한 회개와 변화가 이루어집니다. 오직 성령의 충만을 간구하며 계속되는 고난 속에서도 통회 자복하는 진정한 회개를 해야 합니다. 그리할 때 계속되는 어떠한 고난도 이겨 내고 주님께서 주시는 놀라운 은혜와 축복과 행복의 삶이 새롭게 펼쳐지게 될 줄 확실히 믿습니다.

새롭게 변화된 삶을 살아가야 함

마지막으로 본문 16-17절 말씀을 보겠습니다. "여호와께서 사사들을 세우사 노략자의 손에서 그들을 구원하게 하셨으나 그들이 그 사사들에게도 순종하지 아니하고 오히려 다른 신들을 따라가 음행하며 그들에게 절하고 여호와의 명령을 순종하던 그들의 조상들이 행하던 길에서 속히 치우쳐 떠나서 그와 같이 행하지 아니하였더라."

이스라엘 자손들이 회개하며 부르짖자 하나님께서는 사사들을 세우셨습니다. 여기서 '사사'는 히브리어로 'שֹׁפְטִים'(쇼페팀)이라고 하는데 영어로는 'judge'(재판관)입니다. 하나님께서는 이 사사를 영적 지도자로 세워 이스라엘 백성들의 분쟁을 재판하게 하실 뿐 아니라, 군대 지휘관으로서 대적들의 공격으로부터 이스라엘을 구원하게 하셨습니다. 사사기에는 12명의 사사가 나오는데 대사사가 6명(옷니엘, 에훗, 드보라, 기드온, 입다, 삼손), 소사사가 6명(삼갈, 돌라, 야일, 입산, 엘론, 압돈)입니다. 여기에 엘리와 사무엘 그리고 기드온의 아들 아비멜렉까지 합하면 15명의 사사가 되는데, 이들은 영적으로 예수 그리스도를 상징하고 있습니다. 하나님께서는 이들을 세우셔서 이스라엘을 구원하셨건만, 이스라엘 자손들은 태평해지면 또다시 마음이 돌변해 사사들의 깨우침을 듣지 않고 다시 우상숭배의 죄악에 빠졌습니다. 그렇기에 이스라엘 자손들의 범죄와 고난과 회개와 구원의 주기가 약 300여 년의 사사시대 동안 계속해서 되풀이되었습니다. 참으로 견디기 힘든 불행과 고통의 역사였습니다.

말세 마지막 때에 신앙생활하는 우리의 모습 또한 이스라엘 자손들과 다를 바가 없습니다. 육신의 큰 질병을 앓거나, 경제적인 큰 손실을 당하거나, 가정적인 큰 불행이 닥치면, 대부분의 교인은 자신의 지난날의 죄악을 철저히 깨닫고 주님 앞에 열심히 나아가며 신실한 신앙을 회복합니다. 주의 종들과 기도하는 교인들에게 간곡히 기도 부탁을 하면서 온유해지고 겸손해지며 새롭게 변화되는 듯합니다. 그런데 건강을 회복하고, 경제적으로 먹고살 만하고, 가정이 평온해지면 언제 그랬느냐는 듯이 과거로 돌아가 버리는 교인이 얼마나 많은지 모릅니다.

지금으로부터 33년 전의 일로, 아직도 생생하게 기억되는 교인이 있습니다. 노량진교회 심방전도사로 일할 때였는데, 어느 날 저녁 8시경 제가 담당하고 있던 소년부 6학년 여자 어린이에게서 전화가 걸려 왔습니다. 아버지가 돌아가시려고 하는데 교구목사님에게 연락을 해도 안 되니까 전도사님이라도 와서 임종기도를 해달라는 것이었습니다. 급히 성경, 찬송가를 들고 교회 뒤편 언덕에 있는 달동네로 달려 올라갔습니다. 마침 그 어린이의 아버지가 병원에서 구급차를 타고 오셔서 들것에 실려 집으로 올라가는 길이었습니다.

사실 그 아버지는 3년 전만 하더라도 예수님을 믿지 않고 술을 얼마나 좋아하셨는지, 그러다 위암 말기가 되어 병원에서도 포기했던 분이었습니다. 그런데 당시 노량진교회에 열심히 나오고 있던 딸들이 간절히 기도 요청을 했습니다. 온 교회가 합심해서 기도했는데 하나님의 놀라우신 은혜로 기적적으로 치유가 되었고, 이 일로 온 교회가 얼마나 기뻐했는지 모릅니다.

그런데 그가 기적적으로 치유를 받고 건강이 어느 정도 회복되자, 교회에 나오는 것이 뜸해지더니 또다시 술을 마시고 다니기 시작했습니다. 저로서는 제가 맡고 있는 소년부 학생의 아버지이셨기 때문에 더 안타까운 심정으로 바라볼 수밖에 없었는데, 그 후 얼마의 시간이 지나고 암이 다시 재발되었다는 소식을 들었으니 너무 가슴이 아플 수밖에 없었습니다. 아무리 합심해서 기도해도 더는 회복되지를 않아 결국 이렇게 돌아가시게 되고 말았으니 얼마나 안타깝습니까? 그래서 병원에서 옮겨 오신 아버지를 안방 아랫목에 눕히고 그 아버지가 좋아하시던 찬송가 491장을 부르기 시작했습니다.

"저 높은 곳을 향하여 날마다 나아갑니다
내 뜻과 정성 모아서 날마다 기도합니다…."

찬송을 다 부른 후 요한계시록 21장 3-4절의 "내가 들으니 보좌에서 큰 음성이 나서 이르되 보라 하나님의 장막이 사람들과 함께 있으매 하나님이 그들과 함께 계시리니 그들은 하나님의 백성이 되고 하나님은 친히 그들과 함께 계셔서 모든 눈물을 그 눈에서 닦아 주시니 다시는 사망이 없고 애통하는 것이나 곡하는 것이나 아픈 것이 다시 있지 아니하리니 처음 것들이 다 지나갔음이러라"는 말씀으로 위로해 드린 후에 임종기도를 드렸습니다.

그때 그 아버지의 영혼이 떠나가시는데 그나마 큰 위로가 되었던 것이 있습니다. 저로서는 임종기도를 드리던 중에 그런 체험은 처음이었는데, 한참 기도를 드리고 있을 때 눈앞에 환상이 보였습니다. 흰 세마포를 입은 아버지가 양쪽에 천사들의 호위를 받으며 하늘나라로 올라가는 것이었습니다. 그 아버지가 마지막 회개를 하고 구원받아 하늘나라로 올라가는 환상을 목격한 것입니다. 남은 가족들에게 그 환상 이야기를 들려주면서 위로해 주고 돌아왔습니다. 얼마나 뜨거운 체험이었던지 지금도 엊그제 일처럼 기억 속에 생생하게 남아 있습니다.

여러분, 우리에게 다른 길은 없습니다. 이 말세 마지막 때에 하나님의 말씀과 기도 없이는 한순간도 살 수 없으니, 이제라도 날마다 주님과 나만의 말씀과 기도의 경건의 시간부터 회복해야 합니다. 인생의 모든 고난은 주님으로부터 해결되기 때문입니다. 그러므로 에베소서 5장 18절의 "술 취하지 말라 이는 방탕한 것이니 오직 성령으로 충만함을 받으라"는 말씀처럼, 우리는 날마다 순간마다 성령님으로 충만해야 합니다.

여기서 '충만함을 받으라'는 단어는 헬라어로 'πληροῦσθε'(플레루스테)인데 현재 수동 명령형으로 표현된 것에 주목해야 합니다. 즉, 과거에 성령의 충만함을 받았다 할지라도 현재도 계속해서 성령의 충만함을 받아야 하고, 이 성령의 충만함은 하나님께서 부어 주셔야 가능한 것이기에 다른 어떤 기도보다 이를 더 사모하며 간구해야 합니다.

나아가 성령의 충만함은 내가 받고 싶으면 받고, 받기 싫으면 안 받아도 되는 취사선택할 수 있는 것이 아니라, 하나님의 명령입니다. 말세 마지막에 이 계속되는 불행과 고통으로 우리를 몰고 가는 마귀의 궤계를 영적으로 잘 분별하고 대적하고 승리함으로, 진정으로 은혜롭고 축복되고 행복하게 마지막 때의 사명을 충성스럽게 감당하면서 하나님께 영광 돌리기 위해서는 성령의 충만함이 필수불가결하기 때문입니다.

우리는 세상에 취해 살아가는 것이 아니라, 이제라도 남은 생애 동안 하나님의 말씀과 기도로 날마다 순간마다 성령의 충만함을 받아 살아가야 합니다. 그러면 주님 부르시는 그날까지 매일 매 순간 계속되는 어떠한 고난도 이겨 내고, 천국의 축복과 행복 속에서 하나님 아버지께만 영광 돌리며 살아가게 될 줄 분명히 믿으시기 바랍니다.

인생에서 가장 큰 고난은 누가 뭐라고 해도 사랑하는 가족의 죽음입니다. 지지난 주 월요일 새벽기도회를 마치고 최윤복 안수집사님 발인예배를 인도하고 축도를 하기 전에, 집사님의 아들인 최성민 전도사가 가족을 대표해 인사를 했습니다. 이제 갓 서른의 나이에 사랑하는 누나와 아버지를 연이어 하늘나라로 떠나보내고 어머니와 둘이 남아 사랑하는 가족의 절반을 잃었으니 얼마나 슬프고 낙심이 되었겠습니까? 인간의 무슨 말로도 위로할 길이 없었습니다.

그런데 그 아들이 아버지의 죽음을 처음에는 받아들이기 힘들었지만 시간이 지나면서 하나님의 뜻에 순종하게 되었다면서, 아버지의 죽음 앞에서 갖게 된 10가지 감사의 기도제목을 고백했습니다. 그 고백을 들으면서 개인적으로 큰 은혜와 감동을 받았습니다.

아들의 10가지 감사의 고백입니다. 첫째, 홀로 감당할 수 없는 큰 아픔인데 가족과 친구, 동료, 심지어 모르는 사람들에게서까지 위로와 격려를 받게 하시니 감사합니다. 둘째, 이 땅의 환우들과 그 가족들이 겪고 있는 깊은 고뇌와 아픔에 진심으로 공감하며 살아갈 수 있게 해주시니 감사합니다. 셋째, 예수 그리스도 안에서 맞이한 죽음은 허무와 공허가 아니라 소망과 희망이 된다는 것을 알게 하시니 감사합니다. 넷째, 앞으로 살아가야 할 인생의 방향을 더욱 선명하게 보여 주시니 감사합니다. 다섯째, 사망의 음침한 골짜기를 지날 때 우리를 안위하신다는 고백이 오늘 우리 가족의 고백이 되게 하시니 감사합니다. 여섯째, 이 땅에서의 이별이 곧 영원한 만남의 시작이라는 것을 알게 하시니 감사합니다. 일곱째, 비록 암에는 졌지만 암이 주는 공포와 두려움에는 지지 않게 하시니 감사합니다. 여덟째, 가족을 비롯한 주변 사람들이 아버지에 대한 좋은 기억과 추억을 간직하게 하시니 감사합니다. 아홉째, 죽음 앞에서 겪은 깊은 좌절과 무기력함과 애통함을 통해 스스로 연약한 인간임을 알게 하시니 감사합니다. 열째, 그러나 이 모든 것을 이기신 부활이요 생명이신 예수 그리스도가 지금 우리 앞에, 옆에, 안에, 뒤에 함께하시니 감사합니다.

최 전도사의 10가지 감사 고백은 제 가슴에 뜨거운 감동으로 남았습니다. 2년 전에 그토록 가까이 지내던 사랑하는 누나를 갑작스럽게 심장마비로 떠나보내고 얼마나 슬프고 힘들었겠습니까? 그런데 그토록 큰 위로와 힘이 되어 주셨던 존경하는 아버지마저도 작년에 건강 검진을 받으러 갔다 알게 된 암이 급속도로 퍼져 그렇게 갑자기 떠나가 버리셨으니, 얼마나 그 충격과 슬픔이 컸겠습니까? 그럼에도 일찍이 여수 반란사건으로 사랑하는 두 아들을 잃고 10가지 감사 기도를 드렸던 사랑의 성자 손양원 목사님처럼, 또 작년 10월에 그토록 사랑하던 변호사 아들을 대장암으로 잃고 10가지 감사 기도를 드렸던 지구촌교회 이동원 목사님처럼, 사랑하는 누나와 아버지를 잃고 10가지 감사의 고백을 하는 최 전도사의 신앙에 큰 감동을 받았습니다. 이는 모든 죽음의 슬픔과 절망을 이겨 내는 성령 충만한 신앙입니다.

사랑하는 성도 여러분, 오늘 우리는 성령강림주일을 맞았습니다. 우리 인생에서 고난이 끊임없이 계속된다 할지라도 더는 하나님의 사랑의 품을 떠나 범죄하지 않고, 오히려 고난 중에라도 통회 자복하며 돌이켜 새롭게 변화된 삶을 살아가야 합니다. 그리할 때 인생에서 계속되는 어떠한 고난도 모두 다 이겨 냄으로 승리의 영광과 축복이 평생토록 우리와 함께할 줄 확실히 믿습니다.

다 함께 〈성령이 오셨네〉를 부르며 믿음으로 결단하겠습니다.

1. 허무한 시절 지날 때 깊은 한숨 내쉴 때
그런 풍경 보시며 탄식하는 분 있네
고아같이 너희를 버려두지 않으리
내가 너희와 영원히 함께하리라
2. 억눌린 자 갇힌 자 자유함이 없는 자

피난처가 되시는 성령님 계시네
주의 영이 계신 곳에 참 자유가 있다네
진리의 영이신 성령이 오셨네
후렴) 성령이 오셨네 성령이 오셨네
내 주의 보내신 성령이 오셨네
우리 인생 가운데 친히 찾아오셔서
그 나라 꿈꾸게 하시네

변함없으신 사랑의 하나님 아버지, 저희가 인생을 살아가면서 계속되는 인생의 고통과 불행의 고난으로 힘들어할 때가 얼마나 많았습니까? 그러나 오늘 성령강림주일을 맞았으니 더는 하나님의 사랑의 품을 떠나 범죄하지 않게 해주시옵소서. 오히려 고난 중에라도 통회 자복하며 돌이키게 해주시옵소서. 그리하여 새롭게 변화된 삶을 살게 해주시옵소서. 그리할 때 계속되는 어떠한 인생의 고난도 다 이겨 내고 승리의 영광과 축복이 영원히 함께할 줄 믿사옵고 예수님의 이름으로 간절히 축복하며 기도하옵나이다. 아멘!

고난을 이겨 내는 길

사사기 3장 7-11절

사사기의 역사는 이스라엘 백성들의 범죄와 고난과 회개와 구원이 반복되는 과정에서 하나님께서 사사를 세워 그들을 구원하신 역사입니다. 오늘 본문에서는 첫 번째 대사사인 옷니엘이 나옵니다. 청년주일을 맞아 어떻게 이스라엘 백성이 고난을 이겨 내게 하셨는지를 보면서 우리에게 들려주시는 하나님의 음성을 다 함께 들을 수 있길 바랍니다.

하나님께 믿음으로 부르짖어야 함

먼저 본문 9절 말씀을 보겠습니다. "이스라엘 자손이 여호와께 부르짖으매 여호와께서 이스라엘 자손을 위하여 한 구원자를 세워 그들을 구원하게 하시니 그는 곧 갈렙의 아우 그나스의 아들 옷니엘이라."

하나님께서 여호수아의 가나안 정복 전쟁 때 가나안 족속들을 남겨 두신 것은, 가나안에서의 모든 전쟁을 알지 못하는 이스라엘 자손의 젊은 세대를 시험하시고자 함이었습니다. 그런데 그 이스라엘 자손들이 이방 가나안 자손들과 결혼함으로써 우상숭배에 빠지고 말았습니다. 여호와의 목전에서 악을 행하여 자기들의 하나님 여호와를 잊어버리고, 폭풍과 바람을 주관한다는 가나안의 농경신인 바알신들과 행운과 풍요를 가져다준다는 가나안의 여신인 아스다롯의 다른 이름인 아세라신들을 섬기게 된 것입니다.

이로 인해 여호와께서 이스라엘에게 진노하심으로 메소보다미아 왕 구산 리사다임의 손에 그들을 파셨고, 그들은 결국 8년 동안이나 압제를 당하며 섬겨야 했습니다. 가나안 땅을 정복한 지 얼마 되지도 않았는데, 다시 애굽에서처럼 종살이를 해서야 되겠습니까? 그때 이스라엘 백성들이 고통 가운데 하나님께 부르짖었고 하나님께서 이스라엘 자손을 위해 한 구원자를 세워 주셨는데, 그가 여호수아와 함께 가나안을 정탐하고 정복했던 갈렙의 아우 그나스의 아들 옷니엘이었습니다. '옷니엘'은 '하나님은 나의 힘이시다'라는 뜻으로, 하나님께서 이스라엘 백성의 부르짖음을 들으시고 옷니엘을 사사로 세우셔서 그들을 구원해 주신 것입니다.

우리 또한 끊임없이 부딪혀 오는 인생의 고난 속에서 스스로의 지식과 경험으로 해결하려 할 때가 많습니다. 그러다 안 되면 주위 사람들을 동원하고, 마지막에는 어떤 인간적인 수단과 방법도 가리지 않습니다. 그러나 그러한 육신적인 방법을 총동원하는 것은 결코 고난을 바르게 이겨 내는 방법이 아닙니다.

고난을 당했을 때 가장 먼저 해야 할 것은 살아계신 하나님의 뜻을 구하면서 모든 것을 맡기고 부르짖는 것입니다. 때로는 억울하고 원통하고, 십자가가 무겁고 힘들어 지치고 앞이 캄캄해도, 결코 우리 자신의 뜻과 이익과 명예를 위해서가 아니라, 진심으로 하나님의 영광을 위해, 하나님의 교회를 위해, 하나님의 복음을 위해 부르짖으면, 살아계신 하나님께서 우리의 중심을 보시고 부르짖는 기도에 기필코 응답해 주셔서 기적적인 역사를 체험하게 해주십니다.

미국 동북부 오하이오주에 거대한 농장을 소유한 농장 주인이 있었는데, 끝이 보이지 않는 그 넓은 농장을 일구기 위해서는 많은 일꾼이 필요했습니다. 하루는 먹여 주고 재워만 주면 열심히 일하겠다고 찾아온 멀쑥하게 생긴 청년을 일꾼으로 채용하게 되었는데, 농장 주인은 이 지미(Jimmy)라는 청년에게 창고의 구석진 방을 쓰도록 했습니다. 오갈 데 없는 신세에 거처와 일자리를 준 주인이 너무 고마워 지미는 몸을 사리지 않고 매사에 열심히 성실하게 일했습니다. 그런 지미의 모습이 주인 외동딸의 마음을 사로잡았고, 두 사람은 일과가 끝나면 몰래 만나 사랑을 속삭이며 가까워졌습니다. 얼마 후 둘이 만나는 것을 알게 된 농장 주인은 종놈 주제에 감히 주인 딸을 넘본다며 지미를 사정없이 몽둥이로 두들겨 팼습니다. 결국 지미는 짐 하나 챙기지 못한 채 맨몸으로 목숨만 간신히 건져 농장을 빠져나왔습니다.

그 후 35년이란 긴 세월이 흘러 제임스 아브람 가필드(James Abram Garfield)라는 사람이 미국의 20대 대통령으로 취임했습니다. 그는 자수성가해서 예비역 육군 소장으로 전역하고, 다섯 번의 국회의원을 연임한 후에 결국 대통령의 자리에까지 이르는 기적을 일궈낸 사람이었습니다. 맨손으로 인생을 살아오면서 서럽고 눈물 나는 일이 많았지만, 그는 자신의 환경을 탓하지 않고 하나님만 믿고 의지하면서 고난 중에 눈물로 간절히 부르짖으며 인생의 고비를 하나씩 헤쳐 나온 것이었습니다.

한편 같은 시기, 이제 나이 많아 늙은 옛날 그 농장 주인이 오래된 창고를 개조하기 위해 구석진 방을 치우던 중, 오래전에 버려진 청년 지미가 쓰던 짐 가방을 발견하게 되었습니다. 농장 주인은 지미의 가방 옷가지 사이에 낡은 가죽 성경 한 권이 있기에 무심코 꺼내어 첫 장을 열어 보고는 너무 놀라 쓰러질 뻔했습니다. 그 성경책 첫 장에 막 미국 20대 대통령으로 취임한 사람의 이름인 '제임스 아브람 가필드'라는 사인이 있었기 때문입니다. 이 서명을 읽은 농장 주인은 손을 부들부들 떨다 성경책을 바닥에 떨어뜨리고 말았습니다. '지미'는 '제임스 아브람 가필드'의 애칭이었습니다. 결국 그는 미국 대통령의 장인이 될 수 있었던 엄청난 행운을 놓쳐 버린 셈입니다. 여러분, 이럴 때 불러야 할 노래가 뭔지 아십니까? 오래전 가수 문주란의 〈동숙의 노래〉 "때는 늦으리 음~ 때는 늦으리~"가 아닐까요?

인생에 고난이 닥칠 때 다른 길은 없습니다. 십자가의 주님만 바라보면서 하나님의 약속의 말씀을 믿고 하나님께 믿음으로 부르짖어야 합니다. 그래서 저는 지난 44년간 목회하면서 한 손엔 성경, 한 손엔 기도의 두 기둥을 붙잡고, 예레미야 33장 3절의 "너는 내게 부르짖으라 내가 네게 응답하겠고 네가 알지 못하는 크고 은밀한 일을 네게 보이리라"는 말씀을 의지해 새벽이나 밤이나 주님의 뜻이 이루어지도록 간절히 부르짖었습니다. 그것밖에 한 것이 없는데 어떠한 시련과 역경 가운데서도 하나님께서 응답해 주셨고, 제가 알지 못하는 크고 헤아릴 수 없는 놀라운 일들을 이루어 주심으로 내 힘이 아니라 주님이 주시는 힘으로, 기적적으로 모든 고난을 다 이겨 낼 수 있었습니다. 그러므로 우리 삶에 뜻하지 않은 고난이 닥칠 때는 기도하고 금식하며 살아계신 하나님께 믿음으로 부르짖는 길밖에 없습니다.

지난 두 주간 우리 치유하는교회의 임직자 선거가 계속되는 가운데 부정선거운동을 하는 사람들 때문에 얼마나 혼란스러웠습니까? 개인적으로 더 힘들었던 것은 금요일 아침에 미국에서 공부하고 있는 딸아이에게서 온 문자 메시지 때문이었습니다. "엄마 아빠, 너무 걱정하지 말고 들어요. 오늘 제가 코로나 확진 판정을 받았어요. 아프거나 증상은 없고요. 다행히 남편은 음성 판정이 나와서 내일 이사도 예정대로 할 수 있게 됐어요. 걱정하지 말고 그냥 기도만 계속 해주세요!"

걱정하지 말라지만 임신한 딸이 확진되었다는 소리를 듣고 어떻게 걱정이 안 되겠습니까? 급히 전화를 해보았더니, 가까이 지내던 같은 기숙사의 전도사 내외가 코로나19 확진자를 만나고 왔는데 그런 줄 모르고 그 집에 갔다 감염이 되었다는 것입니다. 마침 딸아이가 둘째 아이를 임신 중이어서 예방 접종을 안 했던 것이 화근이 된 것입니다. 당장 가서 도와줄 길도 없고 앞이 캄캄해서 전화상으로 간절히 기도해 주었습니다. 그래도 마음이 안정이 안 되어서 곧바로 문자 메시지를 보냈습니다.

"사랑하는 딸 안나야, 우리의 생명과 건강은 주님께 달려 있어! 우리 교인 가운데도 무증상 확진자가 있더라. 그런 경우는 2주만 버티면 되니까 기도 많이 하고, 시편·잠언·전도서 묵상하고, 마스크는 꼭 쓰고, 따끈한 차 많이 마시고, 비타민C 등 영양제 많이 먹고, 잠도 많이 자고, 피곤한 일이나 스트레스는 피하고, 행복한 일 많이 찾아서 하고, 감사 많이 하고, 주님께만 영광 돌려라!"

그리고서 또 딸아이를 위해 해줄 수 있는 것은 기도밖에 없어서 간절히 기도했습니다. 무증상으로 2주를 이겨 내면 제일 좋겠지만, 만약 증상이 나타나 치료를 하게 되면 산모보다도 태아에게 결정적인 악영향을 미칠 수밖에 없기 때문에, 하나님께서 지켜 주시고 치료해 주시기만을 마음을 다해 기도했습니다. 그렇게 토요일부터 주일까지 금식하며 간절히 기도하고 주일예배와 행사를 다 마치고 저녁에 집에 돌아왔는데, 그날 밤 9시경 사랑하는 딸에게서 문자 메시지가 왔습니다. "엄마, 아빠! 저 음성 나왔어요!ㅎㅎㅎㅎㅎ" 계속 특별한 증상이 없어서 다시 정밀 검사를 받아 봤더니 이번에는 음성이 나왔다는 겁니다. 할렐루야!

지금도 이해가 안 되는 것이, 과학이나 의학이 그토록 발달한 미국에서 어떻게 코로나 양성이 아무런 치료도 없이 사흘 만에 음성으로 바뀔 수 있느냐는 것입니다. 코로나19 검사 장비가 잘못되었든지, 사흘 동안 하나님의 기적적인 치료가 있었든지, 둘 중 하나 아니겠습니까? 우리가 합심해서 할 수 있었던 것은 기도하고 금식하는 것뿐이었는데, 하나님 아버지께서 우리를 불쌍히 여기시고 작은 신음에도 귀 기울여 주시고 기적의 응답을 주신 것입니다.

그러므로 우리가 어렵고 힘들수록 부르짖는 기도로 하나님께 매달려야 합니다. 부르짖는 기도는 어떠한 문제라도 해결할 수 있는 만능열쇠가 되기 때문입니다. 특별히 수많은 삶의 문제로 힘겹게 살아가고 있는 청년 자녀들에게 어떠한 재산이나 명예보다 가장 귀하고 복된 유산인 '부르짖는 기도'를 물려주어야 합니다. 그러기 위해서는 우리가 먼저 부르짖는 기도를 통해 기적의 응답을 체험해야 합니다. 지난날 우리의 부모님들이 새벽기도나 철야기도로 하나님께 매달려 부르짖었기 때문에 오늘의 우리가 있듯이, 우리도 그러한 부르짖는 기도의 확신과 체험을 가지고 자녀들에게 부르짖는 기도를 훈련시켜 주고 나서 이 땅을 떠나야 합니다. 그러므로 먼저 우리 앞에 닥친 어떠한 인생의 고난도 살아계신 하나님께 믿음으로 모두 다 맡기고 부르짖어야 합니다. 그리할 때 우리 앞에 닥쳐오는 어떠한 고난도 다 이겨 낼 뿐 아니라, 그 부르짖는 기도의 신앙을 우리 자손 대대로 물려주게 될 줄 분명히 믿으시기 바랍니다.

성령님의 권능을 힘입어야 함

계속해서 본문 10절 말씀을 보겠습니다. "여호와의 영이 그에게 임하셨으므로 그가 이스라엘의 사사가 되어 나가서 싸울 때에 여호와께서 메소보다미아 왕 구산 리사다임을 그의 손에 넘겨주시매 옷니엘의 손이 구산 리사다임을 이기니라."

여기서 '여호와의 영'은 성령님을 말씀하는데, 구약성경에서는 성령님이 권능의 상징이어서 어떤 사람에게 들어오기도 하고 나가기도 하셨습니다. 다시 말하면 하나님께 쓰임 받을 때는 성령님이 임하셨지만, 범죄하게 되면 성령님이 떠나셨던 것입니다. 그래서 다윗 왕이 밧세바와 범죄한 후에 시편 51편 11절에서 "나를 주 앞에서 쫓아내지 마시며 주의 성령을 내게서 거두지 마소서"라고 간구했던 것입니다. 그런데 신약성경에서 성령님은 하나님의 임재의 상징이어서 요한복음 14장 16절에서 "내가 아버지께 구하겠으니 그가 또 다른 보혜사를 너희에게 주사 영원토록 너희와 함께 있게 하리니"라고 약속하셨던 것입니다. 그러므로 오늘 본문에 나오는 옷니엘에게는 성령님께서 권능으로 임하셨던 것인데, 이것은 하나님께서 그를 사사로 임명하신다는 상징이었습니다. 그래서 그가 이스라엘의 사사가 되어 나가서 싸울 때 여호와께서 메소보다미아 왕 구산 리사다임을 그의 손에 넘기심으로 성령님의 권능에 힘입어 그를 능히 이길 수 있었던 것입니다.

일생을 살아가다 보면 우리 힘으로 감당할 수 없는 고난을 겪을 때가 너무도 많습니다. 그런데 그때마다 우리의 힘이나 돈이나 일명 '빽'으로 해결하려 합니다. 무한한 권능을 가지신 분이 성령님이시기 때문에 우리의 수단과 방법을 초월해서 그 권능에 힘입어 살아가야 함에도, 막상 어려운 일이 닥치면 성령님의 권능을 의지하기보다도 자신의 모든 수단과 방법을 총동원해 해결하려 한다는 것입니다. 그러나 하나님께서 분명히 살아계시고 불꽃 같은 눈으로 다 지켜보신다면, 눈가림만 해서는 결코 안 됩니다. 그러면 결국 인간의 능력의 한계에 부딪히게 되고, 영적 싸움에서 패배할 수밖에 없게 되어 인생이 다 무너지고 마는 것입니다.

우리 부모들이 먼저 신앙의 모범이 되고 감동을 주지 못하니까, 요즘 젊은이들이 다 신앙을 떠나 복음에 '영혼을 끌어 모으는' 일명 '영끌'을 하는 것이 아니라, 세상에 빠져서 대출 받고, 아파트 사고, 주식과 비트코인에 투자하는 데 영끌 하고 있습니다.

지난 월요일 언론 보도를 보니, 전 세계 가상화폐 시가총액이 지난 2주 동안 1,100조 원(우리나라 2년 예산) 넘게 증발해 버렸다고 합니다. 취업정보 사이트인 알바천국이 최근 한국 대학생 1,750명을 대상으로 설문조사한 결과, 대학생 네 명 중 한 명꼴(24%)로 암호화폐(Bitcoin)에 투자하고 있는데, 평균 투자원금 141만 원에 평균 투자기간이 3.7개월이고, 남학생(34%)이 여학생(14%)보다 훨씬 더 많다고 합니다. 그런데 세 명 중 두 명꼴(68%)로 부작용을 호소하고 있고, 가장 큰 부작용은 암호화폐 시세가 오르내릴 때마다 감정 기복이 심해지는 것(35%)이었습니다. 한국도박문제관리센터에 따르면, 한탕주의에 빠져 가상화폐나 주식투자로 인한 중독증이나 우울증에 빠진 사람들의 상담이 지난 3년 사이에 2배 가까이 늘었다고 합니다.

그런데 젊은이들만 그렇습니까? 우리 어른들도 마찬가지입니다. 영끌 해서 돈 버는 데 미치고, 영끌 해서 명예 쌓는 데 미치고, 영끌 해서 세력 모으는 데 미치고, 영끌 해서 자기 우상화에 미치고 맙니다. 그 순간부터 성령님을 외면하고, 소멸하고, 그 불을 꺼버리니 성령님의 권능은 다 사라지고, 결국 인생의 패배와 좌절과 절망과 고통에서 헤어 나올 길이 없습니다. 그러므로 지금이라도 돌이켜서 성령님의 충만함을 받아야 합니다. 성령님의 영 분별의 은사를 받아 성령님의 권능으로 사탄의 역사를 대적하고, 성령님의 기적적인 승리의 역사를 일으켜 나가야 하는 것입니다.

현대 신학자들 가운데 성령님에 관한 책을 가장 많이 쓰신 분이 있다면, 19세기 아프리카의 성자라고 불리는 남아프리카공화국의 앤드류 머레이(Andrew Murray) 목사님을 들 수 있습니다. 그는 1828년 남아프리카공화국에서 태어나 청소년기를 스코틀랜드에서 보내면서 당시 미국을 휩쓸었던 부흥사 찰스 피니(Charles Finney) 목사님의 제2차 대각성운동에서 큰 은혜를 받았습니다. 그 후 당시 이성주의와 형식주의에 물들어 경건의 모양이 사라진 네덜란드의 대학교에서 신학을 공부하면서, 형 존 머레이(Jonh Murray) 목사님과 함께 말씀운동을 하는 '말씀을 기억하라'(Remember the Word)라는 선교단체를 창설했습니다.

신학 공부를 마친 후 남아프리카공화국의 케이프타운에 돌아온 그는 영국 총독의 임명을 받아 남아프리카공화국의 사법 수도인 블룸폰테인에서 개혁교회 목사로 사역을 시작했습니다. 1980년 그가 케이프타운 근처의 소도시인 부스터로 목회지를 옮기자 교회가 크게 부흥했고, 부스터 교회에서 시작된 이 부흥의 물결이 입법 수도인 케이프타운과 남아프리카공화국 전역에 퍼지기 시작했습니다.

사역 말기에는 케이프타운에서의 목회를 사임하고 인근 소도시인 웰링턴의 조그만 교회에서 목회하다, 건강을 잃게 되면서 목회 일선에서 물러났습니다. 그러나 그대로 주저앉지 않고 약해진 자신의 건강을 돌보면서 무려 250여 권에 이르는 저서를 집필했습니다. 그의 영적인 영향력이 이 저서들을 통해 전 세계로 퍼져나가, 1900년에 일어난 영국의 웨일즈 대각성운동의 불길을 지폈습니다.

특히 앤드류 머레이 목사님은 자신이 직접 성령님의 은혜와 권능을 뜨겁게 체험했기 때문에 성령님에 관한 직설적이고 감동적인 책을 많이 쓰셨습니다. 그는 1917년 89세를 일기로 하나님의 부르심을 받아 이 세상을 떠났지만, 《성령》*(The Spirit of Christ)*, 《오순절 성령 충만》*(The Full Blessing of Pentecost)*, 《성령을 경험하는 삶》*(Experiencing the Holy Spirit)*, 《성령으로 충만한 삶》 등의 저서를 통해 사후 100여 년이 지난 지금까지도 전 세계 수많은 성도와 주의 종들에게 성령님의 충만한 권능을 체험하게 하고 있습니다.

우리도 성령님을 모시고 있고 성령님의 권능을 받았다면 그것이 나타나는 삶을 살아가야 합니다. 요즘 성령님의 권능에 사로잡힌 대한의 젊은이들이 각 분야에서 전 세계를 뒤흔드는 기적의 역사를 일으켜 나가는 것을 보면서 감탄하지 않을 수가 없습니다. 지난 화요일에도 미국 로스앤젤레스에서 우리나라 방탄소년단이 〈버터〉(Butter)라는 신곡으로 최단시간에 2억 뷰를 돌파했을 뿐 아니라, 세계적으로 가장 유명한 미국의 2021 빌보드 뮤직 어워즈(Billboard Music Awards)에서 2019년 2관왕에 이어 '탑 소셜 아티스트', '탑 송 세일즈 아티스트', '탑 듀오/그룹', '탑 셀링 송'까지 4관왕에 오르면서 자체 최다 수상기록을 경신했습니다.

더욱이 지난 5월 16일에는 가수 아이유가 자신의 28번째 생일을 맞이해 희귀질환을 앓는 아동과 청소년들, 경제적인 어려움을 겪고 있는 한부모 가정과 독거어르신 등 소외계층을 지원하기 위해 5억 원을 기부한 일이 있었습니다. 재물을 땅에 쌓아 두면 좀과 동록이 해하며 도둑이 구멍을 뚫고 다 도둑질해 가서 결국 하늘에 쌓아 둔 것은 아무것도 없게 되는데, 그에 비하면 이 얼마나 멋지고 복된 일입니까?

그래서 데살로니가전서 1장 5절에서 "이는 우리 복음이 너희에게 말로만 이른 것이 아니라 또한 능력과 성령과 큰 확신으로 된 것임이라 우리가 너희 가운데서 너희를 위하여 어떤 사람이 된 것은 너희가 아는 바와 같으니라"고 분명히 증거하지 않습니까? 그러므로 우리도 성령님의 권능에 힘입어 살아가면 인생의 어떠한 고난도 이겨 낼 수 있을 뿐 아니라, 모든 사람에게 모범이 되고 감동을 주는 능력 있는 삶을 살아가게 될 줄 확실히 믿습니다.

하나님의 평온함을 회복해야 함

마지막으로 본문 11절 말씀을 보겠습니다. "그 땅이 평온한 지 사십 년에 그나스의 아들 옷니엘이 죽었더라."

이스라엘 백성을 메소보다미아 왕으로부터 구원한 옷니엘이 사사로 있었던 40년 동안 이스라엘은 평온할 수 있었습니다. 그런데 옷니엘이 죽은 후에 이스라엘은 다시 범죄에 빠지고 맙니다.

우리 신앙생활의 결론도 바로 이 평안입니다. 가장 먼저 우리의 심령부터 평안해야 하고, 우리의 가정도 평안해야 하고, 우리의 직장도 평안해야 하고, 우리의 교회는 더 평안해야 합니다. 그런데 이 평온함을 가장 싫어하는 것이 사탄입니다. 우리가 평안한 것을 참고 보지 못하는 사탄은 어떻게 해서든 시비를 걸고 발목을 잡아 끊임없이 우리에게서 이 하나님의 평안을 빼앗아 가려 합니다. 그러다 보니 믿는 자들 중에서도 사탄의 시험에 빠져 세상의 돈이나 명예나 향락에서 이 평안을 얻으려 하기도 하지만, 거기서는 인생의 진정한 평안을 결코 얻을 수 없습니다.

평생 신앙생활을 하고, 평생 봉사를 하고, 평생 충성을 다했다고 하면서도 마음의 평안을 다 잃어버려 얼굴은 우거지상을 하고, 말에는 분노가 가득 차 있고, 글에서는 온갖 증오심이 터져 나오는 사람이 있습니다. 그런 사람은 예수님을 믿어도 지옥같이 살아가는 사람이고, 이미 사탄에게 넘어간 사람이고, 예수님을 믿어도 완전히 잘못 믿고 있는 것입니다.

예수님께서도 부활하셔서 제자들을 만나셨을 때마다 "너희에게 평강이 있을지어다"(눅 24:36; 요 20:19, 21, 26) 하고 가장 먼저 평안의 축복을 선언하셨습니다. 신앙생활에 평강이 없으면 무언가 잘못 믿는 것이고, 가정에 평강이 없으면 영적인 가정이 아닌 것이고, 교회에 평강이 없으면 영적으로 건강한 교회가 아닌 것이기 때문입니다. 그래서 바울이 로마서 14장 17절에서 "하나님의 나라는 먹는 것과 마시는 것이 아니요 오직 성령 안에 있는 의와 평강과 희락이라"고 강조한 것입니다. 올바른 신앙생활은 이처럼 하나님으로부터 의롭다 하심을 받고, 마음에서부터 평강을 누리고, 모든 삶에 희락이 차고 넘쳐야 합니다.

지난 수요일 밤 제41회 '가족찬양제'에서 한경국 목사님이 참으로 은혜로운 말씀을 전해 주셨습니다. 한 부부세미나에서 강사가 부부들에게 서로의 단점을 지적해 고쳐 보라고 하자, 한 아내가 남편의 단점으로 "당신은 음식을 먹을 때 너무 빨리 먹고 호로록 쩝쩝 소리

내는 것을 고쳐야 해요. 창피해서 어디 가서 함께 식사를 못 하겠어요"라고 지적했다고 합니다. 그리고 이번에는 남편이 아내의 단점을 지적해야 하는데, 남편이 "나는 아무리 생각해 보아도 당신의 단점이 하나도 안 보이는데…"라고 했다지 않습니까? 정말 아내의 단점이 없어서 그랬을까요? 상대방의 허다한 죄도 다 덮는 것이 바로 주님의 십자가 사랑을 체험한 자들의 진정한 사랑이고 감사이며 행복인 것입니다. 그런데도 사탄에게 사로잡힌 사람들은 자신들의 뜻을 이루기 위해 서로 간의 약속과 신뢰마저도 다 깨뜨리고, 우리의 가정과 직장과 하나님의 교회마저도 무너뜨리려고 마치 광명의 천사로 가장하고 어떻게든지 흠을 잡으려 혈안이 되어서 갖가지 계략을 꾸밉니다.

그렇다면 왜 우리는 근본적으로 이 평온함을 잃어버린 채 살고 있습니까? 말세 마지막 때 우리의 가정이나 직장, 심지어 하나님의 교회까지도 평안의 매는 줄로 성령의 하나 되게 하신 것을 힘써 지키지 못하는 결정적인 이유가 뭔지 아십니까? 에베소서 4장 2-3절의 말씀이 우리의 문제를 분명하게 지적하고 있습니다. "모든 겸손과 온유로 하고 오래 참음으로 사랑 가운데서 서로 용납하고 평안의 매는 줄로 성령이 하나 되게 하신 것을 힘써 지키라."

말세 마지막 때가 되니 많은 교인이 사탄의 시험에 빠져 겸손하지 않고 교만하기 때문입니다. 언젠가 젊은 안수집사님들에게 "여러분들이 왜 매번 패배하는 줄 아십니까? 교만에 빠져 영적 분별력을 갖지 못하고 불의한 자들과 손을 잡기 때문에 항상 지는 것입니다!" 하고 권면한 적이 있는데, 참으로 교만하면 불의해지고 패배할 수밖에 없습니다. 더 나아가 온유하지 않고 강퍅해지고 완악해져서 사탄의 충동질에 의한 분노와 혈기로 아무에게나 달려들기 때문입니다. 또 오래 참지 않고, 결과론적인 하나님의 뜻에 순종하지 않고, 심지어 하나님의 뜻이 나타나는 교회의 어떠한 결정에도 불복하고, 마지막에는 사탄의 정체를 드러내기 때문입니다. '사탄'이 '고소하는 자'라는 뜻이지 않습니까? 그래서 마지막에는 자신을 드러내고 고소하며 달려듭니다. 그래서 말세 마지막 때 교회마다 고소가 끊이지 않아 하나님의 교회가 어지럽고 혼란스러워집니다. 적어도 우리가 하나님의 자녀로 거듭났다면 이제는 어떠한 결과론적인 하나님의 뜻에 대해 결코 불평하거나 원망하지 않고, 시기하거나 질투하지도 않고, 비방하거나 험담하지도 않고 하나님의 뜻을 온전히 받아들이고 하나님의 평온함을 회복해야 합니다.

임직자 선거가 오늘로 다 끝나는데 결과론적인 하나님의 뜻에 온전히 순종하면서 절대 시험에 빠지지 마시고, 왜 내가 피택 안 됐을까 자신의 신앙을 철저히 돌이켜보는 계기로 삼아야 합니다. 그래야 우리의 미래에 하나님의 새로운 은혜와 축복의 희망이 있는 것입니다. 그러므로 우리의 남은 생애를 하나님께서 기뻐 받으시도록 더 겸손하고 온유하게 오래 참음 가운데서 사랑을 행함으로써 서로 용납하고, 평안의 매는 줄로 성령님의 하나 되게 하심을 힘써 지켜 나가야 합니다. 그리할 때 이번 모든 결과를 통해서 임하시는 하나님의 뜻 가운데 하나님의 평강을 회복하게 될 뿐 아니라, 하나 된 힘으로 우리 인생의 어떠한 고난도 다 이겨 내고 평생토록 하나님의 평강을 누리며 살아가게 될 줄 확실히 믿으시기 바랍니다.

호레이쇼 스패포드(Horatio G. Spafford)는 1860년대에 시카고의 성공한 변호사였을 뿐 아니라 명문 시카고 대학교의 법리학 교수요, 노스웨스트 장로회신학대학교 이사이자 운영위원이었습니다. 또 스패포드 내외는 세계적인 부흥사 드와이트 무디 목사님과 절친한 친구로 무디기념교회의 회계집사와 주일학교 교사로 섬겼던 너무도 신실한 그리스도인이었습니다. 그러나 이런 그도 인생이 결코 복되고 형통한 것만은 아니었습니다.

그에게 닥쳐온 첫 번째 고난은 첫째 아들이 급성 성홍열으로 갑자기 세상을 떠난 일이었습니다. 믿음으로 하나님을 충성스럽게 섬겼는데도 이러한 고난을 당할 때 우리는 정말 낙심할 수밖에 없습니다. "하나님 아버지, 제가 제 나름대로는 충성을 다했는데 어떻게 이런 엄청난 고난이 닥칠 수가 있어요?" 하고 항변하고 싶었을 테지만 그는 그러한 충동조차도 인내하며 꾹 참았습니다.

그런데 곧이어 두 번째 고난이 닥쳐왔습니다. 1871년 43세가 되던 해에 시카고 북쪽 부동산에 투자했는데 그 해 대화재로 전 재산을 잃고 만 것입니다. 계속되는 엄청난 시련에 지친 스패포드와 그의 가족들은 휴식이 너무나 절실했습니다. 때마침 유럽에서 복음전도 사역을 펼치고 있던던 무디 목사님의 전도집회도 돕고 싶어서 2년 후인 1873년에 그는 사랑하는 아내와 네 딸을 데리고 영국 등 유럽 여행을 가기로 계획했습니다. 그런데 시카고 대화재로 전 재산을 잃었을 뿐 아니라 무디기념교회도 다 불타서, 스패포드는 사업 뒷정리와 교회 예배당 재건에 몰두해야 했기에 도저히 가족과 동행할 수가 없었습니다. 그래서 그 해 11월 15일 스패포드는 사랑하는 아내와 네 딸을 프랑스 여객선 빌르 드 아브로호에 태워 먼저 뉴욕항을 출발하게 했습니다.

아내와 딸들을 태운 배는 한 주간 대서양을 순항하는 듯했습니다. 그런데 모두들 깊이 잠든 22일 새벽 2시, 대서양 한가운데서 영국의 철갑선 라키언호와 정면으로 충돌했고, 여객선은 226명의 생명을 안고 바다 깊숙이 가라앉고 말았습니다. 스패포드의 딸들도 모두 여객선과 함께 바다에 잠기고 아내만 겨우 물 위로 떠올라 구명정에 의해 가까스로 구조되었습니다. 9일 후 다른 생존자들과 함께 영국 웨일즈의 수도 카디프에 도착한 스패포드 부인은 '혼자만 구조되었음'이란 짤막한 전문을 남편에게 보냈습니다.

스패포드는 계속해서 닥쳐온 견딜 수 없는 엄청난 고난에 너무나 고통스러웠습니다. 그러나 사랑하는 딸들을 잃고 몹시 힘들어하고 있을 아내가 걱정되어 급히 영국행 배에 올랐습니다. 며칠을 항해하던 중 어느 날 선장이 스패포드에게 이렇게 말했습니다. "지금 이 배는 당신의 사랑하는 딸들이 잠들어 있는 바다 위를 지나고 있습니다." 그때까지 애써 슬픔을 억누르며 참고 있었던 스패포드의 마음에 거대한 파도가 일기 시작했습니다. 그 차가운 바다 깊숙이 잠들어 있을 딸들을 생각하니 너무나 괴로워 견딜 수가 없었습니다. 그는 선실로 돌아와 네 딸을 잃은 슬픔과 아픔으로 밤이 새도록 하나님께 울부짖었습니다. "주님, 누구보다도 주님을 뜨겁게 사랑했던 저에게 어떻게 이토록 견딜 수 없는 엄청난 시련을, 그것도 계속해서 주십니까?" 그가 방에 틀어박혀 두문불출하자 사람들은 그가 혹시 극단적인 행동이라도 할까 봐 몹시 걱정했습니다.

그런데 어찌 된 일입니까? 절망하고 탄식하며 울부짖던 스패포드의 마음속 깊은 곳에서 형언할 수 없는 하나님에 대한 신뢰와 평안이 갑자기 솟구쳐 오르기 시작했고, 입술에서는 평생 경험해 보지 못한 평안에 대한 고백이 터져 나오고 있었습니다. "평안해! 내 영혼 평안해! 하나님의 뜻이 이루어지이다!" 아침이 되자 스패포드는 주님이 주신 영감으로 시를 써 내려갔는데 그 시가 바로 〈내 영혼 평안해〉(It is well with my soul)였습니다. 시카고로 돌아온 스패포드는 무디 목사님과 함께 활동하고 있던 찬양사역자 필립 블리스(Philip

Bliss)를 찾아가 자신의 가슴 아픈 사연과 고백을 들려주었습니다. 그러자 스패포드의 고백과 찬양시에 감동을 받은 블리스는 바로 그 자리에서 그 시에 곡을 붙였는데 그것이 바로 우리가 잘 아는 찬송가 413장 〈내 평생에 가는 길〉이란 찬송입니다.

그는 1888년 60세를 일기로 하나님의 부르심을 받을 때까지 그 엄청난 삶의 고난 속에서도 낙심하거나 절망하지 않고, 불평하거나 원망하지도 않고 "내 영혼 평안해! 내 영혼, 내 영혼 평안해!" 하고 찬양하면서 사랑하는 네 딸들이 먼저 간 천국의 소망과 그 평안 가운데 살았습니다. 그는 비록 떠났지만, 그가 남긴 감동적인 신앙과 삶의 찬송은 말세 마지막 때 수많은 고난 가운데 있는 성도들과 주의 종들에게 큰 위로와 힘이 되고 있습니다.

사랑하는 성도 여러분, 인생을 살아가다 보면 고난이 끊임없이 부딪혀 옵니다. 가정에서나, 직장에서나, 교회에서나 끊임없는 고난을 이겨 내려면, 어떠한 고난 속에서도 하나님께 믿음으로 부르짖어야 하고, 성령님의 권능을 힘입어야 하며, 결국 하나님의 평온함을 회복해야 합니다. 그리할 때 우리 인생에 닥쳐온 어떠한 고난도 다 이겨낼 수 있을 뿐 아니라, 다음 세대인 청년들까지도 우리의 뒤를 이어 주님 안에서 어떠한 고난에도 승리하며 하나님께 영광 돌리는 믿음의 복된 인생을 살아가게 될 줄 확실히 믿습니다.

이제 다 함께 〈내 평생에 가는 길〉을 부르며 믿음으로 결단하겠습니다.

1. 내 평생에 가는 길 순탄하여 늘 잔잔한 강 같든지
   큰 풍파로 무섭고 어렵든지 나의 영혼은 늘 편하다
2. 저 마귀는 우리를 삼키려고 입 벌리고 달려와도

주 예수는 우리의 대장 되니 끝내 싸워서 이기리라
3. 내 지은 죄 주홍빛 같더라도 주 예수께 다 아뢰면
그 십자가 피로써 다 씻으사 흰 눈보다 더 정하리라
4. 저 공중에 구름이 일어나며 큰 나팔이 울릴 때에
주 오셔서 세상을 심판해도 나의 영혼은 겁 없으리
후렴) 내 영혼 평안해 내 영혼 내 영혼 평안해

어떠한 고난도 이겨 내게 하시는 하나님 아버지, 저희가 인생을 살아오면서 뜻하지 않은 고난으로 고통을 겪을 때가 얼마나 많았습니까? 그러나 이제는 어떠한 고난 속에서도 하나님께 믿음으로 부르짖게 해주시옵소서! 성령님의 권능을 힘입게 해주시옵소서! 하나님의 평온함을 회복시켜 주시옵소서! 그리함으로 어떠한 고난 속에서도 기필코 주님 안에서 다 이겨 내며, 우리의 다음 세대인 청년들까지도 믿음으로 승리하며 하나님께 영광 돌리는 복된 인생을 살게 해주실 줄 확실히 믿사옵고 예수님의 이름으로 간절히 축복하며 기도하옵나이다. 아멘!

영적 싸움의 승리 비결

사사기 3장 12-23절

6월은 호국 보훈의 달입니다. 우리는 아직 그나마 남북 간에 휴전 상태로 대치하고 있지만, 우리의 영적 전쟁은 주님 다시 오실 때까지 휴전 없이 계속됩니다. 늘 강조하지만 우리 인생의 건강 문제, 물질 문제, 가정 문제, 직장 문제, 나라 문제, 민족 문제, 열방의 문제까지도 깊이 파고 들어가면 다 영적 싸움입니다. 교회 문제는 더더욱 영적 전쟁의 최전방의 싸움인 것입니다. 교회에 분쟁이 일어나면 흔히 목사 편이냐, 반대 편이냐로 갈라지는데 영적으로 깊이 들어가 보면 실은 하나님 편이냐, 사탄 편이냐로 갈라지는 것과 같습니다. 오늘 본문에 나오는 두 번째 대사사인 에훗이 그의 연약함 속에서도 어떻게 대사사로 쓰임 받으며 영적 싸움에서 승리할 수 있었는지를 보면서, 우리도 우리의 연약함 속에서도 어떻게 일생의 영적 싸움에서 승리할 수 있을지 하나님의 음성을 들을 수 있길 바랍니다.

우리의 연약함을 인정해야 함

먼저 본문 15절 말씀을 보겠습니다. "이스라엘 자손이 여호와께 부르짖으매 여호와께서 그들을 위하여 한 구원자를 세우셨으니 그는 곧 베냐민 사람 게라의 아들 왼손잡이 에훗이라 이스라엘 자손이 그를 통하여 모압 왕 에글론에게 공물을 바칠 때에."

영적 지도자인 첫 번째 대사사 옷니엘이 죽은 후, 이스라엘은 또다시 여호와 목전에서 악을 행합니다. 그래서 하나님께서 모압 왕 에글론을 강성하게 하셔서 이스라엘 백성을 대적하게 하십니다. 에글론 왕은 암몬과 아말렉 자손들을 모아 이스라엘을 공격해 종려나무 성인 여리고를 점령함으로 이스라엘 백성을 18년 동안 통치하게 됩니다. 이 고난 속에서 또다시 이스라엘 자손들이 여호와께 부르짖자 하나님께서 그들을 위해 구원자를 세우셨는데, 그가 바로 베냐민 사람 게라의 아들 에훗이었습니다. '칭찬받는 자'라는 그 이름의 뜻대로 그는 아마도 이스라엘 백성에게 칭찬받는 자였을 것입니다.

그런데 본문은 이 에훗이 왼손잡이라고 기록하고 있습니다. 우리가 잘 아는 바와 같이 '베냐민'은 히브리어로 '오른손의 사람'이란 뜻인데, 왜 하필이면 오른손의 사람인 베냐민 지파에서 뽑아 세운 사람이 왼손잡이였을까요? 여기에는 영적인 깊은 뜻이 담겨 있습니다. 그가 베냐민 지파 사람들 중에서도 무언가 특이하고 부족해 보이는 것 같지만 하나님께서 그러한 연약한 사람의 부족함조차도 다 채워주시고 귀하게 사용하셨다는 것에 주목할 수 있길 바랍니다.

우리도 주님으로부터 하나님의 자녀로 부름 받고 직분자로 세워지기 전에는 죄악 된 것도 많았고 부족함도 많았고 연약함도 많았습니다.

프랑스 작가 베르나르 베르베르가 쓴 《웃음》(*Le rire du Cyclope*)이란 책에 이런 글이 나옵니다.

2세 때는 대소변을 가리는 게 자랑거리, 3세 때는 이가 나는 게 자랑거리, 12세 때는 친구들이 있다는 게 자랑거리, 18세 때는 자동차를 운전할 수 있다는 게 자랑거리, 20세 때는 사랑을 할 수 있다는 게 자랑거리, 35세 때는 돈이 많은 게 자랑거리라는 것입니다.

그리고 그다음이 50세인데 재미있는 것이, 이때부터는 자랑거리가 거꾸로 되어서 50세 때는 돈이 많은 게 자랑거리, 60세 때는 사랑을 할 수 있다는 게 자랑거리, 70세 때는 자동차 운전할 수 있다는 게 자랑거리, 75세 때는 친구들이 남아 있다는 게 자랑거리, 80세 때는 이가 남아 있다는 게 자랑거리, 85세 때는 대소변을 가릴 수 있다는 게 자랑거리라고 합니다. 그래서 결국 인생이란 너 나 할 것 없이 대소변 가리는 것을 배워서 자랑스러워하다, 사는 날 동안 대소변을 내 손으로 가리는 걸로 마감하는 것이라고 말합니다.

어찌 보면 세상을 살아간다는 것이 그리 자랑할 것도 없고 욕심에 절어 살 필요도 없다는 것입니다. 우리 인생 자체에는 아무런 은혜의 근거도 없고, 축복의 조건도 없고, 내세울 것도 없습니다. 그래서 고린도전서 1장 28-29절에서 "하나님께서 세상의 천한 것들과 멸시 받는 것들과 없는 것들을 택하사 있는 것들을 폐하려 하시나니 이는 아무 육체도 하나님 앞에서 자랑하지 못하게 하려 하심이라"고 분명히 말씀하고 있습니다. 그러므로 우리가 주어진 오늘 하루를 하나님께 받은 선물로 여기며 최선을 다해 감사하고, 최선을 다해 사랑하고, 최선을 다해 행복하게 살아야 하지 않느냐는 것입니다.

그런데 우리의 가장 근본적인 문제는, 자신이 생각하는 것이나 말하는 것이나 행하는 것이 다 완전한 줄 안다는 것입니다. 나만 옳고,

나만 바르고, 나만 완전한 줄로 착각합니다. 그래서 결국에는 지난날 타락한 천사장 루시퍼가 하나님과 같이 높아지려다 사탄, 마귀가 되고, 아담과 하와가 하나님과 같이 눈이 밝아진다는 뱀의 유혹에 빠져 선악을 알게 하는 나무의 열매를 따 먹고 에덴동산에서 쫓겨난 것과 똑같이 됩니다.

즉, 하나님과 같이 높아지는 교만의 시험에 쉽게 빠져 심지어 하나님께서 예수님의 피 값으로 사신 교회까지 자신의 세력 구축을 위해 사당화(私黨化)하는 엄청난 죄악을 저지르고 맙니다(행 20:28). 그러나 하나님의 교회는 하나님만이 주인이시기 때문에 목사나 장로나 권사나 집사나 그 누구도 주인이 될 수 없습니다. 우리는 당회나 제직회나 공동의회를 통해 나타난 주님의 뜻을 받들어 섬기는 종에 불과합니다. 이것은 신앙의 민주주의의 기본 원칙이요, 신앙의 첫걸음입니다.

그럼에도 이에 계속해서 불복하고 자신의 뜻을 이루려는 교만한 자들을 향해 잠언 16장 18절은 이렇게 말씀합니다. "교만은 패망의 선봉이요 거만한 마음은 넘어짐의 앞잡이니라." 또 고린도전서 10장 12절에서도 "그런즉 선 줄로 생각하는 자는 넘어질까 조심하라"고 경고하고 있습니다. 갈라디아서 6장 3절에서는 "만일 누가 아무것도 되지 못하고 된 줄로 생각하면 스스로 속임이라"고 말씀하고 있고, 베드로전서 5장 5절에서는 "하나님은 교만한 자를 대적하시되 겸손한 자들에게는 은혜를 주시느니라"고 경고하고 있습니다. 그런데도 우리가 끝까지 교만하며 우리의 신앙생활에 더는 은혜도 없고 축복도 없고 행복도 없습니다.

그러므로 우리가 이제는 자신만 의롭고 거룩한 체하며 다른 사람들 특히 세리를 비난하던 외식하는 바리새인과 달리, 하나님으로부터 의롭다 하심을 받은 세리와 같이 날마다 순간마다 "하나님이여 불쌍히 여기소서 나는 죄인이로소이다"(눅 18:13) 하고 통회 자복해야 합니다. 이처럼 우리가 우리의 연약함을 인정하고 고백할 때 우리에게 주님의 십자가의 은혜가 절실히 필요하게 되는 것입니다. 그래서 예수님께서 우리의 모든 죄악도 십자가에서 대신 져주시고, 우리의 모든 상처도 대신 져주시고 우리의 모든 질병도 대신 져주신 것입니다. 이를 믿고 행하는 자들은 아무리 연약하고 부족한 점이 많아도 하나님께서 불쌍히 여겨 주셔서, 지난날의 모든 죄악과 상처와 질병을 치유해 주심으로 영광스러운 하나님의 자녀가 되게 해주시고, 주님의 제자로 불러 주시고, 주님의 직분자로 귀하게 써 주십니다. 그러니 얼마나 감사하고 감격스러운 일입니까?

몇 해 전 사모님과 사별하고 외롭게 홀로 살아가는 한 선배 목사님이 지난 주일 밤에 이해인 수녀님의 시를 보내 왔습니다. 참으로 감동적인 신앙시입니다.

들꽃이 장미보다 아름다운 이유

아름다운 장미는 사람들이 꺾어가서
꽃병에 꽂아두고 혼자서 바라보다
시들면 쓰레기통에 버려지는데

아름답지 않은 들꽃이 많이 모여서 장관을 이루면
사람들은 감탄을 하면서도 꺾어가지 않고
다 함께 바라보면서
다 함께 관광 명소로 즐깁니다.

우리들 인생사도 마찬가지 입니다.
자기만 잘났다고 뽐내거나
내가 가진 것 좀 있다고
없는 사람을 업신여기거나
좀 배웠다고 너무 잘난 척하거나
권력 있다고 마구 날뛰는 사람들은
언젠가는 장미꽃처럼 꺾어지고
이용 가치가 없으면 배신당하고 버려지지만

내가 남들보다 조금 부족한 듯
내가 남들보다 조금 못난 듯
내가 남들보다 조금 손해 본 듯
내가 남들보다 조금 바보인 듯
내가 남들보다 조금 약한 듯하면
나를 사랑해 주고 찾아 주고
좋은 친구들이 많이 생기니
이보다 더 좋은 행복이 어디 있겠습니까?

오늘 힘들어하는 당신에게
마음 한 잔의 위로와
구름 한 조각의 희망과
슬픔과 외로움을 나눌 수 있는
따뜻한 사랑의 메시지를 전하고 싶습니다!

바울 사도는 너무도 고통스러운 육체의 가시로 인해 세 번이나 주님께 간구했지만 하나님의 응답은 "내 은혜가 네게 족하도다 이는 내 능력이 약한 데서 온전하여짐이라"(고후 12:9)였습니다. 그러자 바울 사도는 "그러므로 도리어 크게 기뻐함으로 나의 여러 약한 것들에 대하여 자랑하리니 이는 그리스도의 능력이 내게 머물게 하려 함이라 그러므로 내가 그리스도를 위하여 약한 것들과 능욕과 궁핍과 박해와 곤고를 기뻐하노니 이는 내가 약한 그때에 강함이라"(고후 12:9-10)고 선언합니다. 그러므로 우리도 자라난 가정환경이 안 좋고, 건강이 안 좋고, 외모가 빼어나지 못하고, 많이 배우지 못하고, 높은 지위에 오르지 못하고, 경제적으로 어렵고, 노후 대책이 불안정해도 우리의 연약함을 인정하고 십자가의 능력을 믿음으로 살아가야 합니다. 그리할 때 우리의 연약함을 뛰어넘는 놀라우신 주님의 은혜와 능력과 축복에 사로잡혀 어떠한 어려움도 이겨 내게 될 줄 분명히 믿으시기 바랍니다.

하나님의 말씀으로 무장해야 함

계속해서 본문 16절 말씀을 보겠습니다. "에훗이 길이가 한 규빗 되는 좌우에 날 선 칼을 만들어 그의 오른쪽 허벅지 옷 속에 차고."

당시 이스라엘 자손들은 사사 에훗을 통해 모압 왕 에글론에게 공물을 바쳤는데, 에훗은 길이가 한 규빗(손가락 끝에서 팔꿈치까지의 약 45센티미터) 되는 좌우에 날 선 칼을 만들어 그의 오른쪽 허벅지 옷 속에 차고 있었습니다. 왼손잡이는 보통 칼을 왼쪽 다리에 차는데, 에훗은 왕의 경호병들의 감시를 피하기 위해 반대로 오른쪽 다리에 칼을 찼던 것입니다. 이 칼은 모압 왕 에글론을 살해하기 위한 무기였습니다.

그러면 우리도 에훗처럼 칼, 소위 폭력을 사용해도 됩니까? 대제사장의 종들이 예수님을 잡으러 왔을 때 베드로가 칼로 한 종의 귀를 자르자 예수님께서 역설적인 진리를 말씀하십니다. "네 칼을 도로 칼집에 꽂으라 칼을 가지는 자는 다 칼로 망하느니라"(마 26:52). 폭력을 사용하는 자는 폭력으로 망할 것을 경고하신 것입니다. 그런데 대부분의 사탄의 종 노릇 하는 사람들은 폭력을 사용합니다. 온갖 험담과 비방과 선동과 폭력으로 하나님의 사람들을 위협하고, 사탄에게 속아 그것이 옳은 줄로 착각해 끝까지 오기와 혈기를 부리며 달려듭니다. 그러나 그러한 사람들은 하나님의 사람을 결코 이기지 못합니다. 폭력을 휘두르는 자는 결국 폭력에 망하고 말기 때문입니다.

그렇다면 이 칼은 말세 마지막 때 우리에게 무엇을 상징합니까? 에베소서 6장 17절은 우리에게 "성령의 검 곧 하나님의 말씀을 가지라"고 명령합니다. 에베소서 6장에 따르면, 우리가 사탄 마귀에 대적하기 위해서는 하나님의 전신갑주로 무장을 해야 하는데, 머리에는 구원의 투구를 쓰고, 가슴에는 의의 흉배를 붙이고, 허리에는 진리의 허리띠를 매고, 발에는 평안의 복음의 예비한 신을 신고, 손에는 믿음의 방패를 가져야 합니다. 여기까지는 다 방어용 무기입니다. 그런데 이어서 두 가지 공격용 무기를 말씀하십니다. 첫 번째가 성령의 검 곧 하나님의 말씀이고(엡 6:17), 두 번째는 기도와 간구입니다(엡 6:18-20).

지난 주간 울릉도로 총회부흥전도단 임원수련회를 갔는데, 그날 울릉도 가까이에서 해상 훈련을 하던 해군 함정이 포탄 발사 시험을 하면서 여객선 가까이에 포탄을 네 발이나 쏘는 바람에 하마터면 오늘 이 자리에 못 설 뻔했습니다. 수요일 저녁에는 울릉도에서 가장 크다는 동광교회에서 베드로전서 4장 7-11절의 말씀을 증거하면서, 만물의 마지막이 가까이 왔으니 가장 먼저 깨어 기도하고, 원수라도 뜨겁게 사랑하고, 선한 청지기같이 봉사하라고 권면했습니다. 그리고 가장 먼저 말세 마지막 때 깨어 기도하지 않으면 어느 누구도 예외 없이 사탄의 시험에 빠질 수밖에 없으니, 먼저 깨어 기도하라고 강조했습니다. 그리고서 이 기도와 함께 하나님의 말씀으로 영적 무장을 해야 하는 것입니다.

그렇다면 어떻게 하나님의 말씀이 공격용 무기가 되는지 분별할 수 있습니까? 모든 신앙생활의 판단 기준은 바로 하나님의 말씀입니다. 하나님의 말씀대로 행하면 하나님의 편이고, 하나님의 말씀대로 행하지 않으면 사탄 편인 것을 곧바로 알게 됩니다.

그렇다면 사탄에게 속은 사람들이 흔히 자신의 이익이나 감정이나 인간관계에 매여 좇아가는데, 우리가 구체적으로 하나님의 말씀으로 어떻게 분별할 수 있습니까? 가장 먼저는 상대방이 거짓말을 하느냐, 그렇지 않느냐를 보면 금방 알 수가 있습니다. 사탄의 사람들은 거짓의 아비인 마귀(요 8:44)의 영향을 받아 거짓말을 잘하고, 분명히 말이나 행동의 전과 후가 다르고, 앞과 뒤가 다르고, 겉과 속이 다릅니다. 그리고 입만 열면 온갖 거짓으로 하나님의 사람들을 비방하고 험담하고 공격합니다. 그러나 시간이 지나면 진실은 다 밝혀집니다. 살아계신 하나님께서 억울하고 원통한 마음을 다 풀어 주시기 때문에, 지금은 억울하고 원통해도 진실이 밝혀질 그때까지만 기다리면, 하나님께서 오히려 우리에게 기필코 보상해 주십니다. 그래서 지금보다 훨씬 더 큰 복을 주시고, 귀하게 쓰시고, 크게 영광 돌리게 해주시는 것입니다.

더 나아가 상대방이 다른 이의 허물을 들추느냐, 덮어 주느냐를 보면 금방 알 수가 있습니다. 베드로전서 4장 8절은 "(만물의 마지막이 가까이 왔으니) 무엇보다도 뜨겁게 서로 사랑할지니 사랑은 허다한 죄를 덮느니라"고 증거합니다. 하나님의 사람들은 상대방의 불의하고 악한 수많은 죄를 몰라서가 결코 아니라, 다 알지만 결국 언젠가는 선악 간에 심판하시는 하나님의 심판에 다 맡기고, 주님께서 십자가에서 우리를 용서해 주셨듯이 다 용서하고 덮어 줍니다. 그런데 사탄의 사람들은 상대방의 실수나 허물을 조금이라도 발견하면, 주님의 몸 된 교회가 흔들리고 깨지든지 말든지 전혀 개의치 않고, 아니 오히려 그러면 그럴수록 더 좋아하면서 그 허물을 어떻게든 들추고 끝까지 물고 늘어지고 죽이려 달려듭니다. 그러나 하나님께서 결국에는 그들의 불의를 들추시고 선악 간에 심판하시며 역전의 승리를 허락해 주시는 것입니다.

마지막으로 사탄의 사람들을 분별하는 방법이 있는데, 그들은 진정한 헌신과 헌금은 정작 하지 않으면서 말로만 혼자 예수님을 제일 잘 믿고, 혼자 주님을 제일 사랑하고, 혼자 교회를 제일 위하는 것처럼 큰소리를 칩니다. 그러면서 흔히들 어떻게 해서라도 교회를 바로 세우기 위해서라고 말하지만, 저는 그런 사람들을 향해 〈친절한 금자 씨〉의 그 유명한 대사처럼 이렇게 말하고 싶습니다. "너나 잘하세요! 당신 자녀들이나 영적으로 바로 세우세요!" 여러분, 우리가 하나님 앞에 죄인 됨을 기억한다면 결코 그렇게 말하고 행동할 수 없습니다. 그런데 영적인 분별력이 없는 사람들은 그런 번지르르한 말에 속아 넘어가고, 더욱이 사탄은 세상 사람들을 총동원하고 거기에 동조하는 악의 세력들을 통해서 주님의 일을 어떻게 해서라도 막으려 합니다. 그런데 우리가 사탄의 사람들을 따라갈 이유가 어디에 있습니까?

몇 년 전 안산제일교회에서 총회를 할 때도 보니까, 예배당 지으면 주위 아파트들이 다 훼손되고 집값 떨어진다고 사방에 플래카드가 붙고 난리가 났었는데, 그것은 사탄의 사주에 의한 새빨간 거짓말입니다. 오히려 안산제일교회를 통해 얼마나 많은 영혼이 구원받고 치유 받고 영육 간에 복을 받고 있습니까? 하나님의 사람들은 사탄의 사람들의 삶을 훤히 알고 있기에 영적으로 분별합니다. 그러한 사람들의 정체를 바로 알려면 주위의 영적인 장로님이나 권사님이나 집사님들의 말을 들어보면 됩니다. 누구보다도 주의 종들에게 물어보면 가장 확실하게 잘 알 수 있습니다. 이처럼 하나님의 말씀을 기준으로 우리가 먼저 사탄의 사람들을 영적으로 분별해야 합니다.

더 나아가 사탄의 공격을 물리치기 위한 공격용 무기로서의 하나님의 말씀에 대한 모범을 예수님께서 우리에게 보여 주셨습니다. 마태복음 4장에서 예수님께서는 먼저 40일 동안 금식하시면서 영적으로 충만해지신 다음에 광야에서 세 가지 시험을 받으셨습니다. 가장 먼저 "네가 만일 하나님의 아들이어든 명하여 이 돌들로 떡덩이가 되게 하라"(3절)는 육신의 정욕에 대한 것으로 예수님께서는 신명기 8장 3절 말씀을 인용하여 물리치십니다. "기록되었으되 사람이 떡으로만 살 것이 아니요 하나님의 입으로부터 나오는 모든 말씀으로 살 것이라"(4절). 더 나아가 성전 꼭대기에서 "네가 만일 하나님의 아들이어든 뛰어내리라"(6절)는 이생의 자랑(명예욕)에 대한 것으로 예수님께서는 신명기 6장 16절의 "또 기록되었으되 주 너의 하나님을 시험하지 말라"(7절)는 말씀으로 물리치십니다. 마지막으로 천하만국과 그 영광을 보여 주며 "만일 내게 엎드려 경배하면 이 모든 것을 네게 주리라"(9절)는 안목의 정욕(물질욕)에 대한 것으로 예수님께서는 신명기 6장 13절의 "사탄아 물러가라 기록되었으되 주 너의 하나님께 경배하고 다만 그를 섬기라"(10절)는 말씀으로 물리치심으로 그 모범을 보여 주십니다.

이처럼 우리도 하나님의 말씀으로, 위로도 받고 새 힘도 얻고 사탄의 어떤 공격도 물리칠 수 있는 하나님의 은혜도 받고 지혜도 얻고 능력도 얻을 수 있습니다. 그러므로 어떠한 연약함 속에서도 하나님의 말씀의 약속을 확실히 믿고 끊임없이 말씀을 읽고, 끊임없이 말씀을 공부하고, 끊임없이 말씀을 묵상하고, 끊임없이 말씀을 암송하고, 끊임없이 말씀을 그대로 실천하면서 하나님의 말씀으로 철저히 무장해야 합니다. 그리할 때 언젠가는 우리의 능력을 초월하시는 하나님의 말씀의 은혜와 지혜와 능력을 충만하게 체험하며 승리하게 될 줄로 믿습니다.

사탄을 대적해 물리쳐야 함

마지막으로 본문 21-22절 말씀을 보겠습니다. "에훗이 왼손을 뻗쳐 그의 오른쪽 허벅지 위에서 칼을 빼어 왕의 몸을 찌르매 칼자루도 날을 따라 들어가서 그 끝이 등 뒤까지 나갔고 그가 칼을 그의 몸에서 빼내지 아니하였으므로 기름이 칼날에 엉겼더라."

모압 왕 에글론은 매우 비대해서 동작이 느렸습니다. 에훗은 공물을 메고 온 수행원들을 먼저 보낸 뒤 길갈 근처 '돌 뜨는 곳'에서 모압 왕에게로 다시 돌아옵니다. 여기서 '돌 뜨는 곳'은 히브리어로 'הַפְּסִילִים'(합페씰림, 우상들)인데 이스라엘 사람들에게 널리 알려진 우상들을 만드는 장소로, 이스라엘의 가나안 정복의 본영이었던 길갈 근처에 있었습니다. 모압 왕 에글론이 이스라엘 자손들의 여호와 신앙을 흐리게 하고 자기 권위를 드러내기 위해 일부러 길갈 근처에 우상을 만드는 채석장을 두었는데, 이러한 우상을 만드는 채석장을 보면서 사사 에훗은 더욱 영적인 전의(戰意)를 불태웠을 것입니다.

그곳에서 에글론 왕에게 돌아와 은밀히 할 말이 있다면서 서늘한 다락방에서 왕과 독대할 수 있도록 유인합니다. 신하까지 다 물리고 둘만 남게 되었을 때, 에훗이 모압 왕에게 하나님으로부터 받은 아뢸 말씀이 있다고 말합니다. 그러자 왕이 관심을 보이며 자리에서 일어났고, 그 즉시 에훗이 왼손을 뻗쳐 오른쪽 허벅지 위에서 칼을 빼 왕의 몸을 찔렀습니다. 에훗이 얼마나 인정사정없이 혼신의 힘을 다해 찔렀던지 칼날을 지나 칼자루까지 모압 왕의 두터운 배를 뚫고 들어가, 그 칼끝이 등 뒤에까지 나갔고, 칼은 그의 몸에서 빼내지 않아 기름이 칼날에 엉길 정도였습니다. 이어서 에훗이 이스라엘 군사들을 데리고 모압군이 있는 여리고를 공격해서 모압 군사 1만 명을 죽이고 승리함으로써 이스라엘 온 땅이 80년 동안 평온할 수 있었습니다.

에훗과 이스라엘 자손들에게 그들을 압제하고 학대했던 모압 왕은 사탄과 같은 존재였습니다. 우리의 신앙생활 또한 마찬가지입니다. 우리를 불화하게 하고 불행하게 하고 고통스럽게 하는 존재는 성령님이 아니라 사탄입니다. 사탄은 우리의 가정이나 직장이나 심지어 하나님의 교회가 평온한 것을 절대 보지 못하고, 우리 주위의 사람들 가운데 역사해 갖가지 시비를 걸고 발목을 잡고 불행과 고통으로 끌고 가려 합니다. 그런데 영적 분별력을 갖지 못하고 사탄에게 속아 그의 도구로 쓰임 받는 사람은, 십계명을 비롯한 신구약 성경에서 분명하게 경고하신 말씀과 같이 자신의 인생도 다 헛되게 무너지고 말 뿐 아니라, 자손들의 장래까지 다 무너뜨리고 맙니다. 그러니 평생 목사, 장로, 권사, 집사를 하고도 이 얼마나 불쌍하고 불행한 인생입니까?

저는 이번에 울릉도에서 있었던 총회부흥전도단 임원수련회에 갔다가 수요일 오후 독도에 들렀습니다. 독도가 대한민국의 땅이라는 것은 역사적 고증과 더불어 국내외 증거가 있을 뿐 아니라, 현재 우리가 소유하고 있듯이 불변의 진리 아닙니까? 그런데도 사탄에게 속아 일본은 끝까지 남의 나라 땅을 자기 땅이라고 우기는데 그 이유가 무엇인지 아십니까? 이번에 독도에 가면서 들은 이야기입니다만, 원래 대마도가 우리나라 땅이었는데 일본어로는 '쓰시마'라고 합니다. 그런데 이걸 거꾸로 읽으면 뭐가 됩니까? '마시쓰'입니다. 일본 사람들이 대마도를 삼켜 먹어 보니까 '맛있었던' 것입니다. 그런데 독도는 일본어로 '다케시마'라고 하는데 또 이것을 거꾸로 읽으면 뭐가 되는 줄 아십니까? '마시케다'입니다. 대마도를 먹어 보니 맛있으니까 독도도 '맛있겠다' 하고 그것도 먹으려 달려드는 거라고 합니다. 웃자고 하는 이야기겠지만, 사탄의 계략이 꼭 이와 같습니다.

하나님의 말씀에 근거해 사탄을 분별해야 하지만, 그래도 분별이 안 될 때는 성령님께 영 분별의 은사를 간구하면서 이를 영적으로 잘 분별해 사탄의 역사를 대적하고 물리쳐야 합니다. 결단코 사탄의 역사에 속아 넘어가 사탄의 도구로 쓰임 받다 멸망해서는 안 됩니다. 많은 경우 우리는 우리를 향한 사탄의 공격에 대해 참거나 기도하거나 사랑으로 인내하다, 결국 사탄으로 인해 지쳐 쓰러지거나, 사탄을 피해 뛰쳐나가거나, 사탄에게 물려 죽고 맙니다. 그러므로 형제와는 시편 133편 1-3절의 "보라 형제가 연합하여 동거함이 어찌 그리 선하고 아름다운고 머리에 있는 보배로운 기름이 수염 곧 아론의 수염에 흘러서 그의 옷깃까지 내림 같고 헐몬의 이슬이 시온의 산들에 내림 같도다 거기서 여호와께서 복을 명령하셨나니 곧 영생이로다"라는 말씀처럼 연합하고 동거해야 합니다. 또 원수는 마태복음 5장 44절의 "너희 원수를 사랑하며 너희를 박해하는 자를 위하여 기도하라"는 말씀처럼 사랑하고 기도해 주어야 합니다. 그러나 사탄은 분명히 영적으로 분별하고 대적해서 물리쳐야 합니다.

그렇다면 우리가 이러한 사탄의 계략과 공격으로부터 어떻게 승리할 수 있습니까? 예수님께서는 사탄을 이겨 내는 그 모범을 우리에게 확실하게 보여 주셨습니다. 예수님께서는 베드로가 "주는 그리스도시요 살아계신 하나님의 아들이시니이다"(마 16:16)라고 신앙을 고백했을 때 크게 칭찬하셨습니다. "바요나 시몬아 네가 복이 있도다 이를 네게 알게 한 이는 혈육이 아니요 하늘에 계신 내 아버지시니라 또 내가 네게 이르노니 너는 베드로라 내가 이 반석 위에 내 교회를 세우리니 음부의 권세가 이기지 못하리라 내가 천국 열쇠를 네게 주리니 네가 땅에서 무엇이든지 매면 하늘에서도 매일 것이요 네가 땅에서 무엇이든지 풀면 하늘에서도 풀리리라"(마 16:17-19). 그런데 곧이어 예수님이 십자가의 대속을 처음으로 예언하셨을 때(마 16:21), 베드로는 예수님의 칭찬에 금세 교만해져 예수님을 붙들고 "주여 그리 마옵소서 이 일이 결코 주께 미치지 아니하리이다"(마 16:22)라고 항변합니다. 그러자 예수님은 십자가 구속의 역사를 가로막으려는 베드로를 향해 "사탄아 내 뒤로 물러가라 너는 나를 넘어지게 하는 자로다 네가 하나님의 일을 생각하지 아니하고 도리어 사람의 일을 생각하는도다"(마 16:23)라고 하시며 대적하셨습니다.

예수님의 동생인 야고보 사도도 야고보서 4장 7절에서 "그런즉 너희는 하나님께 복종할지어다 마귀를 대적하라 그리하면 너희를 피하리라"고 말하고 있습니다. 바울 사도 역시 에베소서 6장 11절에서 "마귀의 간계를 능히 대적하기 위하여 하나님의 전신 갑주를 입으라"고 명령했습니다. 또 베드로 사도도 베드로전서 5장 8-9절에서 "근신하라 깨어라 너희 대적 마귀가 우는 사자같이 두루 다니며 삼킬 자를 찾나니 너희는 믿음을 굳건하게 하여 그를 대적하라 이는 세상에 있는 너희 형제들도 동일한 고난을 당하는 줄을 앎이라"고 말했습니다.

여기서 주목해야 할 것은, 우리만 마귀의 공격을 받는 것이 아니라 오래전 예수님도, 야고보 사도도, 바울 사도도, 베드로 사도도, 초대교회의 주의 종들이나 성도들도 마귀의 공격을 받았다는 사실입니다. 과거나 말세 마지막 때인 지금이나 누구든 믿음으로 살려고 하면 할수록, 헌신하고 충성을 다하려고 하면 할수록, 더 큰 사명을 받아 일하려고 하면 할수록 더 큰 마귀의 공격을 당하게 됩니다. 가짜 신자나 삯꾼 목자는 마귀가 공격도 하지 않습니다. 그러므로 우리는 절대로 마귀의 공격에 대해 염려해서도 안 되고, 낙심해서도 안 되고, 두려워해서도 안 됩니다.

그렇다면 문제는 사탄의 세력이 우리보다 더 강한데 어떻게 이겨 내느냐는 것입니다. 그러나 우리가 결단코 염려하거나 낙심하거나 두려워하지 말아야 할 이유가 있습니다. 그것은 하나님께서 1년 365일 염려하지 말라고 성경에 365회에 걸쳐 '두려워하지 말라'는 말씀을 하시기 때문입니다. 이사야 41장 10절에서도 "두려워하지 말라 내가 너와 함께함이라 놀라지 말라 나는 네 하나님이 됨이라 내가 너를 굳세게 하리라 참으로 너를 도와주리라 참으로 나의 의로운 오른손으로 너를 붙들리라"고 분명히 약속하셨습니다. 그래서 우리의 힘으로 이겨 내는 것이 아니라, 강하신 하나님께서 주시는 힘으로 능히 이겨 내는 것입니다. 그러므로 우리는 이 세상에서 가장 강하신 하나님께서 우리와 항상 함께하심을 확실히 믿고, 사탄의 세력들에 대해 강하고 담대한 믿음으로 결단코 물러서지 않고 끝까지 인내하며 승리해야 합니다.

지난 월요일 밤 언론을 통해 참으로 슬픈 소식을 전해 들었습니다. 공군 모 부대 부사관 여자 중사가 선임 남자 중사의 명령으로 상사 지인의 개업식에 따라 갔다가, 술에 취해 돌아오는 길에 승용차에서 강압적으로 성추행을 당하게 되었습니다. 그 상황이 너무나 힘들어 여 중사는 타 부대로 전출해 갔습니다. 그런데 그 선임 중사가 그곳까지 연락해서 계속 괴롭히는 것이었습니다. 결국 이 여중사가 지난 3개월 동안의 수치심과 모멸감을 견디다 못해 남자 친구와 혼인 신고를 한 바로 그날, 그동안의 성추행 사건 전말을 동영상에 담아 부모에게 알리고 스스로 극단적 선택을 했습니다. 그 사건을 전해 들으면서, 그리스도인 이 여중사가 자신의 순결을 짓밟은 그 불의한 자와 끝까지 싸워 이겨 내지 못하고 스스로 목숨을 끊은 것이 너무도 안타깝고 가슴이 아팠습니다.

제가 늘 강조하는 말이 있지 않습니까? 선한 사람과 악한 사람이 싸우면 누가 이긴다고 했습니까? 선한 사람도, 악한 사람도 아니고 끝까지 버틴 사람이 이긴다고 하지 않았습니까? 아무리 선한 사람이라도 끝까지 못 버티면 지고, 아무리 악한 사람이라도 끝까지 버티면 이깁니다. 지난 21년 동안 저와 여러분이 신앙생활을 함께 해오면서, 처음 10년 동안 기나긴 영적 싸움에서도 끝까지 인내하면서 버팀으로 하나님의 기적적인 은혜와 능력으로 다 이겨 내고 승리했던 영적인 체험이 있지 않습니까?

그러므로 앞으로 우리에게 닥쳐올 영적 싸움의 결론에 대해 갈라디아서 6장 9절은 확실히 증거합니다. "우리가 선을 행하되 낙심하지 말지니 포기하지 아니하면 때가 이르매 거두리라." 그러므로 살아계신 하나님만 믿는 강하고 담대한 믿음의 확신을 가지고 끝까지 인내하며 나아갈 때, 우리의 어떠한 연약함 속에서도 하나님의 권능으로 능히 사탄의 세력들을 대적하여 물리치며 승리하게 될 줄 확실히 믿으시기 바랍니다.

지난 수요일 저녁에는 울릉동광교회에 갔다가 그 교회를 담임하고 계시는 방상국 목사님으로부터 눈물겨운 울릉도 선교의 역사를 들을 수가 있었습니다. 울릉도는 지금으로부터 112년 전인 1909년 강원도에서 책을 팔던 매서인 김병두 성도님이 와서 처음으로 복음을 전함으로 선교가 시작되었습니다. 그리고 1년 후인 1910년부터 1917년까지 호주의 제임스 맥켄지(James Mackenzie, 한국명 매견시) 선교사님이 5차례나 울릉도에 와서 복음을 전함으로 교회의 터를 닦아 주셨습니다. 그런데 울릉도 복음화에 결정적인 불이 붙게 된 일이 있었습니다.

1944년 일제의 신사참배를 거부해 일본 경찰의 수배를 받던 대구 서남교회 주낙서 목사님이 울릉도로 피신을 오셔서 울릉동광교회를 맡으셨습니다. 그런데 그 해 12월 10일 밤 북면의 현포교회 당회를 인도하시고, 다음 날은 홍문동에 있는 천부교회의 심방을 마치시고 밤늦게 저동으로 돌아오시다가, 나리령에 갑자기 내린 1미터 30센티미터의 폭설로 인해 동행했던 오우석 조사, 백만술 영수와 함께 눈에 길이 막혀 오도 가도 못하게 되었습니다. 깊은 산중에서 밤새 추위와 배고픔에 떨면서 주 목사님은 마지막으로 하나님께 간절히 기도했습니다. "하나님 아버지, 대구에 두고 온 사랑하는 아내와 딸을 주님께 맡깁니다! 제가 죽어서라도 울릉도의 복음화를 위한 한 알의 밀이 되게 해주시옵소서!" 그리고 그 세 분은 눈 속에서 그대로 동사하시고 말았습니다.

당시 주 목사님은 45세의 젊은 나이에 사모님과 외동딸을 남기고 하늘나라로 가시게 된 것입니다. 이후 13일 만에 시신을 발견했는데, 두 손을 모으고 무릎 꿇고 기도하시는 모습 그대로 엎드려 있는 상태로 돌아가신 것이었습니다. 무엇 때문에 이 세 분이 그 혹독한 추위에 밤늦게, 그것도 다른 교회들까지 심방을 가시며 양 떼들을 돌보셨는지 생각해 보게 됩니다. 그것은 영혼에 대한 사랑 때문이었습니다. 그때부터 울릉도 최초의 순교자들인 주 목사님과 오 조사님과 백 영수님의 순교가 결단코 헛되게 해선 안 된다며 울릉도 복음화의 불이 붙게 되었다고 합니다.

그런데 성령님의 역사가 있을 때는 꼭 이를 훼방하고 무너뜨리려는 사탄의 역사가 뒤따릅니다. 30년 후인 1974년 포항의 구원파 전도사가 울릉도에 들어와, "당신들이 예수님을 믿는다고 하지만 구원의 확신이 있느냐?"고 구원의 교리만 강조하면서 성도들을 미혹하기 시작했습니다. 그로 인해 교인들이 구원파의 거짓 교리에 넘어가 울릉도의 교회들마다 크게 흔들리게 되었습니다. 그러나 기존 교회 목사들과 영적인 성도들이 똘똘 뭉쳐 하나님의 복음의 말씀으로 그들의 잘못된 신앙생활을 영적으로 잘 분별하고 대적하면서 사탄의 시험을 잘 이겨 냄으로 다시 울릉도가 새롭게 부흥하기 시작했습니다. 그래서 지금은 1만 명의 주민이 사는 울릉도에 38개 교회가 세워지고, 26퍼센트에 이르는 복음화를 이루게 된 것입니다.

지난 수요일에 예배를 드린 동광교회는 이번에 예배당 430석과 더불어 소예배실, 세미나실, 카페까지 갖추고, 울릉도선교기념관까지 함께 세우게 되었습니다. 주낙서 목사님을 비롯한 세 분의 한 알의 밀알과 같은 순교의 신앙이 오늘까지 전해지고 있는 것입니다. 또 코로나19의 상황에서도 수요일 밤예배에 많은 성도가 모이는 교회로 은혜롭게 부흥하고 있었습니다. 이번에 가서 보니, 울릉도 군수부터 시작해 어선의 선장이나 선주들 중에도 충성스러운 장로님들이 많아져서 배 이름도 이레호, 아멘호, 은혜호, 성령호, 충만호라고 짓고, 기도하고 오징어를 잡으러 가는 너무나 은혜로운 섬이 되어 있었습니다. 이처럼 복음의 영적 승리가 충만한 섬을 보고 너무도 감격하면서 돌아왔습니다.

사랑하는 성도 여러분, 인생을 살아가다 보면 갖가지 고난이 안팎에서 끊임없이 닥쳐와 일생토록 영적 싸움이 끊이지 않습니다. 그럼에도 우리가 영적 싸움에서 승리하기 위해서는 먼저 우리의 연약함을 인정하고, 하나님의 말씀으로 무장하고, 사탄을 대적하고 물리쳐야 합니다. 그래야 영적 싸움에서 끝까지 승리해 나갈 수 있습니다. 그리할 때 언젠가는 하나님의 기적적인 승리의 영광과 축복이 기필코 우리의 인생과 자손들에게까지 차고 넘치게 될 줄 확실히 믿습니다.

결단의 찬송으로 〈아무것도 두려워 말라〉를 부르며 믿음으로 결단하겠습니다.

아무것도 두려워 말라 주 나의 하나님이 지켜주시네
놀라지 마라 겁내지 마라 주님 나를 지켜주시네
아무것도 두려워 말라 주 나의 하나님이 지켜주시네
놀라지 마라 겁내지 마라 주님 나를 지켜주시네
내 맘이 힘에 겨워 지칠지라도 주님 나를 지켜주시네
세상의 험한 풍파 몰아칠 때도 주님 나를 지켜주시네
주님은 나의 산성 주님은 나의 요새
주님은 나의 소망 나의 힘이 되신 여호와

저희의 최후의 승리가 되시는 하나님 아버지, 사탄이 우는 사자와 같이 저희와 저희 가정과 심지어 하나님의 교회까지 삼키려고 달려드는 때를 살아가고 있습니다. 이렇게 앞이 캄캄한 절망적인 순간에도 먼저 저희의 연약함부터 인정하게 해주시옵소서! 하나님의 말씀으로 무장하게 해주시옵소서! 사탄을 영적으로 대적하고 물리치게 해주시옵소서! 그리함으로 최후의 승리의 영광과 축복이 저희와 저희의 자녀손들에 이르기까지 평생토록 함께할 줄 확실히 믿사옵고, 십자가의 승리를 이루신 예수님의 이름으로 간절히 축복하며 기도하옵나이다. 아멘!

연약한 자의 승리 비결

사사기 4장 4-16절

이스라엘은 2대 대사사인 에훗으로 인해 80년 동안 평온하게 지냈습니다. 그런데 어리석은 이스라엘 자손들은 에훗이 죽자 또다시 여호와의 목전에서 악을 행했습니다. 이에 여호와께서 하솔에서 통치하고 있던 가나안 왕 야빈의 손에 이스라엘 자손들을 팔아 버리십니다. 여기서 야빈은, 북부 가나안 연합군의 맹주로서 여호수아에게 격파되어 죽은 야빈이 아니라(수 11장), 왕의 공식 칭호(애굽의 '바로'나 로마의 '가이사')였을 것입니다. 가나안 왕 야빈이 20년 동안이나 이스라엘 자손들을 심하게 학대하자, 이스라엘 자손들이 여호와께 부르짖게 되고, 이에 하나님께서 여선지자 드보라를 사사로 세워 주셔서 그들을 구원해 주십니다. 육신적으로 연약한 여성이 어떻게 그 엄청난 가나안 왕 야빈의 군대 장관 시스라를 물리쳤는지를 보면서, 육신적으로 너무도 연약한 우리가 어떻게 영적 싸움에서 승리할 수 있는지, 이 시간 들려주시는 하나님의 음성을 들을 수 있길 바랍니다.

맡겨진 사명에 충성을 다해야 함

먼저 본문 4절 말씀을 보겠습니다. "그때에 랍비돗의 아내 여선지자 드보라가 이스라엘의 사사가 되었는데."

드보라는 히브리어 원어 성경에서 보면 우리말 성경과 달리 여선지자, 랍비돗의 아내, 사사의 순서로 소개되어 있습니다. 우리는 한 가지 사명도 감당하기 어려운데, 드보라는 당시 남성 위주의 혹독한 가부장적 문화에서도 구약성경에 나오는 미리암(출 15:20)이나 훌다(왕하 22:14)와 같이 하나님 앞에서 하나님의 말씀을 예언하고 증거하는 여선지자의 사명을 충성스럽게 감당했습니다. 그뿐 아니라 가정에서는 랍비돗의 충실한 아내였고, 더 나아가 위기에서 이스라엘을 구원해 내는 사사가 되는 영광까지 누리게 되었습니다. 사람들은 하나도 제대로 감당하기 어려운데, 그는 평소에 모든 일에 충성을 다했기에 3관왕의 영광을 누리게 된 것입니다.

그 비결은 그의 이름에서 찾을 수 있습니다. '드보라'는 히브리어로 'דְּבוֹרָה'(데보라)로 '꿀벌'이란 뜻인데, 꿀벌은 예로부터 근면을 상징하는 곤충 아닙니까? 드보라는 사사로 하나님의 부르심을 받을 때도, 가정의 일을 다 마치고 종려나무 아래에서 선지자로서 하나님의 말씀으로 백성들을 재판해 줄 정도로 부지런하고도 충성스럽게 사명을 감당했습니다. 다시 말하면, 그녀는 하나님 앞에서나, 가정에서나, 위기에 처한 이스라엘 앞에서나 자신에게 주어진 모든 사명에 충성을 다했기 때문에, 연약한 여성이었음에도 이스라엘을 구원할 사사로까지 부르심을 받게 된 것입니다.

우리도 육신적으로 아무리 부족하고 연약하다 해도 어떠한 영적 싸움에서도 승리하기 위해서는, 평소 가정이나 직장이나 하나님의 교회에서의 삶부터 충실해야 합니다. 그래야 어떠한 영적 싸움에 있어서 먼저는 하나님으로부터 인정받고, 그다음 가까운 주위 사람들로부터 인정을 받아, 하나님의 나라를 위해 귀하게 쓰임 받고, 궁극적인 영적 승리를 거둘 수가 있는 것입니다. 그런데 대부분의 사람은 평소에는 불충성하고 불성실하다가, 세상 선거나 교회의 임직자 선거가 다가오면 그때부터 갑자기 사람들에게 잘 보이려 합니다. 열심히 선거운동이나 하고, 어떻게 해서든지 표를 얻으려 합니다. 그러나 늘 강조하지만 잠언 16장 33절의 "제비는 사람이 뽑으나 모든 일을 작정하기는 여호와께 있느니라"는 말씀처럼 살아계신 하나님께서 선악 간에 다 심판하십니다. 그러므로 우리가 어떠한 경우든지 영적인 싸움에서 승리할 수 있는 길은, 가장 먼저 평소 하나님 앞에서 맡겨진 사명에 충성을 다하는 수밖에 없습니다.

지난주 주일예배를 다 마치고 대전 반석교회 임직예배에서 말씀을 전하고 돌아오는 길에 한 기쁜 소식을 언론을 통해 전해 들었습니다. 작년 7월 대전 동구의 한 주택가에서 지적장애가 있는 한 노인이 폐지를 주워 실은 리어카를 끌고 가시다가 실수로 도로에 주차돼 있던 아우디 승용차를 긁어 100만 원 상당의 손해를 끼치게 되었습니다. 그러자 차 주인이 고소해서 대전지방법원에서는 이 어르신에게 도로교통법 위반 혐의로 벌금 30만 원을 선고했습니다. 그런데 늘 생계의 위협을 겪으면서 리어카에 폐지를 가득 채우면 3천원, 산더미처럼 쌓아올리면 5천 원을 벌어 어렵게 살아가는 분인데 당장 무슨 돈이 있겠습니까? 이 어르신에게 벌금 30만 원은 너무나 큰 돈이었는데, 이 소식을 전해 들은 강서갑 국회의원인 우리 치유하는교회 강선우 성도님이 조용히 그 벌금을 대납해 주고, 어르신의 생활에 필요한 생필품까지 푸짐하게 다 구해 드렸다는 것입니다.

지난 화요일 더불어민주당이 부동산 투기 의혹이 있는 지역구 국회의원 10명에게 탈당을 권유하고, 비례대표 2명에 대해 출당조치를 했습니다. 이렇게 정치인들이 부패해 가는 시점에 액수의 많고 적음을 떠나 이 얼마나 아름다운 미담입니까? 나중에 그렇게 그 멀리까지 구제의 손길을 펼치게 된 이유를 알아보니, 강선우 성도님도 발달장애가 있는 딸을 키우면서 어려움을 많이 겪었는데 그 어르신이 지적장애가 있는 분이시라는 것을 우연히 알게 되고 너무도 마음이 아파 조용히 도와드렸다는 것입니다. 그런데 어떻게 언론에서 그걸 알아내 연일 방송해 주는지 몸 둘 바를 모르겠다고 했습니다.

그래서 그날 밤 곧바로 "사랑하는 강선우 성도님, 참으로 자랑스럽습니다!!!" 하고 문자 메시지를 보내 격려했습니다. 사실 가정 일 하나 충실하기도 쉬운 일이 아닌데, 원내 대변인으로 의정 활동이라는 참으로 무거운 짐을 지고 일하면서 지역구 관리에도 힘이 많이 들텐데 시간이 날 때마다 교회에 나와 예배드리는 모습이 늘 감동적입니다.

우리도 모두 다 바쁘고 피곤하고 힘들겠지만, 가장 먼저 하나님께서 기뻐 받으시는 예배를 드리는 것을 생명같이 소중하게 여기고, 또 가정 일이나 직장 일에도 충실해야 합니다. 더 나아가 일평생 맡겨 주신 전도와 치유와 양육과 구제와 봉사와 선교의 사명에 충성을 다해야 합니다. 그리고 아직도 북한의 3대 세습 독재정권의 압제 아래에서 신음하고 있는 2,500만 우리 동족과 33,000명의 탈북민을 꿈에도 잊지 않고 날마다 위해서 기도하고 평화 교류하며 복음 통일을 위해 끝까지 희망을 잃지 않고 매진해야 합니다. 그리할 때 요한계시록 2장 10절의 말씀이 우리에게 이루어질 것입니다. "너는 장차 받을 고난을 두려워하지 말라 볼지어다 마귀가 장차 너희 가운데에서 몇 사람을 옥에 던져 시험을 받게 하리니 너희가 십 일 동안 환난을 받으리라 네가 죽도록 충성하라 그리하면 내가 생명의 관을 네게 주리라." 이 말씀과 같이 우리가 연약하지만 인생의 마지막 순간까지 충성을 다할 때 어떠한 영적 싸움에서도 승리할 뿐 아니라, 어떠한 환난도 다 이겨 내고 오히려 복되게 쓰임 받으면서 하늘의 상과 이 땅의 복을 받을 줄 확실히 믿으시기 바랍니다.

강하고 담대한 믿음으로 일어서야 함

계속해서 본문 9절 말씀을 보겠습니다. "이르되 내가 반드시 너와 함께 가리라 그러나 네가 이번에 가는 길에서는 영광을 얻지 못하리니 이는 여호와께서 시스라를 여인의 손에 파실 것임이니라 하고 드보라가 일어나 바락과 함께 게데스로 가니라."

당시 철제무기는 블레셋만 보유했고 다른 민족들은 쇠로 무기를 만드는 기술이 없었는데, 가나안 왕 야빈이 이 철병거를 가지고 있었던 것입니다. 이스라엘 백성들이 출애굽 할 때 애굽 왕의 철병거가 600대였는데, 가나안 왕 야빈의 철병거가 900대이니 얼마나 강성한 부대인지 알 수 있지 않습니까? 이러한 가나안 왕 야빈에게 대적할 이스라엘의 남자가 단 한 사람도 나타나지 않자, 하나님께서는 이 연약한 여선지자 드보라를 택하셨습니다. 대부분의 여성은 그런 부르심을 받으면 "남자들도 못 나서는 일을 어떻게 제가 할 수 있겠어요?" 하고 거절할 것입니다. 그러나 그녀는 결코 회피하거나 거부하지 않고 강하고 담대한 믿음으로 일어서서 이스라엘 백성들을 학대하는 불의한 가나안 왕의 강성한 군대에 한 몸을 던집니다. 그리고 사람을 보내 아비노암의 아들 바락에게 도움을 요청합니다. 그러자 바락은 "만일 당신이 나와 함께 가면 내가 가려니와 만일 당신이 나와 함께 가지 아니하면 나도 가지 아니하겠노라"(8절)고 응답합니다.

여러분, 무언가 순서가 뒤바뀐 느낌이 들지 않습니까? 전쟁터에 그래도 육신적으로 강한 남자가 나가야지 연약한 여성에게 함께 가자고 사정을 하니 얼마나 우스운 일입니까? 남자가 그렇게 나오면, "전쟁은 남자들이 하는 것인데, 왜 연약한 나를 끌고 들어가려 합니까?"라고 답할 수도 있었는데 정작 드보라가 뭐라고 대답합니까? "내가 반드시 너와 함께 가리라 그러나 네가 이번에 가는 길에서는 영광을 얻지 못하리니 이는 여호와께서 시스라를 여인의 손에 파실 것임이니라"고 예언합니다. 이는 사사 드보라가 바락과 함께 전쟁터에 나가지만 바락이 승리의 영광을 거두는 것이 아니라, 야빈의 군대장관 시스라가 뜻밖의 하나님의 개입으로 전쟁에서 패망하고 여인의 손에 죽게 될 것이라는 예언입니다.

실제로 이후의 구절을 보면, 시스라는 자신의 편이라고 믿었던 모세의 장인 르우엘의 아들 호밥(민 10:29)의 자손인 겐 사람 헤벨의 집으로 피신했다가, 헤벨의 아내 야엘이 준 따뜻한 우유를 마시고 피곤에 지쳐 잠들었을 때, 야엘이 그의 관자놀이(눈과 귀 사이 관자 뼈가 있는 곳)에 말뚝을 박아 죽게 됩니다(4:21). 이처럼 드보라는 강하고 담대한 믿음으로 일어나 바락을 데리고 전쟁터로 나갔습니다.

말세 마지막 때 우리도 가정이나 직장이나 하나님의 교회에서 끊임없이 영적 싸움을 하게 되는데, 대체로 남성들이 앞장서서 나서고 큰소리를 치고 뭔가 해볼 것처럼 합니다. 그러나 위기의 때나 무언가 자신에게 불이익이 된다고 생각하면 금방 움츠러들고 안 나타나 버리거나 쓱 빠져나가 버립니다. 이렇게 주님의 십자가를 함께 나눠지려 하지 않는 사람은 결국 은혜도, 축복도, 행복도 다 잃어버리고 맙니다. 그러나 말씀과 기도로 영적으로 무장한 성령 충만한 여성들이 오히려 강하고 담대한 믿음으로 함께 십자가를 지고 끝까지 믿음으로 인내하면서 승리하는데, 그것을 보면 옛날 초등학생 때 보았던 〈남자는 절개, 여자는 배짱〉이라는 영화가 떠오릅니다.

저는 작년 1월부터 시작된 코로나19로 인해 어려워진 때, 우리 교인들의 예배드리는 모습을 보면서 참 신자와 가짜 신자를 구별할 수 있었습니다. 두 번째로 임직자 선거를 통해 우리 교인들이 얼마나 영적인 분별력이 있는지 알게 되었고, 세 번째로 주차장 매각 문제의 절차를 보면서 우리 교회에도 영적인 성도들과 육적인 교인들이 있다는 것을 알 수 있었습니다. 특히 교회마다 임직자 선거가 끝나면 큰 시험의 태풍이 몰아쳐 피택이 안 된 사람들은 꼭 시험에 빠지고 맙니다.

벌써 30년 가까이 된 일입니다. 제가 33세의 참 부족함이 많은 나이에 시카고를 대표하는 시카고한인연합장로교회에서 담임목회를 할 때 임직자 선거를 하게 되었습니다. 그때 2차 선거까지 마쳤는데 한 집사님이 두 표 차이로 피택이 안 되어서 얼마나 안쓰러워 보였는지 모릅니다. 더구나 그분은 교회 초창기부터 열심히 신앙생활을 해왔고, 친구 안수집사들이 다 장로가 되었기 때문에 어떻게 해서라도 그분을 살리고 싶었습니다. 그래서 개표를 마치고 긴급 당회를 갖고, "장로님들, 한 집사님이 두 표 차이로 안타깝게도 피택이 안 됐는데 3차 투표 한 번만 더 하면 어떨까요?" 하고 제안을 했습니다. 그때 열 분 가까운 장로님이 계셨는데, 목사가 교회를 위해서 무엇을 하자고 하면 "아니요!" 하시는 분이 없어서 만장일치로 통과가 됐습니다. 즉석에서 3차 선거 제안을 했고, 그 장로님들에 그 교인들인지라 목사님과 장로님들이 하자고 하면 그대로 순종하는 참으로 순수한 교인들이어서 바로 3차 선거에 들어갔습니다. 그런데 오히려 더 큰 표 차이로 피택이 또 안 되었습니다. 그리고 결과 발표가 있자마자 그 집사님 내외분이 벌떡 일어나 나가 버렸습니다.

그때 마음속으로 '저 집사님 가정에 큰 시험이 왔구나!' 하고 걱정이 들어서, 그날 공동의회를 다 마치고 저녁 시간에 집사님 댁으로 위로 심방을 갔습니다. 저는 그 집사님이 "목사님, 뭐 하러 저희 집까지 오셨어요? 다 제가 부족해서 그런 것이니까 저희 걱정은 하지 마시고 목사님도 피곤하실 텐데 빨리 돌아가서 쉬세요"라고 할 줄 알았습니다. 그런데 문을 열자마자 얼굴이 벌겋게 되어서 저를 보고 큰 소리로 하시는 말씀이, "저희 집에 뭐 하러 오셨어요? 아니 한 번 나무에서 떨어뜨렸으면 됐지, 그것도 부족해서 나무에 또 올려놓고 떨어뜨립니까?" 하는 것이었습니다. 저에게 자신의 감정을 막 쏟아부은 것입니다.

마음이 아파 위로하러 온 목사에게 어떻게 그럴 수가 있습니까? 그래도 어떻게 하겠습니까? 목사는 목을 내놓고 사는 사람이니, 하나님의 말씀으로 위로해 드리고 간절히 축복기도를 해드린 후에 집을 나오면서, 밤하늘을 쳐다보며 하나님께 이렇게 외쳤습니다. "하나님 아버지, 저는 조금 전까지만 해도 하나님의 뜻을 몰랐는데, 저분 잘 떨어뜨리셨습니다. 저런 분이 장로가 되면 큰 벼슬이나 한 것처럼 완장을 차고 평생토록 얼마나 하나님의 교회를 어지럽히겠습니까? 하나님 아버지, 잘 떨어뜨리셨습니다!"

여러분, 우리가 신앙생활을 해가면서 늘 강조하지만 남의 탓 할 것 아무것도 없습니다. 목사로서, 장로로서, 권사로서, 집사로서, 성도로서 나만 잘하면 됩니다. 그러면 아무도 모르는 것 같아도 가장 먼저는 주님이 다 아시고, 주의 종들이나 영적인 성도들이 다 알고, 우리의 사랑하는 가족들뿐 아니라 우리 주위 사람들이 다 알아줍니다. 그래서 일생을 살아가면서 우리가 심은 대로 다 거두는 것입니다.

목회를 하다 보면 말만 앞서고 큰소리나 치는 교인들보다, 하나님께 드리는 예배에 빠지지 않고 새벽기도회나 심야기도회, 심지어 낮에도 시간만 나면 만민이 기도하는 집인 성전에 나와 묵묵히 기도하고 이름도 없이, 빛도 없이, 말도 없이 한결같이 헌신, 봉사, 충성을 다하시는 여성도님들을 진심으로 더 신뢰하게 되고, 의지하게 되고, 그분들을 통해 큰 위로와 힘을 얻곤 합니다.

그런데도 늘 장로 선거를 하면 이상하게 여성들이 그러한 신앙적인 여성을 장로로 더 안 세워 줍니다. 그래서 여성 장로가 쉽게 안 나옵니다. 교인 수의 2/3나 되는 여성들이 뭉치면 얼마든지 세울 수 있습니다. 요즘 세상 기관에서도 30퍼센트 여성 할당제를 시행하는데, 지난날 여성들이 그토록 무시되던 시절에도 여성들을 교회나 학교로 이끌어 냈던 기독교가 말세 마지막 때 사탄의 강력한 역사로 오히려 더 폐쇄적이 되어 여성이 여성을 더 안 뽑아 주니, 결국 자신도 장로가 되지 못합니다. 더 나아가 자신의 딸도 장로가 되지 못하고, 자신의 손녀까지도 장로로 쓰임 받는 영광스러운 복을 결국에는 다 잃어버리고 마는 것입니다. 결과적으로 하나님의 축복을 누릴 수 있는 길을 자기 스스로 다 막아버리고 마는데, 이것이 바로 말세 마지막 때 여성 교인들의 한계입니다.

이제 임직자 선거가 끝났으니 마음 놓고 말씀드립니다. 지난 5월 임직자 선거에서 한 권사님이 아슬아슬하게 또 장로가 되지 못했습니다. 그런데도 제가 평소에 그 권사님에게서 큰 감동을 받는 것은, 새벽기도회나 심야기도회나 심지어 낮에도 시간이 나실 때마다 중보기도실에 나와서 기도하시고, 새벽기도회 때도 항상 가장 늦게까지 부르짖으며 기도하시는 모습입니다. 목회하면서 때로는 육신적으로 힘들고 지치지만 그 권사님의 쩌렁쩌렁한 새벽을 깨우시는 기도소리가 얼마나 큰 위로와 힘이 되는지 모릅니다.

임직자 선거에서 피택이 안 되면 대부분의 교인은 큰 시험에 빠져 교회도 열심히 안 나오고, 신앙도 다 잃어버리고, 세상 사람들처럼 낙심에 빠지고 맙니다. 그런데 그 권사님은 피택이 되지 않았는데도 변함없이 새벽기도회나 심야기도회에 열심히 나오셔서 간절히 부르짖으셨습니다. 더욱 감동을 받았던 것은 임직자 선거가 끝난 주일 그다음 날 월요일 새벽기도회에 감사헌금 봉투가 올라왔는데, "하나님의 크신 은혜에 진심으로 감사드립니다"라는 그 권사님의 감사헌금이었습니다. 44년이라는 짧다면 짧고 길다면 긴 목회를 해오면서 임직자 선거에서 피택이 안 되었음에도 감사헌금을 드린 분은 처음 보았는데, 이것이 바로 어떠한 고난 속에서도 주님만 바라보며 일어서는 강하고 담대한 믿음인 것입니다.

영적인 성도는 임직자 선거나 어떠한 회의의 결정을 통해 나타나는 결과론적인 하나님의 뜻에 순종하면서, 무엇이 문제인지 돌이켜보고 자신에게 부족했던 것을 깨닫습니다. 하나님의 연단 후에 정금 같은 믿음이 되면 그다음에 머지않아 하나님의 복이 기필코 임하게 될 것입니다. 선거철에만 교회에 나오거나 장로, 권사, 집사 되기 위해서 기도회는 나오면서, 봉사하는 데는 안 나오고 전도하는 데는 안 나오는 것은 엄밀하게 말하면 믿음이 아닙니다. 자신의 주장이나 명예나 이익만을 고집하는 것은 결코 복음적인 신앙생활을 하는 것이 아닙니다. 그것은 단지 종교생활일 뿐입니다. 그러한 사람들은 예수님께서 가장 책망하셨던 외식하는 서기관들이나 바리새인들과 다를 바가 없기에 결단코 영원한 천국에도 못 들어갈 뿐 아니라, 더는 하나님의 은혜도, 축복도, 행복도 없습니다. 그러므로 진정한 복음의 신앙은 나 같은 죄인을 십자가에서 죽기까지 사랑해 주심에 감사하고 감격하면서 몸과 마음과 사랑과 재능과 물질과 생명까지도 아낌없이 드릴 수 있는 믿음입니다. 그것이 진정으로 하나님의 자녀로 거듭난 복음의 열정이 불타는 강하고 담대한 믿음인 것입니다.

말세 마지막 때 영적 싸움을 위해 강하고 담대해야 할 이유에 대해 우리가 꼭 기억해야 할 말씀이 있습니다. 하나님께서 가나안 정복을 앞둔 여호수아에게 주신 첫 번째 말씀인 여호수아 1장 6절 말씀입니다. "강하고 담대하라 너는 내가 그들의 조상에게 맹세하여 그들에게 주리라 한 땅을 이 백성에게 차지하게 하리라." 하나님은 이스라엘 백성들에게 약속의 땅을 바라보며 강하고 담대하라고 명령하십니다. 이어서 두 번째로 여호수아 1장 7절 말씀입니다. "오직 강하고 극히 담대하여 나의 종 모세가 네게 명령한 그 율법을 다 지켜 행하고 우로나 좌로나 치우치지 말라 그리하면 어디로 가든지 형통하리니." 즉, 하나님의 말씀대로 형통할 것을 바라보며 강하고 담대하라고 명령하십니다. 마지막으로 여호수아 1장 9절 말씀입니다. "내가 네게 명령한 것이 아니냐 강하고 담대하라 두려워하지 말며 놀라지 말라 네가 어디로 가든지 네 하나님 여호와가 너와 함께하느니라 하시니라." 즉, 하나님께서 우리와 함께하심을 믿고 강하고 담대하라고 3번씩이나 명령하십니다. 그러므로 우리가 비록 연약해도 강하고 담대한 믿음으로 일어설 때, 우로나 좌로나 치우치지 않고 하나님의 형통한 복을 누리면서 영적 싸움에서 승리하며 하나님께 영광 돌리게 될 줄 확실히 믿습니다.

하나님께서 대신 싸워 주심을 믿어야 함

마지막으로 본문 14-15절 말씀을 보겠습니다. "드보라가 바락에게 이르되 일어나라 이는 여호와께서 시스라를 네 손에 넘겨주신 날이라 여호와께서 너에 앞서 나가지 아니하시느냐 하는지라 이에 바락이 만 명을 거느리고 다볼 산에서 내려가니 여호와께서 바락 앞에서 시스라와 그의 모든 병거와 그의 온 군대를 칼날로 혼란에 빠지게 하시매 시스라가 병거에서 내려 걸어서 도망한지라."

드보라 사사는 하나님의 명령을 따라(삿 4:6) 바락에게 납달리 자손과 스불론 자손 만 명을 거느리고 갈릴리 호수에서 서쪽으로 18킬로미터 떨어진 580미터 높이의 다볼산으로 올라가게 했고, 당시 가나안의 군대 장관은 당시 마른 땅이었던 기손강에 진을 치고 있었습니다. 사실 고대 전쟁은 항상 건기에 했기 때문에 비가 오리라고는 어느 누구도 상상도 할 수 없었습니다. 그러나 하나님께서 늘 강조하셨듯이 전쟁의 승패는 하나님의 손에 달려 있습니다. 하나님께서 사사 드보라와 바락 앞에서 결코 예상치 못했던 폭우를 갑자기 쏟아 부으셨습니다. 폭우만 쏟아지면 순식간에 물바다가 되는 와디(Wadi, Dry Valley, 건곡)와 같은 기손강으로 유인했던 시스라 군대를 완전히 혼란케 하시고, 깊은 진흙 구덩이에 빠진 철병거를 완전히 무력화시키셔서 시스라는 병거에서 뛰어내려 도망을 치지 않을 수 없었습니다. 그때 바락이 시스라의 병거들과 군대를 추격해 한 사람도 남김없이 다 멸망시켜서 이스라엘 땅에 40년의 평화가 임하게 된 것입니다.

여러분, 우리의 영적 싸움도 겉보기에는 사람을 상대로 하는 것 같지만 사실은 그렇지 않습니다. 우리의 배후에서 역사하는 악한 사탄 마귀와의 싸움입니다. 그래서 에베소서 6장 12절에서 "우리의 씨름은 혈과 육을 상대하는 것이 아니요 통치자들과 권세들과 이 어둠의 세상 주관자들과 하늘에 있는 악의 영들을 상대함이라"고 분명히 증거하고 있지 않습니까? 가정에서도 남편과 아내가, 부모와 자식이 싸우는 것 같고, 직장에서도 상사와 부하가, 동료 간에 싸우는 것 같고, 하나님의 교회에서도 목사파와 반대파가 싸우는 것 같고, 심지어 남북관계도 민족의 문제 같지만, 실제로 깊이 들어가 보면 하나님께 속한 편과 사탄에게 속한 편의 영적 싸움인 것입니다. 그러므로 우리가 모든 영적 싸움에서 승리할 수 있는 길은, 아무리 어렵고 힘들고 길고 고달프고 앞이 캄캄하고 희망이 안 보여도, 하나님의 말씀과 기도로 성령 충만한 가운데 하나님의 전신갑주로 무장하고 영적 분별력을 가지고 하나님의 편에 서서 끝까지 인내하는 것입니다. 그러면 하나님께서 우리를 대신해 싸워 주셔서 기필코 승리하게 됩니다.

자살 사건이 많이 일어나는 절벽으로 올라가는 길목에 "다시 한번 생각해 보세요!"라는 팻말이 세워져 있었습니다. 사업에 실패한 중년남자가 고개를 푹 숙인 채 절벽 위로 올라가 오랫동안 생각에 잠겼는데, 그동안 말없이 고생해 온 아내와 자식들과 손주들 생각에 도저히 뛰어내릴 수가 없더랍니다. 그래서 "그래, 이대로 죽을 수는 없어! 다시 용기를 내서 살아 보자!" 하고 절벽에서 내려오다 아까 올라갈 때는 보지 못했던 팻말을 보게 되었습니다. "다시 한번 생각해 보세요!" 이 남자는 다시 절벽 위로 올라가 뛰어내렸다고 합니다.

이것이 제대로 된 분별력이 있는 것입니까? 영적 분별력을 얻으려면 가장 먼저 하나님의 말씀에 근거해 하나님께 간절히 기도드리면서 하나님의 뜻을 구해야 합니다. 그러면서 무엇이 하나님의 영광을 위한 것이고, 무엇이 하나님의 교회에 유익한 것이며, 무엇이 하나님의 복음을 위한 것인지를 판단해 보면, 확실한 영적 분별력을 얻게 되어 하나님의 편에 서게 되는 것입니다. 그리하면 틀림없이 우리의 인생이 평생토록 승리의 영광과 축복 가운데 살아가게 됩니다.

저도 장로님·권사님 가정에서 자라났지만 지금으로부터 44년 전 주님을 떠나 살다가 죽음의 절망 속에서 하나님의 기적적인 치유로 살아나 주의 종으로 헌신한 후에는, 덤으로 사는 인생이라고 생각하면서 하나님의 은혜를 한순간도 잊지 않았습니다. 특별히 44년 전에 주님께서 저를 살려 주셨던 처음 사랑을 잊지 않으려고, 요한계시록 2장 4-5절의 "그러나 너를 책망할 것이 있나니 너의 처음 사랑을 버렸느니라 그러므로 어디서 떨어졌는지를 생각하고 회개하여 처음 행위를 가지라 만일 그리하지 아니하고 회개하지 아니하면 내가 네게 가서 네 촛대를 그 자리에서 옮기리라"는 말씀을 마음 판에 새겨 놓았습니다. 그리고 한순간이라도 저 자신의 부나 명예나 성공을 위해 살지 않으려고, 오로지 무엇이 하나님의 영광을 위한 것이고, 무엇이 하나님의 몸 된 교회를 위한 것이며, 무엇이 하나님의 복음 전파를 위한 것인지를 가장 먼저 생각했습니다. 그리고 "하나님 아버지, 이 교회가 제 교회입니까? 주님의 교회 아닙니까? 이 일을 저를 위해서 합니까? 주님과 양 떼들을 위해서 하는 것 아닙니까? 그러니까 주님께서 해결해 주시고 앞길을 열어 주시옵소서!" 하고 기도하면서, 주위의 어떠한 핍박이나 회유에도 굴하지 않고 "한 번 죽지 두 번 죽나? 죽으면 죽으리라!"는 믿음으로 목숨 걸고 목회를 해왔습니다.

시각장애인과 청각장애인이 싸우면 누가 이기는 줄 아십니까? 시각장애인이 이깁니다. 눈에 보이는 것이 없으니까요. 마찬가지로 목숨을 건 사람과 그렇지 않은 사람이 싸우면 누가 이기는 줄 아십니까? 목숨을 건 사람이 이깁니다. 죽기 살기로 달려드니까요.

제가 제 이익이나 명예나 성공에 목숨을 걸지 않고 하나님의 영광과 교회와 복음을 위해 목숨을 걸었더니, 분명히 살아계신 하나님께서 허물 많은 부족한 종을 불쌍히 여겨 주셔서 노량진교회의 존경하는 림인식 목사님 밑에서 목회 훈련을 받게 해주셨습니다. 또 미국 유학 시절 시카고한인연합장로교회에서 목회 연단을 받게 해주셨습니다. 그리고 오늘까지 치유하는교회와 치유상담대학원대학교와 노회와 총회와 한국 교회와 이민교회와 세계 선교지에 이르기까지 널리 쓰임 받게 하시고 복되게 하시고 놀랍게 영광 거둬 주셨습니다. 돌이켜보면 저는 힘쓰고 수고한 것도 없고, 앞길을 열려고 애쓴 것도 없고, 돈 쓰고 빽 쓴 것도 없습니다. 그러기에 모든 것이 친히 인도하시고 역사하시고 원수 대적까지 다 물리쳐 주신 절대적인 하나님의 은혜였음을 고백하며 감사하고 감격하지 않을 수가 없습니다.

말세 마지막 때 가정이나 세상에서만이 아니라 심지어 하나님의 교회에서까지 아직도 영적 싸움을 하고 있는 우리에게 출애굽기 14장 13-14절의 "너희는 두려워하지 말고 가만히 서서 여호와께서 오늘 너희를 위하여 행하시는 구원을 보라 너희가 오늘 본 애굽 사람을 영원히 다시 보지 아니하리라 여호와께서 너희를 위하여 싸우시리니 너희는 가만히 있을지니라"는 말씀은 참으로 뜨겁게 가슴에 와 닿습니다. 이 승리의 복음은 홍해 사건 이후 구약성경과 신약성경에서 계속 증거되다, 말세 마지막 때 우리에게까지 이르게 된 것입니다. 여러분, 왜 우리가 영적 싸움에서 항상 승리할 수밖에 없습니까? 그 결정적인 이유는 아무리 사탄의 무리들이 계략을 꾸미고 공격해 와도 하나님께서 우리를 위해 싸워 주시기 때문입니다. 그러므로 우리는 아무리 부족하고 연약해도 하나님의 말씀과 기도로 성령 충만한 가운데 하나님의 전신갑주로 영적 무장을 하고 영적 분별력을 가지고 하나님의 편에 서서 믿음으로 끝까지 물러서지 않아야 합니다. 그러면 하나님께서 우리를 대신해 싸워 주심으로 최후의 승리를 거두는 그날이 꼭 오게 될 줄 확실히 믿으시기 바랍니다.

지난 화요일에는 대구에서 있었던 영남지역 노회협의회 목사·장로 선교대회에 순서를 맡아 갔다가, 대구기독교원로원에서 있었던 증경총회장 이성희 목사님의 아버님 되시는 증경총회장 이상근 목사님의 기념비 제막식에 참석했습니다. 제가 이상근 목사님을 알게 된 것은 44년 전 주의 종으로 소명을 받고 성경을 읽는데 모르는 내용이 너무 많아 광화문에 있는 생명의말씀사에 가서 성경을 해석한 국내외 주석을 다 찾아보게 되면서였습니다. 이때 여러 주석 중 가장 복음적이고 성경적이며 영적인 주해를 한 《이상근 박사 신·구약 주해》를 발견하게 되었고, 신약 요한복음 주해가 나왔을 때부터 구약 말라기로 신·구약 주해가 끝날 때까지 매번 주해가 나오는 대로 사 보는 것이 당시에는 최고의 행복이었습니다. 44년이 지난 지금까지도 설교를 준비할 때 신·구약성경 외에 가장 가까이하는 책이 《이상근 박사 신·구약 주해》입니다. 그리고 바로 이 책이 그 아드님 되시는 이성희 목사님과 가까워지는 계기가 되었습니다.

이상근 목사님은 전 세계적으로 성서신학이 유명한 미국 댈러스 신학대학원에서 한국인 최초로 신학박사 학위를 받고 귀국하셔서, 대구제일교회를 담임하시면서 영남신학대학교에서 일생을 보내셨습니다. 그런데 이성희 목사님이 미국 유학 시절 가장 경제적으로 어려울 때, 아버지로부터 유산 상속을 포기한다는 각서를 써서 보내라는 연락이 왔다고 합니다.

유학생활을 해보신 분들은 알겠지만, 그 시기는 핑크빛 낭만의 세월이 아니라 너무도 황량한 광야의 연단의 세월입니다. 저도 유학 시절에 식당에서 접시 닦는 일도 해보고 화장실 청소도 해보았기 때문에, 지금도 그때를 생각하면 얼마나 서럽고 눈물이 나는지 모릅니다. 그런데 사랑하는 아들에게 한 푼이라도 도와주실 생각은 안 하시고 유산을 한 푼도 받을 생각을 말라고 하시니, 이 목사님은 서운한 것이 없으셨다고 하지만 저라면 좀 서운했을 것 같습니다.

이상근 목사님께서는 목사 안수 40주년을 맞이해, 평생 목회하시고 집회 다니시고 책을 팔아 모은 수십억 원의 전 재산을, 은퇴한 뒤 집 없이 어렵게 살아가는 목사들을 위한 대구기독교원로원이라는 양로원을 짓는 데 써달라고 교회에 헌금해 버리셨습니다. 그래서 5천 평에 가까운 부지에 연건평 600평의 3층짜리 기독교원로원이 26년 전에 완공되었는데, 그동안 어떠한 기념비도 세우지 않아 이 원로원이 누가 어떻게 지은 건지 잘 알려지지 않았습니다. 그런데 대구제일교회 김원도 원로장로님이 나서서, 이상근 목사님이 전 재산을 헌금해 이 거룩한 일을 하셨는데 후손들이 이를 귀감 삼고 기념할 수 있도록 기념비를 세우자고 강력히 추진하셔서, 결국 지난 화요일 이상근 목사님의 기념비 제막식을 은혜 가운데 갖게 된 것입니다.

대구에서 이 모든 행사를 마치고 돌아오는 길에 이성희 목사님의 어머니 되시는 설귀연 사모님을 뵙기 위해 대구의 한 요양병원에 들렀습니다. 사모님은 자신의 삶을 다 희생해 목회하시랴, 강의하시랴, 집회 인도하시랴, 저서 집필하시랴 1인 4역의 사역으로 인해 늘 건강이 안 좋으셨던 목사님을 평생 곁에서 묵묵히 수발하시고 내조하셨습니다. 그러면서 3남 1녀의 자녀들도 매일 말씀과 기도의 훈련을 통해 훌륭한 신앙인으로 잘 길러내셨습니다. 그랬더니 하나님의 놀라우신 은혜로, 아버지의 뒤를 이어 그 아들도 교단 총회장이 되면서, 두 분이 한국 교회 역사상 최초의 부자(父子) 총회장이 되셨습니다.

사모님은 남편 이상근 목사님이 평생 훌륭하게 목회하시고, 그 아들까지 아버지의 뒤를 이어 한국 교회의 기둥 같은 인물이 되기까지 한 알의 밀알이 되어 일생을 희생하시고, 지금은 97세로 홀로 외롭게 요양병원에 계셨습니다. 코로나19 때문에 면회가 금지되어서 그날도 유리문을 사이에 두고 핸드폰으로 서로 안부를 물을 수밖에 없었는데도, 둘째 아드님이 모처럼 오시니까 얼마나 반가우셨는지 그저 계속해서 눈물만 닦으셨습니다. 연신 눈물을 닦으시는 사모님의 모습을 보면서 문득 먼저 하늘나라로 가신 어머니 생각이 났습니다. 건강이 안 좋으시더라도 저렇게 살아만 계셨다면 시간 나는 대로 어머니를 자주 찾아뵙고 정담이라도 나눌 수 있었을 텐데, 하는 아쉬움이 저의 눈시울을 뜨겁게 했습니다.

사랑하는 성도 여러분, 육신적으로는 그토록 연약해 보이셨으면서도 내적으로는 누구보다 강인하셨고, 무엇보다 우리가 믿음으로 잘 되기만 바라시며 그렇게 간절히 기도하셨던 우리의 신앙의 부모님들이 계셨기에 오늘의 우리가 있음을 결단코 잊어서는 안 됩니다. 우리도 비록 연약한 자일지라도 그분들의 신앙을 본받아 맡겨진 사명에 충성을 다하고, 강하고 담대한 믿음으로 일어서서 하나님께서 대신 싸워 주심을 확실히 믿을 때, 우리 인생의 어떠한 영적 싸움에서도 최후 승리를 거두는 영광과 축복이, 우리의 인생과 자손들에게까지 차고 넘치게 될 줄 확실히 믿습니다.

결단의 찬송으로 〈보라 너희는 두려워 말고〉를 믿음으로 부르며 결단하겠습니다.

보라 너희는 두려워 말고
보라 너희를 인도한 나를
보라 너희는 지치지 말고
보라 너희를 구원한 나를
너희를 치던 적은 어디 있느냐
너희를 억누르던 원수는 어디 있느냐
보라 하나님 구원을
보라 하나님 능력을
너희를 위해서 싸우시는 주의 손을 보라
보라 하나님 구원을
보라 하나님 능력을
너희를 위해서 싸우시는 주의 손을 보라

저희의 최후의 승리가 되시는 하나님 아버지, 말세 마지막 때 험난한 인생 가운데 가정에서나 세상에서나 심지어 교회 안에서까지 영적 싸움을 해야 할 때가 얼마나 많이 있었습니까? 저희가 맡겨진 사명에 충성을 다하게 해주시옵소서! 강하고 담대한 믿음으로 일어서게 해주시옵소서! 하나님께서 대신 싸워 주심을 확실히 믿게 해주시옵소서! 그리하여 저희가 아무리 연약한 자일지라도 어떠한 영적 싸움에서도 최후의 승리를 거두며 그 영광과 축복을 자손대대로 누리게 해주실 줄 믿사옵고 예수님의 이름으로 간절히 축복하며 기도하옵나이다. 아멘!

부족한 자의 부르심

사사기 6장 7-18절

이스라엘 백성이 여사사 드보라로 인해 40년 동안 평온한 세월을 보냈는데, 이렇게 오랫동안 평안하게 살 만하니까 이들이 또다시 여호와의 목전에서 악을 행합니다. 이에 하나님께서 7년 동안이나 미디안 족속의 약탈을 당하게 하심으로, 그들은 미디안 족속을 피해 산에서 웅덩이와 굴과 산성을 만들어 살았습니다. 더욱이 10월 이후 이른 비가 내린 다음 파종한 때면, 미디안과 아말렉과 동방 사람들이 치러 올라와 모든 토지 소산을 멸해 이스라엘이 먹을 것을 남겨 두지 않았습니다. 양이나 소나 나귀도 남겨 두지 않고, 그들의 짐승과 장막까지 가지고 메뚜기 떼같이 몰려와 이스라엘 땅을 완전히 멸하려 하자, 그때서야 이스라엘 자손들이 미디안 족속들로 말미암아 여호와께 부르짖습니다. 그러자 하나님께서 요아스의 아들 기드온을 제4대 대사사로 세워 주셨습니다. 부족한 그가 어떻게 하나님의 부르심을 받게 되었는지를 보면서, 제71주년 6·25기념주일 및 순교자기념주일을 맞이해, 살아계신 하나님께서 부족한 우리를 어떻게 부르시는지 하나님의 음성을 들을 수 있길 바랍니다.

하나님께 대한 불신앙을 버려야 함

먼저 본문 13절 말씀을 보겠습니다. "기드온이 그에게 대답하되 오 나의 주여 여호와께서 우리와 함께 계시면 어찌하여 이 모든 일이 우리에게 일어났나이까 또 우리 조상들이 일찍이 우리에게 이르기를 여호와께서 우리를 애굽에서 올라오게 하신 것이 아니냐 한 그 모든 이적이 어디 있나이까 이제 여호와께서 우리를 버리사 미디안의 손에 우리를 넘겨주셨나이다 하니."

밀 타작은 원래 넓은 타작마당에서 소 같은 가축을 이용해 하는 것인데(대상 21:20-23), 기드온이 상수리나무 아래 포도주 틀에서 밀 타작을 한 것은 미디안 족속의 착취를 피하기 위해서였습니다. 그런데 그때 여호와의 사자가 기드온을 찾아와 "큰 용사여 여호와께서 너와 함께 계시도다"라고 말씀하십니다. 그러자 기드온이 "오 나의 주여 여호와께서 우리와 함께 계시면 어찌하여 이 모든 일이 우리에게 일어났나이까 또 우리 조상들이 일찍이 우리에게 이르기를 여호와께서 우리를 애굽에서 올라오게 하신 것이 아니냐 한 그 모든 이적이 어디 있나이까 이제 여호와께서 우리를 버리사 미디안의 손에 우리를 넘겨주셨나이다" 하고 항변합니다. 그는 민족의 엄청난 고난 앞에서 하나님께서 자신들을 버리셔서 기적으로 함께하시지 않는다는 불신앙으로 여호와의 사자에게 항변한 것입니다.

우리도 신앙생활 가운데 뜻하지 않는 엄청난 고난과 역경에 부딪히게 되면, 가장 먼저 하나님은 살아계시지 않고 더는 우리를 사랑하지 않으시며 우리를 버리셨다고 생각해 낙심하고 좌절하고 절망하게 됩니다. 그렇게 가장 근본적인 살아계신 하나님께 대한 신앙마저 흔들리고 말지만, 아무리 엄청난 고난 가운데 있어도 하나님은 분명히 살아계시고, 우리를 변함없이 사랑하시고, 끝까지 우리와 함께하심만은 잊지 말고 확실히 믿어야 합니다.

지금으로부터 71년 전 1950년 6월 25일 새벽 4시, 북한군이 38선을 넘어 우리 대한민국을 침략했습니다. 왜 하필이면 밤 12시도 아니고, 새벽 1시나 2시, 3시도 아닌 4시였을까요? 우리가 보통 새벽 5시에 새벽기도회를 시작하지 않습니까? 그러니까 우리가 조국을 위한 기도의 불을 붙이기 전에 공격을 감행해, 민족을 영적으로 이끌며 당시 뜨겁게 부흥하고 있던 한국 교회를 초토화시키기 위한 사탄의 도발이었습니다. 그것도 전날인 토요일, 전방부대 군인의 1/3이 휴가나 외출을 나가고, 전투 장비도 정비를 위해 후방으로 보내서 실제 전투 준비가 전혀 되어 있지 않은 상태에서 기습공격을 당한 것입니다. 3일 만에 수도 서울이 함락되고 한 달 만에 국토의 90퍼센트를 빼앗기고 낙동강까지 밀려, 우리나라는 공산화 직전의 풍전등화(風前燈火) 같은 위기 가운데 있었습니다. 당시 주의 종들과 믿음의 성도들은 성전이나 골방, 토굴에서까지 조국의 장래를 위해 간절히 울부짖으며 기도했습니다.

살아계신 하나님께서는 우리의 조국을 사랑하시고 한국 교회를 특별히 사랑하셔서 함께하시며 기적적으로 응답하셨습니다. 당시 북한과 소련과 중공이 우리나라를 공산화하려고 밀어붙였습니다. 그러나 6·25전쟁이 일어나자마자 이틀 후 유엔 안전보장이사회가 열렸는데 UN군 파견에 11개국 중 7개국이 찬성하고, 3개국(유고슬라비아, 이집트, 인도)이 기권하게 되었습니다. 그러나 아무리 그렇다 해도 상임이사국인 소련이 거부권을 행사하면 UN군 파견이 안 되는데, 마침 소련 대사가 안전보장이사회에 오다가 승용차 타이어가 펑크가 나서 못 왔다는 소문이 있지 않습니까? 이것이 성령님의 놀라우신 역사입니다. 아무튼 하나님의 놀라우신 은혜로 UN군이 파견되고, 낙동강 전투에서부터 대역전이 일어났습니다. 이 전쟁으로 우리 대한민국도 최소한 200만 명에 이르는 사망·실종자가 발생하고, 10만 명의 부모 잃은 고아와 30만 명의 남편 잃은 미망인, 1천만 명에 이르는 이산가족이 생겼습니다. 그럼에도 하나님께서 우리나라를 기적적으로 살려 주셔서 오늘날 우리가 조국 대한민국의 번영과 한국 교회의 부흥을 보게 된 것입니다.

그런데 최근에 우리 정부는, 이러한 사탄의 지배를 받아 온갖 거짓된 주체사상으로 신격화된 6·25전쟁의 원흉 김일성의 회고록인 《세기와 더불어》의 출판을 허락해 주었습니다. 아무리 자유민주국가라고 하지만 어떻게 온갖 거짓으로 날조된 민족의 반역자의 회고록의 출판을 허락할 수가 있습니까? 그러나 덕분에 북한 연구 1세대를 대표하는 학자인 성균관대 이명영 교수님이 쓴 《세기와 더불어는 어떻게 날조되었나》라는 명저가 나오게 되었습니다. 이 책은 김일성 가계의 우상화로부터 시작해, 김일성의 항일투쟁 업적의 날조와 더불어 김정일 후계 작업을 위한 방대한 역사 조작에 이르기까지 온갖 거짓된 내용을 낱낱이 파헤쳐 역사의 진실을 바로잡고 있습니다.

이처럼 말세 마지막 때 사탄의 배후 조종에 의한 거짓된 일들로 우리 성도님들도 얼마나 억울하고 원통한 일을 많이 당합니까? 지난 화요일 저녁에도 한 권사님이 몇 년 전 친한 직장 동료에게 수억 원의 돈을 빌려주었는데 영수증을 안 받아 놓는 바람에 온갖 거짓에 의한 사기로 수억 원의 피해를 보셨다고 이야기하시는 것을 들었습니다. 더구나 오히려 고소까지 당해서 너무도 억울하고 원통해서 다 포기하고 싶었다고 하셨습니다. 또 지난 금요일 밤에도 심야기도회 후 한 집사님에게서 기도 부탁 메시지가 왔는데, 고용한 직원이 거짓으로 서류를 꾸며서 3년 동안이나 괴롭혔는데 이제는 민사소송까지 들어갔다며 너무나 억울하고 원통하다는 내용이었습니다.

여러분, 이렇게 사탄이 교활하고 악랄해서 말세 마지막 때 우리를 쓰러뜨리려고 온갖 거짓으로 음해하고 비방하지만 절대로 물러서서는 안 됩니다. 끝까지 우리를 변함없이 사랑하시는 주님만 바라보고 인내하면서 영적 싸움을 해나가야 합니다. 그리할 때 언젠가는 진실이 다 밝혀지고, 온갖 거짓으로 음해하고 비방하는 자들은 살아계신 하나님께서 다 심판하십니다. 갈라디아서 6장 7-8절에서도 "스스로 속이지 말라 하나님은 업신여김을 받지 아니하시나니 사람이 무엇으로 심든지 그대로 거두리라 자기의 육체를 위하여 심는 자는 육체로부터 썩어질 것을 거두고 성령을 위하여 심는 자는 성령으로부터 영생을 거두리라"고 분명히 약속하시지 않습니까?

그러므로 지금 당장 고난으로 인해 하나님께서 살아계시지 않는 것 같고, 우리를 사랑하시지 않는 것 같고, 우리와 더는 함께하시지 않는 것 같아도, 이러한 하나님께 대한 불신앙을 다 내어버리고 살아계신 하나님만 믿고 의지하며 나아가야 합니다. 그리할 때 하나님께서 분명히 살아계시고 우리를 뜨겁게 사랑하시며 언젠가는 선악간에 다 심판하심을 확실히 경험하게 되고, 그 고난 속에서 부족한 우리를 연단하시고 부르시는 살아계신 하나님의 부르심을 새롭게 체험하게 될 줄 믿으시기 바랍니다.

자신에 대한 열등감을 버려야 함

계속해서 본문 15절 말씀을 보겠습니다. "그러나 기드온이 그에게 대답하되 오 주여 내가 무엇으로 이스라엘을 구원하리이까 보소서 나의 집은 므낫세 중에 극히 약하고 나는 내 아버지 집에서 가장 작은 자니이다 하니."

기드온의 불신앙의 항변에 대해 우리가 주목해야 할 것이 있습니다. 이번에는 여호와의 사자가 말씀하는 것이 아니라, 여호와께서 직접 기드온을 향해 "너는 가서 이 너의 힘으로 이스라엘을 미디안의 손에서 구원하라 내가 너를 보낸 것이 아니냐"(14절)라고 말씀하시면서 이스라엘을 구원할 사사로 기드온을 세웠음을 증거하신다는 것입니다. 그러자 기드온이 "오 주여 내가 무엇으로 이스라엘을 구원하리이까 보소서 나의 집은 므낫세 중에 극히 약하고 나는 내 아버지 집에서 가장 작은 자니이다"라고 또다시 변명하면서 하나님의 부르심을 회피하려 합니다. 여러분, '므낫세'는 '여호와께서 잊으셨다'라는 뜻으로, 요셉의 장자였지만 장자의 축복을 받지 못한 상처가 있는 지파였습니다. 더구나 기드온은 자신의 집이 므낫세 지파에서도 지극히 약하고, 또 기드온 자신은 그 아버지 집에서도 가장 작은 자라는 극심한 열등감에 사로잡혀 있었습니다. 그러자 여호와께서 "내가 반드시 너와 함께 하리니 네가 미디안 사람 치기를 한 사람을 치듯 하리라"(16절)고 약속하십니다. 기드온의 뿌리 깊은 열등감을 일깨워 주시고 하나님께서 함께하시고 성령님의 권능을 부어 주셨다는 확신을 갖게 하심으로써, 기드온의 낮은 자존감을 일으켜 세워 주신 것입니다.

이는 우리도 마찬가지입니다. 아무리 우리가 가정환경이 안 좋고,

인물이 떨어지고, 학력이 부족하고, 실력이 떨어지고, 재력이 없어도, 만왕의 왕이요 만주의 주이신 하나님께서 함께하시고 성령님의 권능을 부어 주시면 기죽을 것이 뭐가 있고, 염려할 것이 뭐가 있고, 두려울 것이 뭐가 있습니까? 그러므로 우리는 열등감을 느낄 이유도 없고, 반대로 우월감에 사로잡힐 일도 없는 것입니다. 열등감과 우월감은 성령 충만하지 못해 상처받고 찌그러진 마음의 양면과 같습니다. 그런데 이러한 치유의 복음에 대한 바른 믿음을 갖지 못하고, 지난날의 상처를 치유 받지 못하고, 삶의 변화가 일어나지 못함으로, 낮은 자존감으로 인해 쉽게 열등감에 사로잡히기도 하고 우월감에 휩싸이기도 합니다. 그래서 하찮은 말이나 일에도 쉽게 상처받고 감정적인 반응을 보이며 시험에 빠지는 것입니다.

오늘날 북한의 열등감에 사로잡힌 모습을 보면 안타까움을 금할 길이 없습니다. 조금이라도 북한의 자존심을 건드리는 발언을 하면 국내외를 막론하고 온갖 입에 담지 못할 말로 비방하며 달려드는데, 이는 너무 어렵고 힘들게 살기 때문에 열등감의 상처가 많아서 그런 것입니다.

지난 월요일 스웨덴의 싱크탱크인 스톡홀름국제평화연구소(SIPRI)의 발표에 따르면, 지금 지구상에 핵보유국은 미국, 러시아, 영국, 프랑스, 중국, 인도, 파키스탄, 이스라엘, 북한으로 총 9개국입니다. 전 세계 핵탄두 수는 전체 1만 3,080개로 작년에 비해 320개가 줄어든 반면, 북한은 올해 1월 기준 핵탄두 보유 수가 40~50개로 작년 1년 사이에 10개가량이 늘어났다는 것입니다. 그들은 핵탄두 폭발실험이나 장거리 탄도미사일 발사시험은 하지 않았으나, 핵물질 생산과 단거리·장거리 미사일 개발을 계속했습니다. 즉, 북한은 국민들은 굶어 죽어가고 있는데 핵개발에 치중해 그것을 최고의 자랑으로 여기면서 헛된 우월감과 자만심을 내세우고 있는 것입니다. 그러나 하나님께서 막으시면 그 핵미사일을 하나도 사용하지 못하고 오히려 자폭하든지, 북한 정권 내부 쿠데타나 소요에 의해 정권이 무너지고 말 수도 있습니다. 더구나 우리를 향해 핵미사일을 발사했다가는 한·미 특수부대에 의한 북한 지휘부 제거작전에 의해 한순간에 무너질 수도 있다는 것을 경고로 삼아야 할 것입니다.

그러나 오늘날 북한의 실상을 보십시오. 2016년부터 유엔이 북한 경제지원 봉쇄조치를 내리고, 더욱이 요즘에는 코로나19로 국경이 봉쇄되자 얼마나 심각한 경제난에 시달리고 있습니까? 연합뉴스를 보니, 지금 북한에서는 수입품 값이 천정부지로 올라 커피 한 봉지가 11만 원 정도라고 하니 얼마나 극심한 식량난에 시달리고 있을지 짐작되지 않습니까? 2007년 탈북한 박연미 씨가 쓴《내가 본 것을 당신이 알게 됐으면》이라는 책에는, 그녀가 2014년 아일랜드에서 열린 '세계 젊은 지도자 회의'에서 발표했던 눈물겨운 연설문이 나옵니다.

> 나는 이 연설을 해야 합니다.
> 이 연설은 자신의 처지를 호소하고자 하는 사람들을 위한 것입니다.
> 북한은 상상도 할 수 없는 나라입니다.
> 텔레비전에는 오직 하나의 채널만 있고, 인터넷은 아예 없습니다.
> 북한에서는 원하는 대로 자유롭게 노래하지도, 말하지도, 옷을 입지도, 생각하지도 못합니다.
> 북한은 허가하지 않은 국제전화를 했다는 이유로 처형이 이뤄지는 전 세계에서 유일한 국가입니다.

북한 주민들은 현재 공포에 떨고 있습니다.

북한에서 자랄 때 남녀의 사랑에 관한 책이나 노래, 언론, 영화를 전혀 접하지 못했습니다.

북한에는 로미오와 줄리엣이 없습니다.

모든 이야기는 김일성, 김정일, 김정은 세 독재자를 찬양하도록 세뇌하는 선전물로 변질됩니다.

나는 자유 또는 인권이라는 단어를 알기도 전인 1993년에 태어나자마자 자유를 빼앗겼습니다.

북한 주민들은 지금 이 순간에도 처절하게 자유를 갈망하고 있습니다.

네 살 때 엄마가 나에게 경고했습니다.

"속삭이지 마라."

낮말은 새가 듣고 밤말은 쥐가 듣는다고.

그리고 한 치의 의심도 없이 믿었습니다.

분명 북한의 독재자가 내 마음을 읽을 수 있는 줄 알았습니다.

아버지는 북한을 탈출한 후 중국에서 돌아가셨습니다.

열네 살밖에 안 되었던 나는 새벽 3시에 몰래 아버지의 유골을 묻어야 했습니다.

송환되는 것이 두려워 제대로 울 수도 없었습니다.

북한을 탈출한 첫날, 엄마가 성폭행당하는 장면을 목격했습니다.

성폭행범은 중국인 브로커였습니다.

처음에는 열세 살인 나를 겁탈하려 했습니다.

북한에는 이런 말이 있습니다.

"여자는 약하지만 어머니는 강하다."

엄마는 나를 보호하기 위해 기꺼이 자신을 희생했습니다.

지금 중국에는 약 30만 명에 달하는 탈북자들이 떠돌고 있습니다.

탈북 여성과 10대 소녀들 중 70퍼센트는 범죄의 대상이 되거나, 단돈 200달러(20여만 원)에 팔려가고 있습니다.

나는 칼 한 자루를 몸에 지니고 다녔습니다.

만약 북한으로 송환되는 상황이 닥치면 목숨을 끊을 준비가 되어 있었습니다.

우리는 사람답게 살고 싶었습니다.

사람들은 묻습니다.

"어떻게 하면 북한 주민들을 도울 수 있나요?"

여기에는 많은 방법이 있습니다.

오늘은 세 가지만 말씀드리고 싶습니다.

첫째, 여러분이 자신을 돌보듯이 북한에서의 인권유린에 관심을 가져 주세요.

둘째, 자유를 향해 탈출을 시도하는 탈북자들을 돕고 지원해 주세요.

셋째, 중국 당국이 탈북자 송환을 멈추도록 청원을 넣어 주세요.

여러분, 한 탈북민의 피맺힌 절규를 들으면서 무엇을 느끼십니까? 그래도 지금의 삶에 만족하지 못하고 불평하고 원망하며 사시렵니까? 고린도후서 10장 12-13절은 이렇게 말씀합니다. "우리는 자기를 칭찬하는 어떤 자와 더불어 감히 짝하며 비교할 수 없노라 그러나 그들이 자기로써 자기를 헤아리고 자기로써 자기를 비교하니 지혜가 없도다 그러나 우리는 분수 이상의 자랑을 하지 않고 오직 하나님이 우리에게 나누어 주신 그 범위의 한계를 따라 하노니 곧 너희에게까지 이른 것이라." 그러므로 우리는 주님께서 세상 끝 날까지 우리와 항상 함께하시고 성령님의 권능을 부어 주심을 확신하면서 더는 자신을 다른 사람과 비교하지 말아야 합니다. 하나님께서 부어 주신 믿음의 분량에 따라 감사하며 살아가면 행복할 것입니다. 더는 비교하면서 불행해하며 스스로 열등감이나 우월감에 사로잡힐 이유가 없습니다. 하나님께서 각 사람에게 가장 좋은 것으로 나눠 주셨는데, 뭐가 부족합니까?

저는 하나님께서 부족한 저를 하나님의 자녀가 되게 해주신 것만 해도 영광스러운데 하나님의 종으로 불러 주셔서 지금까지 쓰시고 계시니 너무나 감사하고 행복합니다. 큰 교회 목사님들과 비교하지 않기 때문에 절대 부럽지 않습니다. 부러워하면 영적으로 이미 진 것입니다. 제가 세상에서 제일 축복 받은 행복한 목사라고 강조하는 이유가 바로 여기에 있습니다.

저는 우리 교인들도 그러해야 한다고 믿습니다. 자기 가정을 다른 가정과 비교하지 말고, 자기 직장을 다른 직장과 비교하지 말고, 자기 교회를 다른 교회와 비교하지 마십시오. 부럽다고 따라가서도 안 됩니다. 이웃집이 부럽다고 매일 그 집에 가서 살면 어떻게 됩니까? 집에서 쫓겨납니다. 친구 직장이 부럽다고 매일 그 직장으로 출근하면 어떻게 됩니까? 직장에서 쫓겨납니다. 이웃 교회가 부럽다고 매주일 거기로 나가면 어떻게 됩니까? 교회에서는 쫓겨나지는 않겠지만, 일생 동안 불행하고 고통스러운 떠돌이 신앙생활을 하다 끝나고 맙니다. 그러므로 다른 이들과 비교하면서 스스로 열등감이나 우월감에 빠졌던 것을 다 내어버리고, 아무리 부족할지라도 하나님의 자녀가 된 것에 가장 감사하면서 행복한 자존감을 회복하고, 하나님께서 우리와 함께하시고 성령님의 권능을 부어 주심을 확신해야 합니다. 그리할 때 살아계신 하나님의 부르심을 뜨겁게 체험하게 될 줄 확실히 믿습니다.

기적에 대한 불신앙을 버려야 함

마지막으로 본문 17-18절 말씀을 보겠습니다. "기드온이 그에게 대답하되 만일 내가 주께 은혜를 얻었사오면 나와 말씀하신 이가 주 되시는 표징을 내게 보이소서 내가 예물을 가지고 다시 주께로 와서 그것을 주 앞에 드리기까지 이곳을 떠나지 마시기를 원하나이다 하니 그가 이르되 내가 너 돌아올 때까지 머무르리라 하니라."

기드온은 마지막으로 하나님의 부르심에 대해 "내가 주께 은혜를 얻었다면 나와 말씀하신 이가 주님 되시는 표징을 보여 달라"고 합니다. 그러면서 자신이 예물을 가지고 다시 주님께로 와서 그것을 주님 앞에 드리기까지 이곳을 떠나지 마시라고 합니다. 여기서 '표징'은 히브리어로 **'אות'**(오트)인데, 사인(sign) 즉 인간계에 나타나는 기적으로서 구약성경에서는 '이적', 신약성경에서는 '표적'이라고 표현하고 있습니다. 이에 여호와의 사자가 기드온에게 준비한 고기와 무교병을 가져다 바위 위에 놓고 국을 부으라고 하더니 손에 잡은 지팡이 끝을 내밀어 고기와 무교병을 불살라 버립니다. 이 기적을 체험한 기드온은 이어서 여호와의 사자가 떠나고 보이지 않자 그때서야 비로소 그가 여호와의 사자인 줄 확신하게 됩니다. 여호와의 사자를 대면하였으므로 죽을 줄 알고 두려움에 빠져 있는데, 그때 여호와께서 나타나셔서 "너는 안심하라 두려워하지 말라 죽지 아니하리라"

(삿 6:23)고 약속하십니다. 여기서 '안심하라'는 히브리어로 'שָׁלוֹם'(샬롬)으로 '평안하라'라는 뜻입니다. 이에 기드온이 감격하면서 거기서 여호와께 제단을 쌓고 그 제단 이름을 '여호와 샬롬'(יְהוָה שָׁלוֹם, 예흐와 샬롬), 즉 '여호와는 평화이시다'라고 부르게 됩니다.

그런데 기드온은 여기서 그치지 않습니다. 다시 한번 하나님의 부르심을 확인하기 위해 양털 한 뭉치를 타작마당에 두고 "하나님께서 내 손으로 이스라엘을 구원하길 원하신다면 이슬이 양털에만 있고 주변 땅은 마르게 해달라"고 요청하였고, 그대로 되는 기적이 일어납니다. 그 다음날은 반대로 "양털만 마르고 주변 땅에는 이슬이 있게 해달라"고 했는데, 이번에도 그대로 되는 기적이 일어납니다(삿 6:36-40). 결국 기드온은 이러한 기적을 목격하고 미디안 족속으로부터 이스라엘을 구원하길 원하시는 하나님의 부르심에 온전히 순종하게 됩니다.

우리도 신앙생활을 하면서 어렵고 힘들수록 하나님의 기적을 절실히 바라게 됩니다. 그리고 그 기적을 통해 더욱 믿음의 확신을 가지고 고난을 이겨 내곤 합니다. 우리 조국의 지난 역사의 발자취를 돌이켜 보면 모든 것이 하나님의 기적이었습니다. 특별히 8·15 해방 후 남북이 분단된 채 40여 년의 세월이 지난 1907년, 평양 장대현교회에서 우리나라 첫 번째 성령운동인 평양대부흥운동이 일어났습니다. 그때만 해도 북한 사람들이 남한 사람들보다 예수님을 더 열심히 믿었고, 동방의 예루살렘이라는 평양을 중심으로 장대현교회, 산정현교회, 창동교회 등 대형교회가 많이 생겨났을 뿐 아니라 생활형편도 더 좋았습니다. 그러나 해방 이후 소련의 지배를 받아 공산화된 이후, 신앙을 뿌리째 뽑아 버리고 3대 세습독재정권을 우상화함으로 북한은 하나님의 축복을 다 잃어버리고 말았습니다. 지난

2021년 5월 28일 통계청의 발표에 따르면, 북한 1인당 국민총소득이 1년 전보다 2만 원이 줄어든 141만 원이고, 우리나라는 3,744만 원으로 27배나 차이가 난다고 합니다. 더구나 최근 신문에서 보도된 것처럼, 2018년 세계노예지수(출처: Walk Free Foundation)가 최악의 1위이고, 2020년 민주화지수(출처: The Economist Intelligence Unit)는 167위로 최하위권 중의 하나라고 합니다. 우리의 동족인 북한은 하나님을 떠나 3대 세습독재정권을 우상화함으로써 자유까지도 다 잃고 지구상에서 가장 불행한 나라가 되어 버렸습니다.

이와 달리 대한민국은 1945년 해방 당시 공적개발원조(ODA) 주요 대상 국가였고, 더욱이 6·25전쟁의 차마 눈뜨고 볼 수 없는 폐허 속에서 허덕이고 있었습니다. 더욱이 1950년대에는 미국으로부터 받은 원조가 17억 달러로 당시 우리나라 정부 예산의 절반에 가까운 수치여서, 오죽하면 당시 UN군 총사령관이었던 더글러스 맥아더(Douglas MacArthur) 장군이 "기적이 일어나지 않는 한 이 나라가 다시 일어서기까지는 적어도 100년은 걸릴 것이다"라고 예견했겠습니까?

이처럼 너무도 가난했던 우리나라가 선교사님들을 잘 받아들이고 그들이 전해준 복음을 그대로 믿으면서 일어서기 시작했습니다. 1973년 빌리 그레이엄 전도대회로 120만 명이 모이고, 1974년 '엑스폴로74'로 150만 명이 모임으로 성령운동이 뜨겁게 일어나, 온 성도들이 하나님께 간절히 매달려 끊임없이 새벽기도도 하고 철야기도도 하고 부흥회도 해가면서 성령의 불을 붙여 '한강의 기적'을 만들어 낸 것입니다. 그 결과, 1996년 선진국 진입의 관문인 OECD(경제협력개발기구)에 가입했고, 1945년 해방이 되자마자 원조를 받기 시작한 지 54년 만인 1999년에는 원조를 받는 나라에서 원조를 하는 나라로 바뀌었습니다. 이렇게 좁은 땅덩어리에서 민주화가 되고, 복지화가 되고, 세계화가 되었습니다. 하나님께서 기적적으로 대한민국의 번영과 한국 교회의 부흥을 일으키신 것입니다.

오늘의 우리 조국의 번영과 한국 교회의 부흥은 그냥 이루어진 것이 결코 아닙니다. 미국 워싱턴 DC에 있는 한국전쟁 참전용사 기념공원에 가보면 "Freedom is not free"(자유는 결코 공짜가 아니다)라고 새겨져 있다고 하지 않습니까?

미국 해군 대위 윌리엄 해밀턴 쇼(William Hamilton Shaw)는 일제강점기의 윌리엄 얼 쇼(William Earl Shaw) 선교사님의 외아들로, 1922년 6월 5일 평양에서 태어나 평양에서 고등학교까지 마치고 미국 웨슬리대학을 졸업한 뒤, 2차 세계대전 중 해군 소위로 노르망디 상륙작전에 참전했습니다. 해방 이후 1947년 한국으로 돌아와 해군사관학교 교관으로 근무하며 한국해안경비대 창설에 기여했고, 전역 후 하버드대에서 박사 과정을 밟던 중 6·25전쟁이 터지자 젊은 아내와 세 아이를 처가에 맡기고 재입대했습니다. 이때 그는 만류하는 부모님과 주변 친구들에게 이렇게 말했습니다. "내 조국에 전쟁이 났는데, 어떻게 마음 편히 공부만 하고 있겠습니까? 조국에 평화가 온 다음에 공부해도 늦지 않습니다!"

그는 유창한 한국어로 맥아더 장군을 보좌하며 인천상륙작전에 성공한 뒤 해병대로 보직을 바꿔 서울 탈환에 나섰다가, 1950년 9월 22일 서울수복작전 때 은평구 녹번리 전투에서 인민군 매복조의 습격을 받아 29세의 젊은 나이에 전사했습니다. 그의 숭고한 사랑에 감명 받은 미국 감리교인들은 아버지 윌리엄 얼 쇼가 공동 창립한 대전감리교신학교(현 목원대)에 '윌리엄 해밀턴 쇼 기념교회'를 건립했고, 그의 부인은 남편을 잃은 슬픔 속에서도 하버드대 박사 과정을 마치고 서울로 와서 이화여대 교수와 세브란스병원 자원봉사자로 평생을 바쳤습니다. 또 아들과 며느리도 하버드대에서 한국사로 박사 학위를 받고 내한해 장학사업과 한·미 학술 교류에 힘썼습니다.

서울 은평구에 있는 은평평화공원에 그의 동상이 있는데, 연세대 총장을 지낸 백낙준 전 문교부 장관 등 60여 명이 '키가 크고 평양 말씨를 쓰던 벽안의 친구'를 위해 1956년 그가 전사한 녹번삼거리에 동상을 세웠다가 그곳으로 옮긴 것입니다. 동상 옆에는 "사람이 친구를 위하여 자기 목숨을 버리면 이보다 더 큰 사랑이 없나니"(요 15:13)라는 성경 구절이 새겨져 있습니다. 비석 받침대에는 제자이자 친구인 해군사관학교 2기생들의 헌사가 새겨져 있는데, 그와 한국 친구들의 특별했던 우정은 국가 간 우방과 동맹의 의미를 일깨워 줍니다. 이처럼 지금과 같은 조국의 번영과 평화 뒤에는, 6·25전쟁에 참전한 16개국의 전투지원국과 6개국의 의료지원국, 유엔군 5만 8천여 명의 희생과 더불어, 사랑하는 아들과 남편과 아버지를 떠나보낸 가족들의 간절한 기도가 있었음을 결코 잊어서는 안 됩니다.

앞으로의 남북관계도 인간의 눈으로 볼 때는 희망이 보이지 않습니다. 남북관계가 조금이라도 좋아지려 하면 북한이 한 번씩 돌변해서 뒤엎곤 합니다. 그러나 결코 낙심할 필요 없습니다. 남북 분단 이후 지난 76년 동안 평화 통일을 위해 우리가 얼마나 눈물로 기도해 왔습니까? 또 33,500여 명의 탈북민들이 자유를 찾아 조국의 품에 안겨서 북녘 땅에 두고 온 부모 형제들의 구원을 위해 얼마나 울부짖었겠습니까? 이제는 우리가 북녘 땅의 신음하는 우리 동족들의 구원을 위해 눈물로 간절히 부르짖어야 할 때이고, 하나님의 기적을 확실히 믿고 응답의 때까지 울부짖어야 할 때입니다. 마가복음 9장 29절에서 "기도 외에 다른 것으로는 이런 종류가 나갈 수 없느니라"고 분명히 약속하시지 않습니까?

그러므로 우리는 코로나19의 위기 가운데서 어떠한 환난이 닥쳐오고 사탄이 우는 사자와 같이 우리를 삼키려 해도, 살아계신 하나님을 바라보고 믿음 위에 굳게 서서 십자가를 굳게 붙잡고 하나님의 말씀대로 순종해야 합니다. 그리고 살아계신 하나님께 믿음으로 부르짖으면 어떠한 원수 대적도 하나님께서 다 물리쳐 주시고 기필코 기적적인 최후의 승리를 허락해 주실 것입니다.

지난 월요일 제42대 총회부흥전도단 정기총회를 마치고 대천에서 1박 2일 신임임원수련회를 가졌습니다. 화요일 아침, 우리 치유하는 교회 청년부 찬양대 지휘자였던 한 자매님이 이제 대천에 있는 한 교회의 찬양대 지휘자이자 권사로 섬기고 계시는데, 그분이 어머니와 함께 경영하는 식당에 식사를 하러 갔습니다. 그곳에서 그 어머니 권사님의 참으로 눈물겨운 간증을 듣게 되었습니다.

50여 년 전에 중매로 남편을 만나 서울에서 대천으로 시집을 갔는데 시부모, 시누이, 시동생 4명을 모시고 살아야 했고, 얼마나 시집살이를 시키는지 서러워서 못 살 지경이었다고 합니다. 남편은 신앙도 없고, 돈도 한 푼 안 벌어오고, 허구한 날 나가서 바람만 피우고, 수차례 사기를 당하며 그나마 있는 돈도 다 날려 버려서 정말 인간으로서는 도저히 살아갈 희망이 보이지 않았습니다. 더는 살 수가 없어서 밤늦게 대천 앞바다에 몇 번이고 뛰어들었지만, 그때마다 주님 생각에 차마 죽지 못하고 집에 돌아오면, 5남매가 고이 잠들어 있는 모습이 눈에 들어오는 겁니다. 애들 때문에도 죽지 못해 하는 수 없이 이를 악물고 참으며 살아왔다고 합니다.

그래서 피눈물 나고 답답한 마음을 달랠 길이 없어서 새벽이나 밤이나 성전에 달려가 눈물로 간절히 울부짖었습니다. 그런데 살아계신 하나님께서 그 간절한 눈물의 부르짖음에 기적으로 응답하셨다고 합니다. 하나님께서 남편을 사랑으로 채찍질하셔서 그가 정신을 차릴 때까지 13번이나 수술하게 하심으로, 결국 그 남편이 돌아와 집사까지 되고 지금은 식당 일도 열심히 잘 도와준다고 했습니다. 5남매는 그 불행 속에서도 하나님께서 은혜로 잘 길러 주셔서 모두 다 안수집사, 권사가 되어 하나님의 교회에 충성을 다하며 행복하게 산다고 했습니다. 그 모든 것이 50여 년의 불행했던 결혼생활 가운데 밤낮으로 눈물 뿌려 기도하고 식욕조차 잃어버린 채 금식하며 매달린 결과이자, 하나님의 기적적인 응답이라는 말을 들으면서 얼마나 은혜가 되었는지 모릅니다.

어떠한 절망과 고통 속에서도 기도하고 금식하면서 끝까지 매달려 부르짖으면 살아계신 하나님께서 부족한 우리를 부르시고, 기적으로 응답하시고, 승리하게 하시고, 영광 거두실 날이 꼭 오게 될 줄 분명히 믿으시기 바랍니다.

우리의 지나간 생애를 돌이켜 보면, 모든 것이 하나님의 은혜였습니다. 주님께서 변함없는 사랑과 풍성하신 은혜로 부족한 우리를 부르시고 귀하게 쓰시고 영광 거둬 주셨습니다. 저는 지금까지 하나님의 부르심을 받은 지난 44년 동안 한순간도 저 자신의 물질이나 명예나 장래의 축복을 바라고 목회해 오지 않았습니다. 하나님께서 부르신 그날부터 살아도 주를 위하여 살고, 죽어도 주를 위하여 죽는다는 심정으로 무엇이 하나님의 영광을 위한 것이고, 하나님의 교회를 위한 것이며, 하나님의 복음을 위한 것인지만 추구하며 여기까지 왔습니다. 코로나19로 인해 한국 교회가 하나님께 영과 진리로 드리는 성전예배를 완전히 무시하고 '비대면'(On-line)예배라는 비성경적인 예배를 받아들여야 한다고 할 때도, 안팎의 갖가지 핍박을 수없이 받으면서도 살아계신 하나님만 믿고 의지하면서 성전예배를 지켜왔습니다. 지난날 신앙의 선조들의 순교신앙을 이어 가야 한다고 외치면서 눈물로 기도하고 금식하며 지난 1년 6개월을 버텨 왔습니다. 그랬더니 하나님께서 지금까지도 코로나19로부터 우리 치유하는교회를 지켜주셨습니다. 그뿐 아니라 부족한 종을 통해 우리 총회와 한국 교회에 치유의 복음에 의한 성령부흥운동을 일으키시려는 깊은 뜻이 있었구나 하고 확신하게 되었습니다.

총회부흥전도단 대표단장 취임 예배 때, 우리 부목사님들이 제가 가장 좋아하는 찬송인 〈하나님의 은혜〉라는 찬송을 불렀습니다. "나를 지으신 이가 하나님 나를 부르신 이가 하나님…." 그날따라 성령님이 충만한 가운데 너무나 은혜롭게 찬양을 해서, 이렇게 한없이 부족한 자를 불러 주시고 사용해 주시는 하나님의 은혜가 얼마나 크고 놀랍고 감사하고 감격스러운지 그렇게 눈물이 흘러내렸습니다.

사랑하는 성도 여러분, 우리의 지나온 일생을 돌이켜 보면, 개인이나 가정이나 직장이나 하나님의 교회나 우리나라나 민족까지도 하나님의 은혜 없이는 한순간도 살 수 없었음을 고백하게 되지 않습니까? 우리는 하나님 앞에서 다들 부족하고 연약한 존재들이기에, 지난날 하나님께 대한 불신앙부터 다 버리고, 우리 자신에 대한 열등감도 다 버리고, 하나님의 기적에 대한 불신앙까지도 다 버려야 합니다. 그리할 때 아무리 부족한 우리라도 하나님의 은혜 가운데 남은 인생 하나님의 부르심을 받게 되고 기적적인 손에 붙들린바 되어, 하나님의 나라를 위해 복되게 쓰임 받고 크게 영광 돌리게 될 줄 확실히 믿습니다.

결단의 찬송으로 〈하나님의 은혜〉를 부르며 믿음으로 결단하겠습니다.

나를 지으신 이가 하나님
나를 부르신 이가 하나님
나를 보내신 이도 하나님
나의 나 된 것은 다 하나님 은혜라
나의 달려갈 길 다 가도록
나의 마지막 호흡 다 하도록
나로 그 십자가 품게 하시니
나의 나 된 것은 다 하나님 은혜라
한량없는 은혜 갚을 길 없는 은혜
내 삶을 에워싸는 하나님의 은혜
나 주저함 없이 그 땅을 밟음도
나를 붙드시는 하나님의 은혜

은혜가 한량없으신 하나님 아버지, 지난날 부족하고 연약하기만 했던 저희를 지금까지 불쌍히 여겨 주시고 은혜 베풀어 주심을 진심으로 감사하옵나이다. 이제라도 남은 인생, 하나님께 대한 불신앙부터 철저히 내어버리게 해주시옵소서! 우리 자신에 대한 열등감도 모두 다 내어버리게 해주시옵소서! 더 나아가 하나님의 기적에 대한 불신앙까지도 모두 다 내어버리게 해주시옵소서! 아무리 부족한 자라도 하나님의 은혜 가운데 하나님의 부르심을 받고 귀하게 쓰임 받으며 영광 돌리는 믿음의 복된 인생을 살게 해주실 줄 확실히 믿사옵고, 예수님의 이름으로 간절히 축복하며 기도하옵나이다. 아멘!

이렇게 시대를 극복하라

사사기 6장 11-24절

오늘은 우리 교단 총회가 정한 남선교회 주일입니다. 지난 1968년 제53회 대한예수교장로회 총회에서 3월 둘째 주일을 남선교회주일로 지키기로 결의한 후, 금년에는 제44회 남선교회주일로 지키게 된 것입니다. 마지막 때 우리 남성들이 가정이나 교회나 세상에서 중요한 역할을 감당해야 하는데, 주위를 둘러보면 점점 남성들의 입지가 좁아지고, 가정에서도 목소리가 작아지고 힘도 잃고 고개를 숙이고 있는 것이 지금의 슬픈 현실입니다.

〈동아일보〉에 '386C'라는 코너의 만화를 그리고 있는 황중환 씨가 새해 들어 '나는 가장이다' 시리즈를 그렸는데, 그 첫 번째로 아빠가 아들에게 술자리 예법을 가르칩니다. "어른들께 술을 따를 때는 두 손을 써야 한단다. 한 손으로는 술병을 받치고, 다른 한 손으로 따라야 한다. 무엇보다도 그 자리에서 가장 윗사람에게 먼저 따라야 한단다. 자, 이제 한번 해보렴." 그러자 아들이 벌떡 일어나더니 술병을 들고 말합니다. "엄마, 먼저 한잔 받으세요." 요즘 우리 가정에서 아버지의 위치가 어느 정도인지 잘 보여 주고 있는데, 우리 가정의 위계질서가 이렇게 바뀌고 말았습니다.

그런데 본문에 나오는 기드온 사사는 우리 모두와 특히 남성들에게 새로운 용기와 희망을 불러 일으켜 줍니다.

큰 가능성을 보고 부르심

당시 이스라엘에서 씨를 뿌리는 파종기인 10월경이 되면, 아브라함의 후처인 그두라의 자손으로 아카바만에서 요단강 동편과 서북 아라비아 광야에 살던 베드윈족인 미디안 사람들(창 25:1-4), 에서의 자손인 아말렉 사람들(창 36:15-16), 요단강 동편의 에돔, 모압, 암몬을 포함해 유브라데강에 이르는 동방 지역의 사람들이 이스라엘 땅을 쳐들어 왔습니다. 특히 유목민족으로서 일정한 주거지 없이 짐승과 장막을 가지고 초원을 따라 이동했던 미디안 사람들은, 이스라엘이 파종한 땅에 짐승 떼를 몰고 와 무엇이든 약탈해 갔는데 그 모습이 마치 메뚜기 떼와 같았습니다. 메뚜기 떼의 습격은 과거 중동지방에서 가장 무서운 재앙으로(출 10:4), 하늘이 새까맣게 될 정도로 큰 떼를 지어 날아와 몇 분 내에 모든 초목과 곡물을 먹어치우고 황폐케 했는데(신 28:42), 미디안의 침략이 마치 그와 같았습니다.

이러한 때 하나님께서는 기드온을 이스라엘의 5대 사사로 부르시고 먼저 본문 12절에 이렇게 말씀하십니다. "큰 용사여 여호와께서 너와 함께 계시도다" 기드온은 원래 비천한 농부에 불과했습니다. 그는 요아스의 아들로 '요아스'라는 이름의 뜻이 '절망'이었으니, 당시 상황이 얼마나 절망적이었으면 그렇게 이름을 지었겠습니까? 그런데 여호와의 사자가 기드온에게 이르기를 "큰 용사여 여호와께서 너와 함께 계시도다"라고 선언합니다. 기드온은 자신을 아주 보잘것없는 하찮은 농부로 보는데, 여호와의 사자는 그를 '큰 용사'라고 선언하면서 여호와께서 그와 함께하신다고 합니다. 여호와께서는 기드온의 현재를 보신 것이 아니라 미래를 보신 것입니다.

세계적인 조각가 미켈란젤로가 어느 날 매우 멋진 바위를 하나 발견하고는 그 바위를 보고 너무나 감격해하면서, "야, 다윗이 걸어 나온다! 다윗이 걸어 나오고 있어!" 그러더랍니다. 주위 사람들은 "저 사람이 미술 작품을 만들다 미쳐 버린 거 아닌가?"라고 했습니다. 바위를 보고 다윗이 걸어 나온다고 하니 도저히 이해할 수 없었습니다. 그러나 미켈란젤로는 장차 그 돌이 다듬어지고 깎아져서 그 유명한 다윗상이 만들어질 위대한 가능성을 보았던 것입니다.

하나님은 이 '가능성'을 가지고 보잘것없는 기드온을 바라보고 그를 선택하셨습니다. 주님께서는 그와 함께하시고 그를 사용하실 때 펼쳐질 그의 놀라운 미래를 보신 것입니다. 사실 성경의 모든 인물을 보면 주님께서 그 가능성을 보시고 부르셔서 귀하게 쓰임 받은 것입니다. 지난 기독교의 역사를 살펴봐도 주님께서는 겉으로 보이는 외모나 조건이 아닌 내면의 가능성을 보시고 그 사람을 부르셔서 놀랍게 쓰셨습니다.

우리도 과거에는 내세울 것이 아무것도 없는 얼마나 미천한 존재였습니까? 그런데 그렇게 미천했던 우리에게서 큰 가능성을 보시고 부르셔서 이 영광스러운 치유하는교회의 목사, 장로, 권사, 집사의 직분을 맡겨 주시고, 은혜와 능력을 부어 주시고, 축복을 내려 주셔서 지금까지 이렇게 귀하게 쓰임 받고 있는 것입니다.

지지난주 수요밤예배를 마치고 당회가 길어져서 밤 11시에 새가족 심방을 갔다가 12시가 넘어 집으로 돌아가게 되었습니다. 그런데 함께 심방을 갔던 한 집사님이 집으로 돌아가던 중 12시 40분경에 갑자기 머리가 아프면서 어지럽더니 과로가 겹쳐서 그랬는지 뇌출혈로 쓰러지고 말았습니다. 그냥 방치되었으면 그대로 세상을 떠났을 텐데, 마침 그 늦은 시간에 물건을 사러 나온 같은 아파트의 한 학생이 집사님을 발견하고 집으로 연락해 준 덕분에, 급히 병원 중환자실로 옮겨져 기적적으로 살아났습니다. 그다음 날부터 마비되었던 손과 발도 풀리고, 지난 주간 집회를 다녀와 금요일 저녁에 심방을 갔더니 여러분이 기도를 많이 해주셔서 못 쓰던 왼쪽 팔도 놀랍게 회복되어 있었습니다. 집사님은 이렇게 살아나게 된 것은 다 하나님의 은혜라면서, 살아 있는 것만도 너무도 감사하고, 건강한 것도 감사하고, 온몸이 이렇게 정상적으로 움직이는 것만도 감사해서, 완쾌되어 교회로 돌아가면 충성을 다하겠다고 다짐했습니다. 하나님께서는 이처럼 우리를 영원히 죽을 수밖에 없는 죽음에서 건져 주시고, 육신의 죽음에서도 건져 주시고 지금까지 살려 주셨습니다.

그러므로 우리는 미천한 우리 힘으로 인생을 살아가는 것처럼 착각해서는 안 됩니다. 우리는 하나님의 은혜 없이는 한순간도 살 수 없습니다. 하나님의 능력에 힘입어 살아가는 것입니다. 고린도전서 1장 26-28절에서도 "형제들아 너희를 부르심을 보라 육체를 따라 지혜로운 자가 많지 아니하며 능한 자가 많지 아니하며 문벌 좋은 자가 많지 아니하도다 그러나 하나님께서 세상의 미련한 것들을 택하사 지혜 있는 자들을 부끄럽게 하려 하시고 세상의 약한 것들을 택하사 강한 것들을 부끄럽게 하려 하시며 하나님께서 세상의 천한 것들과 멸시 받는 것들과 없는 것들을 택하사 있는 것들을 폐하려 하시나니"라고 분명히 강조하고 있지 않습니까?

과거에 비하면 우리가 얼마나 복 받고 잘 살고 있는 겁니까? 이처럼 우리는 아무것도 할 수 없어도 우리에게 무한한 가능성이 있음을 잊어서는 안 됩니다. 우리에게는 주님의 풍성한 은혜가 있고, 충만한 지혜도 있고, 놀라운 능력도 있고, 넘치는 축복도 있고, 무한한 권능도 있어서, 우리에게 능력 주시는 자 안에서 모든 것을 할 수 있는 것입니다(빌 4:13). 그러므로 우리는 어떠한 상황에서도 열등감에 빠질 이유도 없고, 좌절감에 사로잡힐 이유도 없고, 절망할 이유도 없습니다. 미천한 우리에게서 큰 가능성을 보시고 부르신 하나님의 은혜에 진정으로 감사하고 감격한다면, 우리의 현실이 아무리 어렵고 힘들다 할지라도 모두 극복하게 될 줄 믿습니다.

우리에게 귀한 사명을 주심

그런데도 기드온은 "하나님께서 우리와 함께 계신다면 왜 우리가 이렇게 고통스러운 미디안의 압제를 당해야 합니까? 또 하나님께서 우리 조상들을 애굽에서 올라오게 하실 때 보이셨던 많은 이적이 왜 지금은 일어나지 않습니까?"라고 항변합니다. 하나님께서 이스라엘과 함께하지 않으시고 버리셔서 미디안의 손에 넘겨주신 것이 아니냐는 것입니다. 그러자 본문 14절에서 하나님께서 말씀하십니다. "너는 가서 이 너의 힘으로 이스라엘을 미디안의 손에서 구원하라 내가 너를 보낸 것이 아니냐." 하나님께서는 기드온의 항변을 다 들어주시고, 그럼에도 그에게 가서 하나님이 주시는 힘으로 이스라엘을 미디안의 손에서 구원하라고 하시면서 "내가 너를 보낸 것이 아니냐"라고 선언하십니다.

그런데도 기드온은 계속해서 "오 주여 내가 무엇으로 이스라엘을 구원하리이까 보소서 나의 집은 므낫세 중에 극히 약하고 나는 내 아버지 집에서 가장 작은 자니이다"(15절)라며 자신이 무능한 자임을 겸손히 고백합니다. 하나님께서는 그런 그에게 "내가 반드시 너와 함께하리니 네가 미디안 사람 치기를 한 사람을 치듯 하리라"(16절)고 약속하십니다. 하나님께서 함께하시면 기드온 자신의 미약함도, 미디안의 강대함도 문제가 되지 않는다는 것입니다. 미디안 대군이 수십만 메뚜기 떼와 같다 할지라도 한 사람을 치듯 무너뜨릴 수 있다고 하시자, 아직도 여호와를 온전히 믿지 못하는 기드온은 자신에게 말씀하신 이가 주님 되시는 증거를 보여 달라고 합니다. 그리하여 기드온이 바위 위에 염소 새끼와 누룩을 넣지 않은 빵(무교병)을 놓고 국을 부었는데, 여호와의 사자가 지팡이를 내밀어 염소 새끼와 무교병에 대자 불이 바위에서 나와 모두 불살라 버렸습니다(19-21절). 하나님께서는 이렇게 기드온의 시험에도 기적으로 응답하시며 그를 부르시고 귀하게 쓰시고자 사명을 주신 것입니다.

하나님께서 우리가 언제 어디서 무엇을 하든 하나님의 나라를 위해 크게 쓰시길 원하심을 보여 주고 계시는데도, 우리는 하나님께서 쓰시겠다는 이 부르심을 듣지 못하고 우리가 감당해야 할 사명의 비전을 보지 못합니다.

한 초등학교에서 선생님이 '꿈'에 대해 이야기한 후, 아이들에게 각자의 꿈이 무엇인지 물었습니다. 그런데 한 아이가 "저는 백수가 되는 게 꿈이에요" 그러는 겁니다. 선생님이 놀래서 이유를 묻자 아이가 그러더랍니다. "백수는 학원에 안 가도 되고 실컷 놀 수 있잖아요." 그러자 또 한 아이가 말합니다. "전 노숙자요. 내 마음대로 어디서든지 잘 수 있잖아요?" 엄마의 욕심에 의해 학원을 몇 개씩이나 다니고 갇혀 사는 것이 얼마나 힘들었으면 백수나 노숙자가 꿈이라고 했겠습니까? 자신만의 삶의 비전을 갖지 못하고 엄마에게 끌려 다니는 요즘 아이들이 참으로 불쌍합니다.

하나님께서는 우리가 그냥 아침에 일어나 직장에 나갔다 온종일 일하고 집에 돌아와, 밥 먹고 TV 보다 지쳐 잠드는 다람쥐 쳇바퀴 도는 듯한 삶을 살다 인생을 끝내길 원치 않으십니다. 하나님께서는 우리의 짧은 인생을 주님과 고통당하는 이웃을 위해 쓰길 원하십니다. 우리는 하나님께서 우리를 쓰신다고 하실 때 그것이 영광스러운 일인 줄 알아야 합니다. 전에 KBS TV 〈개그콘서트〉의 '분장실'이라는 코너에서 선배가 후배를 향해 권위를 내세우며 "야, 이것들아 영광인 줄 알아!" 그랬는데, 저는 그 말을 들을 때마다 꼭 하나님의 음성을 듣는 느낌이었습니다. 지난 날 그토록 악하고 추했던 우리가 하나님의 종이 되고 직분자가 되어 하나님의 나라를 위해 귀하게 쓰임 받는다는 것이 얼마나 영광스러운 일입니까?

이사야 6장 8절 말씀입니다. "내가 또 주의 목소리를 들으니 주께서 이르시되 내가 누구를 보내며 누가 우리를 위하여 갈꼬 하시니 그때에 내가 이르되 내가 여기 있나이다 나를 보내소서 하였더니." 하나님께서 이사야 선지자를 부르셔서 죄악과 패역으로 하나님의 뜻을 거스르며 멸망했던 유다를 구원하셨듯이, 이 말세 마지막 때는 우리가 우리의 사랑하는 가족부터 시작해 우리 주위에 죽어 가는 온 천하보다 귀한 영혼을 구원하고 그들의 아픈 상처를 치유하고 주님의 제자로 양육함으로 우리의 가정과 교회와 직장을 위한 사명자로 귀하게 쓰임 받아야 합니다. 흔히 우리는 교회생활은 중시하고 가정과 직장생활은 소홀히 하기 쉽지만, 가정은 우리 최초의 선교지이고, 직장은 우리 사역의 주무대이며, 교회는 영육 간에 새 힘을 얻는 훈련소나 다름이 없습니다. 그러므로 어느 것 하나 중요하지 않은 것이 없지만 우리는 가정에서부터 우리의 신앙생활을 펼쳐 나가야 합니다.

프로 골퍼 허찬수(22, 미국명 John Huh)는 어린 시절 한국에서 자랐는데, 아버지가 보증을 잘못 서는 바람에 2002년 가족과 함께 원치 않은 도피성 미국 이민길에 올랐습니다. 낯선 타향에서 언어가 다르고 문화가 다르고 인종이 다르니 얼마나 고생을 많이 했겠습니까? 초등학교 5학년 때 골프채를 처음 잡았는데, 당시 아버지 허옥식 집사님은 노동일을 했고 어머니는 식당일을 했지만, 아들에게서 무한한 가능성을 발견하고 하나님의 영광을 위해 헌신적으로 뒷바라지를 했습니다. 거의 밑바닥 생활을 하며 골프에 정진한 그는, 새벽 5시 30분에 일어나 집에서 15킬로미터나 떨어진 퍼블릭 코스로 나가 공을 줍고 허드렛일을 도우며 아르바이트를 하면서 밤늦게까지 연습볼을 쳤습니다. 허찬수 선수는 몇 달간 모은 700달러로 출전료를 내고 미니 투어에 출전해 우승한 뒤 그 상금 3만 달러를 밑천 삼아 한국 프로무대부터 출전해 2010년 신한 동해오픈에서 우승하면서 자신의 존재를 알렸습니다.

그리고 작년 12월 그토록 꿈꾸어 왔던 미국 프로골프 출전자격학교(Qualifying School)를 통과한 후, 지난 27일 미국 프로골프(PGA) 마야코바 클래식에서 7타 차의 열세를 극복하고 8번의 연장 끝에 최종 우승해 미국 프로골프까지 정복하게 되었습니다. 그는 자신이 이룬 현실이 믿어지지 않는 듯 몹시 기뻐하다 인터뷰에서 소감을 밝히면서 참았던 울음을 터뜨리고 말았습니다. 오늘의 영광에 이르기까지, 비용을 아끼기 위해 곁에서 캐디까지 하며 뒷바라지했던 아버지의 피눈물 나는 희생이 떠올랐기 때문입니다. 그는 마지막 인터뷰에서 눈물을 흘리며 이렇게 고백했습니다. "규칙을 몰라 벌타를 부른 초보 캐디 아버지…그래도 내 곁엔 아버지뿐이었어요." 그 아버지의 헌신과 희생이 없었다면 어떻게 그 열악한 환경에서 그처럼 영광스러운 우승까지 거머쥘 수 있었겠습니까?

여러분은 과연 어떤 아버지로 기억되고 싶습니까? 어떤 남편으로 기억되고 싶습니까? 어떤 아들로 기억되고 싶습니까? 우리에게는 가정이나 교회나 세상에서 맡겨진 귀한 사명이 있습니다. 그 귀한 사명에 충성을 다할 때, 우리는 어떠한 어려움도 이겨 내고 이 어둡고 썩어 가는 세대를 능히 극복하게 될 줄 믿으시기 바랍니다.

궁극적으로 평강을 이루심

그런데 기드온은 여호와의 사자를 만난 후 슬픔에 빠집니다. 구약시대에는 여호와나 여호와의 사자를 보면 죽는 것으로 알고 있었기 때문에(창 32:30; 출 33:20; 삿 13:22), 기드온도 하나님을 보았으니 죽을 것으로 생각했던 것입니다. 그때 하나님께서 "너는 안심하라 두려워하지 말라 죽지 아니하리라"(23절)고 위로하십니다. 그리고 본문 마지막 24절은 이렇게 기록합니다. "기드온이 여호와를 위하여 거기서 제단을 쌓고 그것을 여호와 살롬이라 하였더라 그것이 오늘까지 아비에셀 사람에게 속한 오브라에 있더라." 기드온은 조금 전에 여호와의 사자에게 예물을 바쳤던 그 바위 위에 여호와를 위한 제단을 쌓고, 여호와의 부르심과 그의 사명을 받은 일을 기념하여 그것을 '여호와 살롬', 즉 '여호와의 평강', '여호와는 평강이시다'라는 뜻으로 부릅니다.

우리의 신앙생활의 궁극적인 목표는 '여호와의 평강'인데, 한마디로 말하면 '행복한 신앙생활'입니다. 그런데 오늘날 우리의 시대는 어떠합니까? IMF 때보다 더 어렵다는 국제금융 위기로 인해 격변하는 이 어려운 세상에서는 평강을 찾을 수가 없습니다.

보건복지부가 전국 성인 남녀 60만 명을 대상으로 실시한 '2011년 정신질환 실태 역학조사' 결과를 최근에 발표했는데, 지난 1년간 성인들의 정신질환 경험이 남성은 16.2%, 여성은 15.8%로 나타났습니다. 성인 6명 중 1명이 지난 1년 동안 우울증이나 불안장애 등의 정신질환을 경험했고, 평생 정신질환을 경험한 사람은 남성 31.7%, 여성 23.4%로 성인 3~4명 중 1명이 오랜 정신질환을 경험했다는 것입니다.

여러분, 부자라고 꼭 행복한 것은 아닙니다. 오래전 삼성그룹 창업주 고 이병철 회장의 장남인 이맹희 씨에 이어 차녀인 이숙희 씨까지 이건희 삼성그룹 회장을 대상으로 상속소송을 냈었는데, 3남 5녀의 아버지 재산 쟁탈전을 보면서 여러분은 무엇을 느끼셨습니까? 이런 일이 어디 삼성그룹뿐입니까? 현대, 롯데, 금호, 한진 그룹 등 이 땅의 재벌들의 공통적인 폐습입니다. 미국 재벌들의 통 큰 사회 환원과는 달리, 재산 다툼으로 형제들 사이의 의가 다 상해 버렸으니 이것이 과연 복 받은 가정입니까? 오히려 돈 때문에 범죄와 시험에 빠지고 불행해진 사람들이 이 땅에 얼마나 많습니까?

그래서 인터넷에 이런 글이 나돌고 있습니다. 이 세상에서 최악의 인생은 한국 사람처럼 일하고, 북한 월급 받고, 일본 집에서 살고, 영국 음식을 먹고, 한국 남자를 남편으로 맞는 거라고 합니다. 한국 남자들이 얼마나 권위적이고 아내를 사랑하지 않고 가족을 섬기지 않으면 그러겠습니까? 반면 이 세상에서 최고의 인생은 독일 사람처럼 일하고, 미국 연봉 받고, 영국 집에서 살고, 프랑스 요리를 먹고, 일본 여자를 아내로 맞는 거라고 합니다. 일본 여자들이 얼마나 가정적이고 자기희생을 잘 하며 사랑으로 섬기면 그러겠습니까? 그러나 우리 그리스도인들이 누릴 수 있는 진정한 최고의 인생은 주님의 일을 하면서, 주님의 축복을 받고, 주님의 집에 거하고, 주님의 말씀을 먹으면서, 주님 잘 믿는 아내나 남편과 사는 것 아니겠습니까? 이보다 평안하고 행복한 삶이 어디에 있습니까?

미국 하버드대학교에서 '행복학 열풍'을 불러일으킨 '긍정심리학' 강사인 탈 벤 샤하르가 쓴 《해피어》(*Happier*)라는 책을 있습니다. 하버드대 학생 약 20퍼센트의 멘토가 되어 치열한 경쟁과 스트레스에 갇혀 살아가는 그들의 삶에 의미 있는 변화를 일으키고 있는 그는, 하버드대학교에서 철학과 심리학을 전공한 후 종신교수가 되기 위해 노력하다 그 일이 전혀 자기를 행복하게 하지 못한다는 것을 깨닫고 모든 것을 포기하고 '행복하게 사는 법'을 가르치는 강사가 되었습니다. 그는 이 책에서 '나는 행복한가?'보다 '어떻게 하면 좀 더 행복해질 수 있는가?'가 더 중요하다고 말합니다. 그러면서 인간이 사는 방식을 네 가지로 분류했는데, 첫째는 성취주의자로 미래를 위해 현재를 끝없이 희생하는 사람들입니다. 둘째는 쾌락주의자로 미래에 대한 아무런 희망도 없고 단지 현재의 순간적인 쾌락만을 추구하는 사람들입니다. 셋째는 허무주의자로 과거의 실패에 사로잡혀 현재의 즐거움이나 미래의 희망을 다 잃어버리고 사는 사람들입니다. 넷째는 자기일치자로 자신을 내세우는 과시욕이 아닌 자기표현 욕구를 가지고 현재와 미래의 즐거움과 의미를 동시에 찾는 사람들인데, 이들은 오늘의 즐거움이 쌓여 내일의 성장으로 이어지기 때문에 행복을 맛보며 살게 된다는 것입니다. 탈 벤 샤하르는 이 책에서 "지금 행복을 느끼지 못하는 사람은 미래에도 행복을 느낄 수 없다"고 강조합니다.

우리는 지금 하나님께서 우리에게 주신 것에 감사하며 행복함을 누려야 합니다. 이처럼 우리가 나 자신부터 감사하며 행복을 회복하고, 그다음 우리의 가정에서도 이 행복을 회복해야 교회생활도 행복하게 됩니다. 그런데 맨날 모이면 남의 허물이나 들추려 하고 얼굴을 붉히고 감정을 내세우고 싸운다면 교회가 아무리 부흥한들 그것이 무슨 의미가 있습니까? 그러므로 우리의 궁극적인 목표는 행복한 신앙생활을 하고, 행복한 가정을 이루고, 행복한 교회를 세우고, 행복한 세상을 만드는 것입니다. 그래서 로마서 14장 17절에서는 "하나님의 나라는 먹는 것과 마시는 것이 아니요 오직 성령 안에 있는 의와 평강과 희락이라"고 말씀합니다. 여기서 '의'는 자신이 내세우는 자기의가 아니라, 하나님과의 관계에서 하나님으로부터 의롭다 하심을 받는 것입니다. 또 '평강'은 주위 사람들과의 관계에서 누리는 평화로 우리 사이에 평안, 평화, 화평이 있어야 한다는 것입니다. 마지막 '희락'은 나 자신과의 관계에서 마음속에 기쁨이 있어야 하는데, 이것이 하나님 나라의 삶이고, 하나님의 뜻대로 사는 삶이며, 진정한 하나님 자녀의 삶의 결론인 것입니다.

우리가 스스로 신앙생활을 잘 하는 줄로 착각하고 자신의 주장이 아무리 옳다 여길지라도 사람들과의 사이에서 평화와 기쁨이 없다면, 그것은 우리가 하나님의 말씀대로 성령의 인도하심을 따라 영적인 삶을 살지 않고 육적인 삶을 살고 있고, 하나님의 뜻을 깨닫지 못하고 자기주장을 내세우고 있으며, 하나님의 나라를 구하지 않고 자기 기득권만 구하고 있기 때문입니다.

여러분, 신앙생활의 결론은 이처럼 평강이라는 것을 잊어선 안 됩니다. 여러분의 삶에는 이 평강이 있습니까? 그렇지 않다면 우리의 신앙생활의 문제가 무엇인지 자신을 돌이켜보고, 신앙과 사고와 언어와 행동과 삶이 과거와는 무언가 달라져야 합니다. 그러기 전에는 자신만 고통과 불행에서 헤어 나오지 못하는 것이 아니라 주위의 가족들, 직장 동료들, 교인들, 심지어 주의 종들까지 평생 괴롭히다 인생이 끝나고 맙니다. 그런 분들 장례식에 가면 목사가 뭐라고 설교해야 합니까? 평생 신앙생활했음에도 그렇게 불행하고 불쌍한 인생이 세상에 또 어디 있겠습니까? 그러므로 우리가 우리의 삶에서 하나님과의 평강을 이뤄 나갈 때, 어떠한 지난날의 불행 속에서도 일생토록 행복하게 살며 이 어둡고 썩어 가는 시대를 마지막까지 잘 극복하게 될 줄 믿으시기 바랍니다.

지난 송구영신예배 때 작년 11월 말에 말기 췌장암 진단을 받고 투병해 온 강영우 박사님에 대해 말씀드렸는데, 그분이 지난 23일 68세를 일기로 하늘나라로 가셨습니다. 강 박사님은 13세 때 아버지를 여의고 그다음 해 축구공에 눈을 맞아 시력을 잃었는데, 그 충격으로 그 해 어머니까지 세상을 떠나고 3년 후 누나까지 잃었습니다. 더구나 세 동생의 생계까지 책임져야 하는 불행과 고통 속에서 외롭고 고달픈 청소년기를 보내야 했으니, 10대의 어린 나이에 얼마나 앞이 캄캄했겠습니까? 그러나 하나님께서는 그를 버리지 않으셨습니다. 맹학교 시절 봉사하러 온 대학생이었던 부인 석은옥 권사님을 만나면서 그의 인생에 하나님의 은혜가 임하게 된 것입니다. 석 권사님은 평생 그의 손발이 되어 인생의 눈물 골짜기를 함께 걸어 온 것입니다.

강 박사님은 2001년 조지 W. 부시 행정부의 장애인위원회 정책차관보로 6년 동안 지냈는데, 차관보는 미국 이민 100년 역사상 한인으로서는 최고의 공직이었습니다. 금년 2월 말까지밖에 살 수 없다는 췌장암 말기 판정을 받은 그는 결코 신앙이나 삶이 흔들리지 않았고, 오히려 현실을 있는 그대로 받아들이고 남은 시간 최선을 다해 그동안의 일생을 마무리했습니다. 무엇보다 먼저 고난의 일생을 함께해 온 석 권사님에게 보낸 마지막 편지에서 "햇살보다 더 빛나던 예쁜 여대생 누나의 모습, 아직도 기억합니다. 늘 나의 손발이 되어 나를 바래다주던 그 여대생, 당신은 하나님께서 보내 주신 날개 없는 천사였습니다. 사랑합니다. 사랑합니다. 사랑합니다. 그리고 고마웠습니다"라고 감사를 고백했습니다. 아버지의 실명을 고쳐 주겠다고 의사가 된 큰아들 폴과 부모님과 같이 유색인종으로 외롭고 소외된 채 살아가는 억울한 사람들을 돕겠다고 변호사가 된 크리스토퍼 두 아들에 대해서는, "나를 아버지로 만들어 준 너희들을 주신 하나님께 정말 감사한다"고 감사의 마음을 전했습니다.

또 자신의 재산을 정리해 세계 평화 증진을 위해 국제로터리 장학재단에 25만 달러(약 3억 원)를 기부하고, 2011년 연방 및 주에 세금을 신고하고, 장례예배 순서와 프로그램까지 직접 짤 정도였습니다. 장애와 편견을 극복한 희망전도사였던 고 강영우 박사님이 생애 마지막 순간에 남긴 말은 "비록 어린 시절 불행하게 두 눈은 잃었지만 그것은 하나님의 사명에 쓰이는 도구였어요. 주님께 받은 축복은 너무나 넘쳤어요"라는 주님께 대한 감사의 고백이었습니다.

사랑하는 성도 여러분, 우리가 남은 생을 어떻게 사는지도 중요하지만, 마지막을 어떻게 마감할 것인지는 더 중요합니다. 가부장적인 유교 문화에서 남성이라는 이름의 권위만 앞세우며 우리의 사랑하는 가족들이나 교인들이나 주위 사람들을 고통스럽게 함으로 모두가 불행해지게 만들면 안 됩니다. 미천한 우리에게서 가능성을 보시고 불러 주심에 감격하고, 맡겨 주신 사명에 충성하고, 궁극적으로 하나님의 평강을 이루어 나간다면, 우리는 어둡고 썩어 가는 이 시대를 극복할 수 있을 뿐 아니라, 이 땅에 하나님의 나라를 복되게 이루어 나가게 될 줄 믿습니다.

끝으로 결단의 찬송 〈주는 평화〉를 부르겠습니다.

주는 평화 막힌 담을 모두 허셨네
주는 평화 우리의 평화
염려 다 맡기라 주가 돌보시니
주는 평화 우리의 평화

살아계신 하나님 아버지, 저희들이 무엇이길래 이렇게 예수 믿는 남성과 성도와 주의 종으로 불러 주셨는지 진심으로 감사하옵고 감사하옵나이다. 이제는 저희 인생의 모든 염려 주님께 다 맡기길 원합니다. 더는 세상살이에 대해 걱정하며 괴로워하지 않게 해주시옵소서. 오히려 미천한 저희에게서 가능성을 보시고 불러 주심에 감격하고, 맡기신 사명에 충성하고, 궁극적으로 하나님의 평강을 이룸으로, 이 어둡고 썩어가는 시대를 잘 극복하고 이 땅에 하나님의 나라를 복되게 이루게 하옵소서. 예수님의 이름으로 기도하옵나이다. 아멘!

부족한 자의
승리 비결

사사기 7장 2-18절

우리 치유하는교회는 5년 전 지구상의 가장 소외되고 열악한 오지인 아프리카 케냐의 어린이들을 1천 명에 이르도록 후원했고, 5년이 지난 지금 참으로 아름답고 복된 열매를 맺고 있습니다. 그러나 지금도 아프리카에서는 1초마다 5명의 어린이가 기아로 굶어 죽어 가고 있다고 합니다. 오늘은 지난 주일 6·25기념주일에 이어 6·25기념 특별나눔 감사예배를 드리면서 우리가 죽어 갈 때 도와주었던 6·25 참전국인 아프리카의 에티오피아를 돕기 위한 모금을 하고자 합니다. 그런데 이러한 구제와 봉사와 선교라는 주님의 일을 해나가려면 이를 가로막는 세력이 있으니, 이 영적 싸움에서 이겨 내야 합니다.

이스라엘이 제4대 대사사루 부족함이 많았던 기드온이 하나님의 부르심을 받았는데, 그가 미디안 연합군 13만 5천 명(삿 8:10)과의 영적 싸움에서 어떻게 승리할 수 있었을까요? 인간의 힘으로는 도저히 불가능한데 하나님의 명령을 따라 믿음으로 나아가니 기적적인 승리가 가능했던 것입니다. 그렇다면 그토록 부족함이 많았던 기드온이 어떻게 기적적인 승리를 얻을 수 있었는지를 보면서, 말세 마지막 때 하나님의 거룩한 일을 가로막는 영적 싸움에서 우리가 어떻게 승리하며 하나님께 영광 돌릴 것인지, 이 시간에 하나님의 음성을 들을 수 있길 바랍니다.

결단코 두려워 떨지 말아야 함

먼저 본문 3절 말씀을 보겠습니다. "이제 너는 백성의 귀에 외쳐 이르기를 누구든지 두려워 떠는 자는 길르앗산을 떠나 돌아가라 하라 하시니 이에 돌아간 백성이 이만 이천 명이요 남은 자가 만 명이었더라."

'여룹바알'('바알과 논쟁하다'라는 뜻, 삿 6:32)이라고 불린 기드온과 그를 따르는 모든 백성은 일찍이 일어나 하롯샘 곁에 진을 쳤고, 미디안의 연합군은 이스라엘 백성의 북쪽 모레산 앞 골짜기에 있었습니다. 그런데 여호와께서 기드온에게 이르시기를, "너를 따르는 백성이 너무 많은즉 내가 그들의 손에 미디안 사람을 넘겨주지 아니하리니 이는 이스라엘이 나를 거슬러 스스로 자랑하기를 내 손이 나를 구원하였다 할까 함이니라"(2절)고 하십니다. 그래서 기드온은 백성들에게 "누구든지 두려워 떠는 자는 길르앗 산을 떠나 돌아가라"(3절)고 외쳤습니다. 기드온은 과거와는 달리 강하고 담대한 믿음으로 일어섰고, 미디안 대군이 두려워 떠는 13만 5천 명의 군사들을 다 집으로 돌려보낼 수 있었습니다. 그리하여 모였던 3만 2천 명 가운데 2만 2천 명이 돌아가고 1만 명만 남게 된 것입니다.

신앙생활 가운데서 경험하는 사탄과의 영적 싸움에서도, 우리는 먼저 상대가 강하다고 생각되면 그가 선하든 악하든 일단 두려워하게 되고, 금방 낙심하고 전의(戰意)를 상실합니다. 그리하여 영적 싸움을 한번 해보지도 못하고 사탄의 세력에 무릎을 꿇고 패배하고 맙니다. 그래서 우리가 꼭 기억해야 할 말씀이 이사야 41장 10절 말씀입니다. "두려워하지 말라 내가 너와 함께함이라 놀라지 말라 나는 네 하나님이 됨이라 내가 너를 굳세게 하리라 참으로 너를 도와주리라 참으로 나의 의로운 오른손으로 너를 붙들리라." 우리가 이 말씀을 너무도 많이 듣고, 너무도 잘 알고, 암송까지 잘 하면서도 정작 믿지는 못하니까 결국 두려워할 수밖에 없는 것입니다.

제가 목회자로서 항상 가장 중요하게 강조하는 것은, 살아계신 하나님께 예배드리는 일입니다. 우리가 하나님께 드리고 하나님께서 기뻐 받으시는 이 예배를 통해 하나님의 은혜와 축복이 우리에게 임하기 때문입니다. 그런데 복의 근원이 되시는 하나님께 예배드리는 일을 소홀히 여기고, 사탄의 시험에 빠져 비대면 예배를 드리다, 결국에는 불행과 고통과 절망에서 헤어 나오지 못할 때에야 "천부여, 의지 없어서 손 들고 옵니다" 하고 돌아오는 교인들이 있습니다. 코로나19로 인해 주님을 떠나 교회에 나오지 않다가 결국 말로 다 할 수 없는 불행과 고통 가운데 돌아와 눈물로 기도 요청을 하는데, 그럴 때 "교회에 예배드리러 안 나오더니 (쌤통이다) 고생 좀 하고 이번 기회에 정신 좀 차려요!" 하는 주의 종이 어디 있겠습니까? 그런 목사는 선한 목자가 아니고 삯군 목자입니다. 적어도 선한 목자라면 얼마나 안타깝고 가슴 아프고 눈물 나는 일입니까?

그러나 우리가 결코 낙심하거나 절망하지 말아야 할 것은, 지난날의 영적 싸움에서 우리는 항상 부족하고 연약하고 쓰러지고 넘어지고 패배하고 실패했을지라도, 스스로 계시는 강하신 여호와 하나님께서 우리와 함께하셨다는 사실 때문입니다. 그처럼 하나님께서 대신 싸워 주심으로 다 이겨 냈듯이, 믿음으로 사는 우리가 적어도 확실히 믿어야 할 놀라운 사실이 있습니다. 스스로 계신 여호와께서 우리의 가장 강한 분이 되셔서 우리와 함께하시고, 우리를 강하게 하시고, 우리를 도와주시고, 우리를 그의 의로운 오른손으로 붙들어 주신다는 것입니다. 그 사실을 확실히 믿는다면, 죽음이 우리 앞에 놓인다 할지라도 살아계신 하나님만 믿고 두려워하거나 떨지 마시길 바랍니다.

얼마 전에 장로회신학대학원 동기이면서 미국 뉴욕의 프라미스교회를 담임하고 있는 허연행 목사님으로부터 '생존율 2%의 벼랑 끝에서 부른 희망의 노래'라는 제목의 감동적인 동영상을 받아 보았습니다. 지난 6월 13일 자 뉴욕 〈국민일보〉에 머리기사로 올라온 훈훈한 뉴스가 있었다고 합니다. 미국 NBC 방송 인기 프로그램인 〈아메리카 갓 탤런트〉(America's Got Talent)에서 또 한 번의 골든 버저가 울렸는데, 지난 6월 8일 영예의 골든 버저를 받은 주인공은 30세의 제인 마르크제프스키였습니다. 그는 기독교대학인 리버티대학교 출신 현역 가수로, 험난한 예선 경쟁 없이 준결승에 바로 진출하며 명문 NBC TV 생방송 출연권을 얻었는데, 골든 버저는 단지 출중한 음악 실력만으로 얻은 것이었습니다.

순서에 따라 무대에 오른 제인은 표정부터 무척 밝았습니다. 노래를 부르기 전 흔히 진행하는 인터뷰에서 제인은, 현재 자신은 폐와 간 그리고 척수에 암 진단을 받은 상태이고, 오늘 부를 노래는 자신의 인생에서 언제일지 모르지만 마지막 해에 대한 이야기라고 담담히 자신을 소개했습니다. 심사위원들은 놀란 표정을 감추지 못하며 "참으로 유감이다. 괜찮겠는가?"라고 물었고, 그녀는 "괜찮아요!"라고 여러 차례 말하면서 심사위원들을 오히려 진정시켰습니다. 그런데 공교롭게도 그날 그녀가 부른 노래 제목이 자신의 자작곡인 〈괜찮아요!〉(It's Okay!)였고, 1분 50초가량 부른 이 노래 가사의 대부분 역시 "괜찮아요"(It is okay), "좋아요"(It is all right)였습니다. 삶의 희망마저 꺾일 수밖에 없는 상황에서 제인은 그 누구보다 밝은 표정으로 희망을 노래했던 것입니다.

노래가 끝난 뒤 심사위원들이 차례로 찬사를 보낼 때마다 청중은 환호로 공감했는데, 마지막 심사위원인 영국 출신의 사이먼 코웰이 "노래 실력은 좀 미치지 못하지만 제인에게 뭔가 특별한 선물을 주어야 할 것 같다"며 벌떡 일어나 골든 버저를 눌렀습니다. 그 순간 무대 위에서 폭죽과 꽃가루가 한가득 뿌려지고 제인은 얼굴을 두 손으로 감싸고 무릎을 꿇은 채 전혀 예상치 못했던 준결승 진출권을 선물로 받고 너무도 기뻐했습니다. 무대를 마친 뒤 이어진 인터뷰에서 제인은 "지금 저의 생존확률은 2퍼센트예요. 그런데 2퍼센트는 0퍼센트가 아니에요. 2퍼센트는 대단한 거예요. 저는 사람들이 그 2퍼센트가 얼마나 놀라운 것인지 알았으면 좋겠어요!"라고 말해, 많은 사람의 마음을 뭉클하게 했습니다. 이 쇼의 막후 진행자인 테리 크루즈도 "당신의 노래는 코로나 팬데믹의 끝자락인 올해 우리 모두가 들어야 할 목소리다"라며 칭찬을 아끼지 않았습니다. 그리고 그날 그 유튜브 영상은 업로드 하루 만에 조회수 600만에 이르렀고, 주일인 13일에는 1,700만을 훌쩍 넘었습니다. 그녀의 노래 〈괜찮아요!〉의 가사는 다음과 같습니다.

I moved to California in the summer time.

(나는 여름에 캘리포니아로 이사를 갔어요.)

I changed my name thinking that it would change my mind.

(나는 마음도 바뀔 것이라고 생각해서 이름도 바꿨어요.)

I thought that all my problems they would stay behind.

(내 문제들이 여기까지 따라올 줄은 몰랐어요.)

I was a stick of dynamite and it just wars a matter of time, yeah.

(내 인생은 시한폭탄처럼 늘 나를 괴롭혔죠.)

Oh dang, oh my, now I can't hide.

(이런, 이제 숨길 수도 없어요.)

Said I knew myself but I guess I lied.

(내 스스로를 속일 수도 없어요.)

It's okay, It's okay, It's okay, It's okay.

(괜찮아, 괜찮아, 괜찮아, 괜찮아.)

If you're lost, we're all a little lost and it's all right.

(지금 길을 잃었나요? 우리도 마찬가지예요. 그러니까 괜찮아요.)

It's okay, It's okay, It's okay, It's okay.

(괜찮아, 괜찮아, 괜찮아, 괜찮아.)

적어도 제인 마르크제프스키는 천국의 소망에 관한 믿음이 확실했기에, 그 가냘픈 몸으로 2퍼센트의 생존율을 가진 암과 투병하면서도 두려워 떨지 않고, 이 짧은 노래 가사 가운데 "괜찮아, 괜찮아, 괜찮아, 괜찮아"를 수없이 외칠 수 있었습니다. 이로써 그녀는 강하고 담대한 감동적인 신앙의 모습을 전 세계 사람들에게 보여 주었습니다.

어떠한 고난과 질병과 고통과 심지어 죽음 앞에서도 결단코 두려워하거나 떨지 않고 “죽으면 죽으리라”는 강하고 담대한 믿음으로 일어설 때, 우리는 어떠한 영적 싸움도 주님께서 주시는 힘으로 능히 승리하게 될 줄 확실히 믿으시기 바랍니다.

항상 지혜롭게 깨어 있어야 함

계속해서 본문 6절 말씀을 보겠습니다. “손으로 움켜 입에 대고 핥는 자의 수는 삼백 명이요 그 외의 백성은 다 무릎을 꿇고 물을 마신지라.”

이스라엘 백성 1만 명을 데리고 싸우러 나가도 미디안 연합군 13만 5천 명을 결코 감당할 수가 없는데, 하나님께서는 기드온에게 “아직도 백성이 많으니 그들을 물가로 데리고 가서 시험하라”고 하셨습니다. 그래서 개처럼 엎드려 정신없이 물을 핥아 먹는 자는 적의 공격을 쉽게 받을 수 있기 때문에 제외하고, 무릎을 꿇고 물을 마시는 자도 그나마 조금 낫지만 경계심이 부족하기 때문에 역시 제외했습니다. 마지막으로 손으로 움켜 입에 대고 물을 핥는 자들은 전투에 대한 경계심이 투철한 것으로 보고 따로 세웠더니 300명만 남은 것입니다. 하나님께서는 그 300명으로 이스라엘을 구원하며 미디안을 넘겨줄 것이니, 남은 백성은 다 집으로 돌려보내라고 하셨습니다. 그래서 9,700명을 돌려보내고 300명만 진영에 남게 되었습니다. 하나님께서는 적진의 동태를 살피면서 지혜롭게 깨어 있는 자만 남게 하셨던 것입니다.

우리도 영적 싸움에서 깨어 있지 않으면, 우리 자신의 힘으로 이겨 내려 하기 때문에 한계를 느끼고 다 무너지고 맙니다. 이 모든 영적 싸움의 배후 조종자인 사탄은 우는 사자와 같이 두루 다니며 삼킬 자를 찾고, 우리보다 훨씬 더 힘이 세고, 우리를 교활하게 속이기 때문에, 우리 힘으로는 다 패배할 수밖에 없는 것입니다. 그러나 우리가 지혜롭게 깨어 있으면, 가정과 직장과 하나님의 교회를 무너뜨리려는 사탄의 어떤 계략이 있을지라도, 하나님께서 주시는 지혜와 은혜와 능력으로 다 분별하고 대적해 결국에는 승리하게 됩니다.

지지난주 월요일 제42대 총회부흥전도단 정기총회를 마치고 대천에서 1박 2일 신임임원수련회를 가졌습니다. 우리 치유하는교회 청년부 찬양대 지휘자였던 한 자매님이 이제 대천에 있는 한 교회의 찬양대 지휘자이자 권사로 섬기고 계시는데, 화요일 아침 그분이 어머니와 함께 경영하는 식당에 식사를 하러 갔습니다. 그리고 거기서 그분의 어머니 권사님의 참으로 눈물겨운 간증을 듣게 되었습니다.

50여 년 전에 중매로 남편을 만나 서울에서 대천으로 시집을 갔는데 시부모, 시누이, 시동생 4명을 모시고 살아야 했고, 얼마나 시집살이를 시키는지 서러워서 못 살 지경이었다고 합니다. 남편은 신앙도 없고, 돈도 한 푼 안 벌어오고, 허구한 날 나가서 바람만 피우고, 수차례 사기를 당하며 그나마 있는 돈도 다 날려 버려서 정말 인간으로서는 도저히 살아갈 희망이 보이지 않았습니다. 더는 살 수가 없어서 밤늦게 대천 앞바다에 몇 번이고 뛰어들었지만, 그때마다 주님 생각에 차마 죽지 못하고 집에 돌아오면, 5남매가 고이 잠들어 있는 모습이 눈에 들어오는 겁니다. 애들 때문에도 죽지 못해 하는 수 없이 이를 악물고 참으며 살아왔다고 합니다.

그렇게 피눈물 나고 답답한 마음을 달랠 길이 없어서 새벽이나 밤이나 성전에 달려가 눈물로 간절히 울부짖었습니다. 그런데 살아계신 하나님께서 그 간절한 눈물의 부르짖음에 기적으로 응답하셨다고 합니다. 하나님께서 남편을 사랑으로 채찍질하셔서 그가 정신을 차릴 때까지 13번이나 수술하게 하심으로, 결국 그 남편이 돌아와 집사까지 되고 지금은 식당 일도 열심히 잘 도와준다고 했습니다. 5남매는 그 불행 속에서도 하나님께서 은혜로 잘 길러 주셔서 모두 다 안수집사, 권사가 되어 하나님의 교회에 충성을 다하며 행복하게 산다고 했습니다. 그 모든 것이 50여 년의 불행했던 결혼생활 가운데 밤낮으로 눈물 뿌려 기도하고 식욕조차 잃어버린 채 금식하며 매달린 결과이자, 하나님의 기적적인 응답이라는 말을 들으면서 얼마나 은혜가 되었는지 모릅니다.

예수님께서 십자가의 고난을 앞두고 겟세마네 동산에서 땀방울이 핏방울같이 변할 정도로 간절히 기도하고 계셨을 때 베드로를 비롯해 모든 제자가 졸고 있었습니다. 그때 예수님께서 베드로에게 뭐라고 말씀하셨습니까? "시험에 들지 않게 깨어 기도하라 마음에는 원이로되 육신이 약하도다"(마 26:41). 우리가 시험에 들지 않으려면 깨어 기도해야 한다는 것입니다. 우리가 깨어 기도하면 어떠한 시험에 들더라도 이겨 낼 수 있는데, 말세 마지막 때가 되면 모든 주의 종이나 교인들이 도무지 깨어 기도하지 않습니다. 마음으로는 기도해야 한다고 생각하면서도 육신이 못 따라 주니까 기도를 못 하게 되고, 거기서부터 우리는 영적 싸움에서 백전백패하고 맙니다.

여러분, 우리가 아무리 복 받고 행복하게 살려고 애쓰고 수고해도 하나님께서 주시지 않으면 절대 복을 누리지 못합니다. 그런데 지혜롭지 못한 사람들은 깨어 기도는 안 하고 혼자 애쓰고 수고하면서 피곤에 지쳐 어렵고 힘들게 살아가다 어느 날 갑자기 쓰러지고 맙니다. 이 얼마나 어리석은 사람입니까? 지혜로운 사람은 세상 일에 빠져 바쁘고 피곤하게 살기보다, 기도를 삶에서 최우선시해 항상 깨어 기도하기에 시험에 들지도 않을뿐더러, 시험에 들어도 성령님의 권능에 사로잡혀 살아가니 어떠한 영적 싸움에서도 능히 승리하게 될 줄 확실히 믿습니다.

주님과 고통당하는 이웃을 위해야 함

마지막으로 본문 18절 말씀을 보겠습니다. "나와 나를 따르는 자가 다 나팔을 불거든 너희도 모든 진영 주위에서 나팔을 불며 이르기를 여호와를 위하라, 기드온을 위하라 하라 하니라."

이렇게 기드온은 300명의 군사를 선발했습니다. 그러나 300명의 훈련되지 않은 백성들로 미디안 연합군 13만 5천 명을 대적한다는 것은 인간의 눈으로 볼 때 불가능한 일입니다. 그런데 그날 밤에 여호와께서 기드온에게 "일어나 진영으로 내려가라 내가 그것을 네 손에 넘겨주었느니라"(9절)고 말씀하십니다. 그 약속의 말씀이 안 믿기고 두렵거든 미디안 연합군 진영에 가보라고 하셔서, 밤중에 미디안 연합군을 정찰하러 가보니, 미디안과 아말렉과 동방의 모든 사람이 메뚜기의 많은 수와 같고, 그들의 낙타의 수가 많아 해변의 모래와 같았습니다.

그런데 미디안 군사 중 한 명이 꿈을 꾸고 친구에게 꿈 이야기를 하는데, 꿈에 보리떡 한 덩어리가 미디안 진영으로 굴러 들어와 장막이 무너져 버리더라는 것입니다. 그러자 친구가 하는 말이 보리떡은 기드온을 상징하는 것으로, 하나님께서 미디안 연합군을 기드온의 손에 넘겨주셨다고 말합니다. 기드온은 그 꿈과 해몽하는 말을 듣고 하나님께서 미디안 연합군을 그의 손에 붙이셨음을 확신하게 되었고, 하나님께 경배하고 진영으로 돌아와 "일어나라 여호와께서 미디안과 그 모든 진영을 너희 손에 넘겨주셨느니라"(15절)고 선언합니다. 그리고 300명의 백성을 100명씩 세 그룹으로 나누고, 그들의 손에 칼과 창을 들려준 것이 아니라 나팔과 빈 항아리를 들게 하고 항아리 안에는 횃불을 감추게 합니다. 그리고 자신과 자신을 따르는 자들이 다 함께 나팔을 불거든, 그들도 모든 진영 주위에서 나팔을 불며 "여호와를 위하라! 기드온을 위하라!"고 크게 외치라고 했습니다.

여기서 우리가 주목해야 할 것은, "여호와를 위하라!"고 외친 것은 그들이 믿음의 용사니까 그럴 수 있지만, "기드온을 위하라!"는 외침은 왜 덧붙였을까 하는 것입니다. 그것은 기드온이 하나님의 부르심을 따라 영적 싸움의 리더로 세워진 사사였기 때문입니다. 이스라엘 300 용사들이 리더인 기드온을 따르며 위하는 것이 당연하기도 하지만, 이 말씀을 상담치유학적으로 접근해 보면, 지금 이 전쟁에서 기드온처럼 이스라엘의 생사를 결정할 막중한 사명감과 책임을 가진 사람은 아무도 없습니다. 현재 모든 이스라엘 백성 중에서 기드온이야말로 영적으로나, 정신적으로나, 육신적으로나 가장 외롭고 힘들며 고통당하는 자임에 틀림없기에, 그러한 기드온 자신을 위해 "기드온을 위하라!"고 외치게 했을 것입니다.

이렇게 기드온의 300 용사가 미디안 진영에 쳐들어간 것이 이경 초였습니다. 히브리인들은 오후 6시부터 아침 6시까지의 밤을 3경으로 나누어, 초경은 오후 6시부터 밤 10시까지, 이경은 밤 10시부터 새벽 2시까지, 삼경은 새벽 2시부터 아침 6시까지로 정했는데, 이경 초이니 밤 10시가 지난 때입니다. 이스라엘 300 용사들은 기드온의 명령을 따라 가장 어두운 밤에 갑자기 일제히 큰 소리로 나팔을 불고, 항아리를 깨부수고, 항아리 속에 숨겼던 횃불을 들면서 "여호와를 위하라! 기드온을 위하라!"고 외쳤습니다.

그런데 그렇게 외쳤을 때 기적이 일어났습니다. 미디안 연합군은 깊은 밤에 정신없이 자다 갑자기 300대의 나팔소리가 요란하고, 항아리 300개가 한꺼번에 깨지는 큰 소리가 나고, 어두운 밤이 갑자기 대낮처럼 밝아지고, "여호와를 위하라! 기드온을 위하라!"는 함성이 들려오자, 무슨 난리가 났나 하고 일어나 겁에 질려 어둠 속에서 달아났습니다. 그러면서 두려움에 서로 찌르고 죽이다 보니, 미디안 연합군 13만 5천 명 가운데 12만 명이 죽고 1만 5천 명만 살아남게 되었는데, 기드온이 추격해 그마저도 다 격파해 버립니다.

영적인 싸움은 무력으로 이기는 것이 아닙니다. 인간적인 힘으로는 도저히 못 이길 것 같은데, 항상 주님만 바라보고 기도하며 하나님의 영광을 위해, 고통당하는 이웃을 위해 믿음으로 나아가면 어떠한 위기 상황에서도 기적적인 승리를 얻게 됩니다.

우리도 영적 싸움에서 기적적인 승리를 하려면 기드온 300 용사와 같이 무엇이든 믿음으로 하나님의 영광을 위해, 고통당하는 이웃을 위해 하지 않으면 안 됩니다. 그런데 말세 마지막 때 대부분의 목사, 장로, 권사, 집사들이 말로는 주님의 영광을 위해, 주님의 교회를 위해, 주님의 복음을 위해 한다고 하면서도, 알고 보면 다 자신의 이익을 위해, 명예나 감정을 위해, 인간관계를 위해 하다 보니 결국에는 영적 싸움에서 다 패하고 맙니다.

그래서 우리가 꿈에도 잊지 말아야 할 말씀이 마태복음 22장 37-40절입니다. "예수께서 이르시되 네 마음을 다하고 목숨을 다하고 뜻을 다하여 주 너의 하나님을 사랑하라 하셨으니 이것이 크고 첫째 되는 계명이요 둘째도 그와 같으니 네 이웃을 네 자신같이 사랑하라 하셨으니 이 두 계명이 온 율법과 선지자의 강령이니라." 구약성경의 핵심을 한마디로 요약하면 하나님 사랑과 이웃 사랑인데, 이것이 십자가의 복음을 통해 그대로 실현되었습니다. 십자가는 종적으로 하나님 사랑과 횡적으로 이웃 사랑을 의미합니다. 더 나아가 이 십자가를 더욱 깊이 묵상해 보면 종적인 것과 횡적인 것이 교차해 연결되어 있는데, 다시 말하면 우리가 하나님을 사랑한다면 이웃을 사랑할 수밖에 없다는 것입니다.

그런데 문제는 우리가 이 십자가의 사랑을 실천하며 살아가고 있느냐는 것입니다. 여러분은 삶에서 하나님 사랑, 이웃 사랑의 십자가 사랑을 실천하며 살아가고 있습니까? 사실 이것은 성령님으로 충만하지 않으면 결코 쉬운 일이 아닙니다. 그러므로 이제는 말로만 큰소리치지 말고, 서로를 불쌍히 여기고 어떠한 허물도 덮어 주고 어떻게 사랑으로 섬길 것인지를 깊이 생각하면서 그 십자가 사랑을 실천하며 살아가야 합니다. 그래야 우리의 인생과 자손대대로 진정으로 은혜롭고 축복되고 행복하게 쓰임 받게 되는 것입니다.

오늘 6·25기념 특별나눔 감사예배 중 4부 예배 강사로 오신 월드비전 회장이신 금호성결교회 조명환 장로님의 도저히 눈물 없이는 읽을 수 없는 간증집 《꼴찌 박사》에도 그런 승리의 비결이 잘 나와 있습니다. 조 장로님은 6·25전쟁이 끝나고 3년 후인 1956년 함경남도 북창군의 가난한 실향민 가정에서 태어나 외할머니와 부모님의 말씀과 기도의 신앙 아래서 자라났습니다. 이렇게 신실하신 신앙의 부모님을 허락해 주신 것만도 감사한데, 태어난 이래 45년간 '세이브 더 칠드런'(Save the Children, 어린아이들을 구하라)이란 어린이 구호단체를 통해 매달 사랑의 편지와 함께 15달러(2만 원)를 보내 준 미국의 네브래스카주 세인트폴이란 작은 마을의 미국인 양어머니 에드나 넬슨(Edna Nelson) 여사를 통해 세 겹줄의 영적인 축복을 받았습니다.

그는 이 양어머니의 경제적인 도움으로 계속해서 공부할 수 있었습니다. 그 은혜에 보답하기 위해서라도 열심히 공부하려고 마음먹고 하루에 8시간은 자리에서 일어나지 않고 끈기 있게 공부했지만, 성적은 늘 바닥이었고 심지어 꼴찌의 굴욕까지 맛보았습니다. 그런데 하나님의 영광을 위해 살고자 하는 그에게 하나님께서 지혜와 능력을 부어 주셨습니다. 고등학교가 인문계였는데, 하나님께서 보내주신 아버지 친구 교수님의 권유로 적성에는 맞지 않지만 전망도 좋고 미달이었던 건국대 미생물공학과에 들어갔고, 우연히 갖게 된 교수라는 꿈을 이루기 위해 대학원 졸업 후 박사학위를 취득하러 미국 유학을 떠났습니다.

그런데 학습 능력이 떨어져 처음 들어간 명문 오하이오주립대학원에서 쫓겨나는 등 숱한 고비를 겪어야 했습니다. 저도 미국 유학 시절 석사과정을 공부하면서 박사과정을 응시하는데 얼마나 스트레스를 받았던지, 박사과정을 통과하지 못한 채 한국에 돌아와 교인들 보기가 창피해 꿈속에서 선글라스를 끼고 골목길로 숨어 다닐 때가 있었습니다. 얼마나 스트레스를 받았으면 그런 꿈을 몇 번이나 꾸었겠습니까?

그런데 미국인 양어머니인 에드나 여사가 사랑의 편지를 매월 보내 주는데, 그 마지막 문장은 항상 "God loves you(하나님은 너를 사랑하신다). Trust His love(그분의 사랑을 신뢰해라). I pray for you(나는 널 위해 기도하고 있어)"였습니다. 그렇게 하나님의 뜨거운 사랑을 전해 주었는데, 그것이 늘 다시 그를 일으켜 세워 주는 큰 위로와 힘이 되었다고 합니다. 그 같은 양어머니의 사랑에 힘입어 미국 애리조나대학교에서 미생물 면역학 박사학위를 받고, 늘 꼴찌였던 그의 인생을 향한 하나님의 계획대로 건국대 교수의 꿈을 이루었습니다. 그러다 이러다간 영영 양어머니를 뵐 수 없을 것 같아서 1995년 여름 양어머니를 뵈러 미국으로 떠났습니다.

양어머니를 찾아가 보니, 그녀는 평생을 독신으로 살아온 98세의 할머니셨고, 더구나 평생 비행기 한 번 타보지 못한 가난한 편의점 직원이었습니다. 자신의 삶은 풍요롭지 못했지만 믿음이 부요한 자였던 것입니다. 처음 뵙자마자 아무 말도 못하고 양어머니를 끌어안고 눈물만 흘리다 겨우 입을 열어 "사랑하는 어머니, 진심으로 사랑해요! 그동안 너무 감사했어요!"라고 말했습니다. 그리고 양어머니 집에서 한 주간을 지냈는데, 장로님에게는 어머니를 만나면 꼭 묻고 싶은 질문이 있었습니다. 그래서 "어머니는 어떻게 한 번도 본 적도 없고 연고도 없는 저를 그토록 오랫동안 변함없이 사랑하셨나요?"라고 물었습니다. 양어머니께서는 이렇게 대답하셨습니다. "하나님께서는 우리를 너무나 사랑한 나머지 독생자 예수를 십자가에 못 박게 하심으로 우리를 구원해 주시고 영생을 선물로 주셨단다. 내가 주님께 받은 사랑을 생각하면 너에게 준 사랑은 아직 너무 부족해."

그는 다시 한번 물었습니다. "그래도 한 번도 본 적 없는 저를 어떻게 그토록 오랫동안 사랑해 주실 수 있으셨어요?" "나는 네가 주님이 사랑하는 아들이라는 것과 그의 사랑을 신뢰하라고 알려 주고 싶었단다." 그의 질문은 계속되었습니다. "그 메시지를 어떻게 40여 년간 보내실 수 있었나요?" "주님은 우리에게 주님의 사랑을 보여 주기 위해 2천여 년을 기다리셨지." "그럼 어머니가 경험한 하나님은 어떤 분이신가요?" "하나님은 사랑이시다. 그분은 절대 사랑하는 자녀를 포기하시지 않는 분이란다." "그런데 저는 오하이오주립대학원에서 제적되었을 때 주님이 저를 버리신 줄 알았어요." "나는 네가 그때도 여전히 주님의 사랑을 믿기를 기도했단다." "어머니, 지금 제가 옆에 있어서 좋으세요?" "예수님까지 셋이 함께 있는 것 같구나"라고 대답하시는데, 장로님은 더는 말을 이어 갈 수가 없어서 천사 어머니 앞에서 눈물을 흘리며 주님께 감사할 수밖에 없었다고 합니다.

뒤늦게 알게 된 놀라운 사실은 양어머니의 언니인 헬런 넬슨(Helen Nelson) 여사가 먼저 구제를 시작했고 2년 만에 세상을 떠나자, 그 후로부터 40여 년을 그 동생인 애드나 넬슨 어머니가 구제를 이어 왔다는 것입니다. 그녀는 2001년 104세를 일기로 하늘나라로 갈 때까지 이 거룩한 일을 행하셨다고 합니다.

그래서 그 양아들이 건국대 교수가 되고, 그 후 사회과학에도 관심을 가져 하버드대학교 케네디스쿨에서 행정학 석사학위까지 받고, 아시아·태평양 에이즈학회 회장이 되어 아시아를 대표해 에이즈 퇴치운동을 이끌어 가는 등 하나님의 개입이 아니고서는 상상도 할 수 없는 인생을 살게 된 것입니다.

장로님은 노벨상 수상자인 블럼버그 박사의 도움으로 스탠퍼드대학교와 실리콘 밸리에서 연구 활동을 하면서 세계적 혁신 기업들의 창업과정을 목격하고 한국으로 돌아와 바이오기업 셀트리온을 통해 과학이 상업화되는 과정을 경험했고 자연과학, 사회과학, 인문학을 두루 익힌 21세기형 통합적 인재가 되었습니다. 건국대에서 면역학과 생화학을 가르치면서 미국 메릴랜드대학교에서 미국 정치학도 강의해 왔는데 '올해의 국제 과학자', '건국대학교 우수 강의 교수', '대한민국 창조경영 대상', '대한민국을 이끄는 재계 인물 500인', '자랑스러운 혁신 한국인', '올해의 新한국인 대상', '아시아를 대표하는 올해의 인물', '메릴랜드대학교 글로벌 교수' 등의 상까지 수상했습니다. 미국의 한 무명 신앙인의 일생에 걸친 사랑의 섬김이 놀라운 하나님의 기적의 드라마를 써 내려간 것입니다. 지금은 세계적인 구호 단체인 월드비전의 회장이 되어, 지구상의 2억 명의 어린이들과 그 가족과 지역사회를 도우며 이웃 사랑을 실천하는 하나님의 선한 도구로 계속해서 쓰임 받고 있습니다.

이 얼마나 감사하고 감격스러운 일입니까? 그러므로 우리도 어떠한 인생의 영적 싸움에서도 오직 하나님 사랑과 이웃 사랑의 십자가 복음으로 살아가면, 살아계신 하나님께서 우리의 일생에서 기적적인 승리를 거두게 하실 뿐 아니라, 더욱 의미 있고 복되게 쓰임 받게 하실 줄 분명히 믿으시기 바랍니다.

여러분, 에티오피아를 아십니까? 오늘날 우리 조국의 번영과 한국 교회의 부흥을 볼 때 우리는 에티오피아를 잊을 수가 없습니다. 6·25 참전국 중에 아프리카에서 참전한 나라가 남아프리카공화국과 에티오피아였는데, 당시 에티오피아는 아프리카에서 최초의 기독교국가이자 최강국이어서 국제사회에서도 영향력이 있는 강대국이었고, 국민소득 역시 우리보다 훨씬 높았습니다. 6·25전쟁이 발발하던 당시 유엔이 한국을 도울 것을 강조하며 미국에 압력을 가했던 나라가 에티오피아였는데, 거기에는 역사적인 이유가 있습니다.

1935년 이탈리아가 에티오피아를 침략해 국제사회에 도움을 요청했을 때 아무도 도와주는 나라가 없어서, 당시 셀라시에 황제는 철저한 기독교 신앙으로 결국 자기들만의 힘으로 6년 후인 1941년 이탈리아를 몰아냈습니다. 그러면서 "한 나라가 침략군에 침략을 당하면 다른 나라가 도와주어야 한다"라는 집단안보정신을 내세우게 되었습니다. 그래서 1950년 6·25전쟁이 발발하자 에티오피아 셀라시에 황제는 집단안보를 내세워 유엔이 대한민국을 도울 것을 강조하며 미국에 압박을 가했다고 합니다.

이렇게 유엔의 파병이 결정되자 에티오피아는 황제의 근위병 1개 대대를 보냈는데, 다른 나라의 강제 파병과는 달리 에티오피아는 자원자들이 파병되었고 그 부대가 유명한 '강뉴부대'(Kangnew Battalion)입니다. '강뉴'는 에티오피아 말로 '적을 초전에 격파하다'(초전박살)라는 뜻입니다. 셀라시에 황제는 강뉴부대를 파병하면서 병사들에게 "세계 평화를 위해 침략군을 격파하고, 한반도에 평화와 질서를 확립하고 돌아오라…이길 때까지 싸우고 그렇지 않으면 죽을 때까지 싸워라"고 파병연설을 했다고 합니다. 그리하여 강뉴부대는 1951년 5월 7일 부산에 도착해 1956년 완전히 철수할 때까지 5년 동안 5차례에 걸쳐 6,037명이 파병되었는데, 6·25 참전국의 전투 가운데 유일하게 253전 253승의 불패신화를 이룰 정도로 기드온 300용사와 같은 무적의 부대였습니다. 격렬한 전투 가운데 121명의 전사자와 536명의 부상자를 냈으나 포로가 단 한 명도 없을 정도였습니다. 북한군이나 중공군이나 소련군 입장에서는 밤낮으로 잘 보이지 않으면서도 너무도 용맹스러운 에티오피아 강뉴부대는 공포의 대상이었는데, 그들은 이기든지 죽든지 둘 중 하나만 선택했기 때문입니다. 더 감동적인 것은, 강뉴부대의 참전용사들이 자신의 월급을 에티오피아로 보내지 않고 버려진 전쟁고아들을 위해 부대 안에 '보화원'이라는 고아원을 차려 그들을 돌보았다는 것입니다.

그러나 6·25전쟁을 마치고 자신들의 나라로 돌아가자 큰 불행과 고통이 그들을 기다리고 있었습니다. 7년 동안 비가 한 방울도 내리지 않아 한 해에 100만 명이 굶어 죽어 갔고, 결국 에티오피아는 아프리카에서 가장 가난한 나라가 되고 말았습니다. 이렇게 나라가 가난해지자 1974년 멩기스투가 쿠데타를 일으켜 공산정권을 세우고,

우리나라를 도와주고 방문까지 했던 셀라시에 황제를 죽여 화장실에 매장했습니다. 더 나아가 공산주의를 대항해 싸웠던 6·25 참전용사들을 체포해 감옥에 가두고 죽이며 핍박해, 그들은 이름을 바꾸고 숨어 살았다고 합니다. 계속된 내전과 가뭄에 에티오피아는 세계 최대 빈민국으로 전락하고 말았는데, 특히 6·25 참전용사들은 황실에서 쫓겨나 오지에 숨어서 가난과 질병의 고통 속에서 힘겨운 삶을 살아가고 있습니다.

참전용사 중 아직까지 살아 있는 사람이 있는데, 그들은 지금도 대한민국을 잊지 못하고 6·25전쟁에서 승리한 것을 자랑스럽게 여기면서 멀리 외곽지역인 예카라는 곳에서 한국을 기념하는 '한국마을'(Korean Village)에 살고 있다고 합니다. 참전용사 생존자 270여 명과 사망자 자녀손들 1,500여 명으로 구성되어 있다고 하는데, 연금도 끊기고 직업도 잃고 너무나 가난하게 살아가고 있지만, 다 늙어 기억이 흐려진 가운데서도 6·25전쟁에 참전해 배웠던 〈아리랑〉을 아직까지도 기억하고 있습니다. 그래서 서투른 한국말로 "아리랑 아리랑 아라리요 아리랑 고개를 넘어간다 나를 버리고 가시는 님은 십 리도 못 가서 발병 난다"는 노래를 부르는데, 그만큼 우리 대한민국에 대한 사랑이 아직도 그들의 가슴 속에서 잊히지 않고 있는 것입니다.

이제 그들에게는 어떠한 핍박보다 더 힘든 것이 배고픔입니다. 그렇다면 지난날 그들의 도움으로 멸망의 위기에서 건짐 받은 우리가 그들을 위해 할 수 있는 일이 무엇일까요? 5년 전에 제가 케냐에 가서 보니, 6·25전쟁 후 폐허가 되었던 우리나라와 다를 바가 없어서 눈물이 그렇게 나왔습니다. 우리의 사랑이 담긴 구호헌금 월 3만 원의 후원이 조국의 은인인 에티오피아 땅의 한 어린아이의 일생을 살리고 하나님 나라의 일꾼을 길러 내는 일이라면, 이보다 의미 있고 보람된 일이 어디 있겠습니까? 코로나19로 우리도 어렵게 살아가지만, 코로나19의 직격탄을 맞아 우리보다 더 가난과 질병의 극심한 고통에서 헤어 나오지 못하고 있는 그들의 모습을 보면서 서양 속담이 떠올랐습니다. "A friend indeed is a friend in need"(어려울 때 친구가 참된 친구다).

사랑하는 성도 여러분, 외국에 나가보면 6·25전쟁 참전용사뿐 아니라 그 자녀들 또한 지금도 우리나라를 잊지 못하고 마치 대한민국을 자신들의 고국인 것처럼 반가워하며 눈물을 글썽입니다. 지난날 우리가 6·25전쟁이라는 동족상잔의 비극 속에서도 이렇게 조국의 번영과 한국 교회의 부흥을 보게 된 것은 전적인 하나님의 은혜요, 우리 신앙의 선조들의 희생 덕분이지만, 그 배경에는 우리나라를 뜨겁게 사랑한 자유 우방국가들의 희생과 도움도 분명히 있었음을 결단코 잊어서는 안 됩니다.

오늘날 우리가 이렇게 풍요롭고 자유로운 삶을 누리게 되었는데, 그렇다면 우리는 어떻게 보답하며 살아야 하겠습니까? 하나님의 거룩한 일을 가로막는 어떠한 영적 싸움에서도 결단코 두려워 떨지 말고, 항상 지혜롭게 깨어 있어야 할 뿐 아니라, 궁극적으로 우리 주님과 고통당하는 이웃을 위해 살아야 합니다. 그리할 때 우리가 아무리 부족한 자라 할지라도 어떠한 영적 싸움에서도 하나님께서 주시는 힘으로 능히 승리할 뿐 아니라, 복음에 빚진 자로서 의미 있고 복되게 쓰임 받으며 하나님께 크게 영광 돌리게 될 줄 확실히 믿습니다.

결단의 찬송으로 〈나의 찬미〉를 부르며 결단하겠습니다.

어찌하여야 그 크신 은혜 갚으리
무슨 말로써 그 사랑 참 감사하리요
하늘의 천군 천사라도 나의 마음 모르리라
나 이제 새 소망이 있음은 주님의 은혜라
하나님께 영광 하나님께 영광 하나님께 영광
날 사랑하신 주
그 피로 날 구하사 죄에서 건지셨네
하나님께 영광 날 사랑하신 주
바치리라 모두 나의 일생을 주님께
세상 영광 명예도 갈보리로 돌려보내리
그 피로 날 구하사 죄에서 건지셨네
하나님께 영광 날 사랑하신 주
날 사랑하신 주

저희를 통해 영광 거두길 기뻐하시는 하나님 아버지, 저희의 조국이 71년 전 동족상잔의 비극으로 바람 앞의 등불처럼 쓰러져 갈 때, 하나님께서 저희를 도와준 나라들을 통해 저희를 살려 주시고 오늘에 이르게 해주심을 진심으로 감사드립니다. 이제는 이 영적 싸움에서 결단코 두려워 떨지 않게 해주시옵소서! 항상 지혜롭게 깨어 있게 해주시옵소서! 궁극적으로 우리 주님과 고통당하는 이웃을 위해 살게 해주시옵소서! 그리함으로 우리가 아무리 부족한 자라 할지라도 영적 싸움에 승리하게 해주시옵소서. 오래전 우리가 6·25전쟁으로 멸망해 갈 때 저 멀리 아프리카에서 달려와 우리를 구해 준 에티오피아의 후손들을 위해 후원 헌금을 작정하고자 하오니, 복음에 빚진 자로서 의미 있고 복되게 쓰임 받으며 하나님께 크게 영광 돌리게 해주시옵소서. 하늘의 상과 이 땅의 복으로 저희의 여생과 자손들에게 천 배나 만 배나 갚아 주실 줄 확실히 믿사옵고 예수님의 이름으로 간절히 축복하며 기도하옵나이다. 아멘!

아 하나님의 은혜로

사사기 11장 1-11절

오늘 우리는 한 해 첫 보리 추수를 감사하는 맥추감사주일을 지키면서 우리 치유하는교회 설립 52주년을 맞이했습니다. 하나님의 은혜가 없었다면 우리 개인이나 가정이나 우리 치유하는교회조차 오늘에 이를 수 없었을 것입니다. 본문 말씀에서도 하나님의 은혜가 아니면 결코 하나님으로부터 쓰임 받을 수 없었던 5번째 대사사가 나오는데, 그는 바로 입다입니다. 비천한 출신의 입다가 어떻게 하나님의 은혜로 위대한 사사가 될 수 있었는지 이 시간 하나님의 음성을 들을 수 있길 바랍니다.

우리도 비천한 신분이었음

먼저 본문 1절 말씀을 보겠습니다. "길르앗 사람 입다는 큰 용사였으니 기생이 길르앗에게서 낳은 아들이었고."

당시 이스라엘은 서북쪽에 시돈, 동북쪽에 아람, 동쪽에 암몬, 동남쪽에 모압, 서쪽에 블레셋이 위치해 우상숭배의 시험을 받기 쉬운 환경에 처해 있었습니다. 이스라엘 자손들은 여호와의 목전에 악을 행해 계속 섬겨 왔던 우상인 바알들과 아스다롯 외에, 시돈의 신과 아람, 모압, 암몬, 블레셋 사람들의 신까지 적어도 7가지 이상의 잡신을 섬겨 왔습니다(삿 10:6). 이에 하나님께서는 이스라엘을 18년 동안이나 블레셋과 암몬 자손들의 억압 아래 있게 하셨던 것입니다(삿 10:8). 그러나 하나님께서는 심판 중에도 결코 긍휼을 잊지 않으셔서 이스라엘 자손들을 위해 5번째 대사사로 입다를 세워 주셨습니다.

입다는 기생이 낳은 아들이었습니다. 본처도 아니고 첩도 아니고 기생(매춘부)에게서 난 입다는 태어날 때부터 너무나도 비천한 신분이었습니다. 그럼에도 '입다'라는 이름이 히브리어로 'יִפְתָּח'(이프타흐) 즉 '여는 자' '풀어 주는 자'라는 의미이고, 그의 아버지가 요단 동편의 길르앗 사람 길르앗이었으며, 더욱이 지금까지의 대사사 중에 기드온(삿 6:12)에 이어 두 번째로 '큰 용사'라고 칭함 받은 것은 모두 하나님의 은혜였습니다. '큰 용사'라는 의미로 히브리어 'גִּבּוֹר חַיִל'(깁보르 하일)을 사용한 것은, 그가 '능력이 입증된 전사'라고 할 정도였다는 뜻입니다. 다시 말하면 매춘부의 아들이라는 비천한 출신임에도 하나님께서는 그에게 그 능력이 입증된 큰 용사가 되는 은혜를 베풀어 주셨던 것입니다.

우리도 과거에는 허물과 죄로 죽었던 인생으로 세상 풍조를 따르고 공중의 권세 잡은 사탄을 따르는 본질상 진노의 자녀였습니다(엡 2:1-3). 그런데 에베소서 2장 8절에서 "너희는 그 은혜에 의하여 믿음으로 말미암아 구원을 받았으니 이것은 너희에게서 난 것이 아니요 하나님의 선물이라"고 증거하고 있습니다. 우리는 하나님의 은혜에 의해 죄악과 상처와 질병에 대한 예수님의 대속을 믿음으로 영, 혼,

육의 영원한 구원에 이르게 된 것입니다.

그렇다면 왜 하나님께서 우리를 위해 하나밖에 없는 죄 없으신 아들을 죽여 가면서까지 이 놀라운 구원의 은혜를 베풀어 주셨을까요? 계속해서 에베소서 2장 10절을 보면, "우리는 그가 만드신 바라 그리스도 예수 안에서 선한 일을 위하여 지으심을 받은 자니 이 일은 하나님이 전에 예비하사 우리로 그 가운데서 행하게 하려 하심이니라"고 분명히 증거하고 있습니다. 다시 말하면 예수 그리스도 안에서 선한 일을 하도록 하기 위해 우리를 이 땅에 보내 주셨고, 예수 그리스도로 말미암아 하나님의 자녀로 거듭나게 하시는 은혜를 베풀어 주셨다는 것입니다.

지난 주일에 우리는 6·25기념 특별나눔 감사예배를 드리면서, 코로나19로 다들 어렵고 힘들어서 자신의 신앙을 지키기도 힘든 때이지만, 6·25전쟁 때 우리나라에 기드온 300 용사와 같은 강뉴부대를 보내 준 에티오피아에 대한 은혜를 잊지 말고 굶주림에 죽어 가는 어린이들을 위해 월 3만 원씩 구제의 손길을 펼치자고 했습니다. 그런데 5년 전 케냐의 1천 명의 이민자들을 돕는 일에 이어, 이번에 에티오피아의 굶주린 어린이들을 돕는 일에도 230여 명의 성도가 동참해 너무도 감사하고 감격했습니다. 이것이 우리의 구제 사역 같아도 실제로는 하나님의 말씀대로 행함으로 복을 받는 일입니다.

미국 네브래스카주의 세인트폴, 그 조그만 시골의 편의점 점원으로 평생 비행기 한 번 타보지 못했던 그 가난한 에드나 넬슨 할머니가, 104세로 세상을 떠나시기 전까지 45년 동안이나 매달 사랑의 편지와 함께 15불(2만 원)을 보내 주심으로써, 전 세계 2억 명의 어린이들과 그 가정과 지역사회를 돕는 세계적인 구호단체 월드비전의 회장 조명환 장로님이 있을 수 있었습니다. 마찬가지로 우리가 기드온

300 용사와 같은 강뉴부대를 보내 준 에티오피아의 은혜에 감사하면서 300명의 굶주린 어린이를 하나님 나라의 일꾼으로 길러 낼 수 있다면 이보다 의미 있고 보람되고 복된 일이 어디 있겠습니까? 그러면 우리도 에드나 넬슨 할머니처럼 하나님의 은혜로 더욱 건강하게 장수하며 복된 여생을 살아가게 될 것입니다. 저도 지금까지 10명의 아프리카와 동남아시아의 불쌍한 아이들을 도와왔지만, 이번에 에티오피아 3명의 굶주린 아이를 또다시 돕게 되었습니다.

지난 수요일에는 미국 뉴햄프셔주의 한 레스토랑을 찾은 한 그리스도인 손님이 음식을 먹고 엄청난 액수의 팁을 남겨 화제가 되었습니다. 신상이 알려지지 않은 이 손님은 뉴햄프셔주 런던데리에 있는 한 가게에 가족들과 함께 식사하러 와서 핫도그 2개, 피클 칩 튀김과 음료수 등의 음식을 먹은 후, 음식 값 37달러(약 4만 원) 외에 1만 6,000달러(약 1,800만 원)를 팁으로 내겠다고 계산서에 적었습니다. 식당 주인인 마이크 자렐라는 계산서를 보고 그 손님이 실수로 '0'을 두 개나 더 쓴 줄 알고, 식당 직원을 통해 계산서에 적힌 팁 액수가 잘못된 것이 아닌지 물었더니, 그 손님은 실수가 아니라고 말했습니다. 자렐라의 말에 따르면, 그 손님은 그 돈을 한 번에 다 쓰지 말라고 세 번을 말했으며, "코로나19로 어려운 가운데서도 열심히 일하는 당신들은 이만한 돈을 받을 자격이 있다"고 하더랍니다. 그리고서 그들이 고생하는 모습에 큰 감동을 받아 그렇게 했다는 것입니다.

식당 직원인 마이클 맥커든은 "이 일을 한 지 오래 됐는데 이런 일이 일어날 줄은 꿈에도 생각하지 못했다"며 "우리 모두 이렇게 관대하게 팁을 준 손님의 친절에 진심으로 감사하게 생각하고 있다"고 말했습니다. 그리고 "작년에 팬데믹 당시 11만 개 이상의 식당이 문을 닫게 돼 종사자들이 무척 힘들었는데 이번 사건으로 사람들의 사랑을 다시금 느낄 수 있었다"고 덧붙였습니다. 그래서 손님이 남기고 간 1만 6,000달러는 식당 홀과 주방의 직원 30명이 나눠 갖기로 했다는 것입니다.

이 얼마나 멋진 그리스도인입니까? 우리는 어차피 빈손으로 이 땅에 왔다 빈손으로 떠나갈 인생들인데, 대부분의 교인이 하나님께서 자신에게 주신 축복을 주님과 고통당하는 이웃을 위해 사용하지 못하고 움켜쥐고만 살다, 어느 날 갑자기 하나님의 부르심을 받아 세상을 떠나고 맙니다. 그런 사람이 하나님의 심판대 앞에 서게 되면 어떤 일이 벌어지는지는 마태복음 25장 26, 30절이 분명히 경고하고 있습니다. "악하고 게으른 종아 나는 심지 않은 데서 거두고 헤치지 않은 데서 모으는 줄로 네가 알았느냐…이 무익한 종을 바깥 어두운 데로 내쫓으라 거기서 슬피 울며 이를 갈리라."

반면 우리가 아무리 어렵고 힘들게 살아도 물질이 풍요로워서가 아니라 늘 감사하고 행복해하며 주님과 고통당하는 이웃을 위한 작은 일에 충성을 다하면 마태복음 25장 21, 23절에 기록된 대로 칭찬과 영광과 존귀를 누리게 됩니다. "잘하였도다 착하고 충성된 종아 네가 적은 일에 충성하였으매 내가 많은 것을 네게 맡기리니 네 주인의 즐거움에 참여할지어다." 우리는 모두 과거에 죄로 인해 영원히 멸망당할 죄인이라는 비천한 신분이었지만, 이제 하나님의 크신 십자가의 은혜로 하나님의 자녀가 되었습니다. 하나님께서 기뻐하시는 선한 일을 행하면 하나님 아버지께는 영광이요, 우리에게는 하늘의 상과 이 땅의 복으로 천 배나 만 배나 갚아 주실 줄 확실히 믿으시기 바랍니다.

우리도 하나님의 기업을 이을 수 없었음

계속해서 본문 2절 말씀을 보겠습니다. "길르앗의 아내도 그의 아들들을 낳았더라 그 아내의 아들들이 자라매 입다를 쫓아내며 그에게 이르되 너는 다른 여인의 자식이니 우리 아버지의 집에서 기업을 잇지 못하리라 한지라."

입다의 아버지는 본부인이 있었고, 또 그에 따른 아들들이 있었습니다. 그 아들들이 아버지가 매춘부에게서 낳은 아들인 입다를 집에서 쫓아내면서 "너는 다른 여인의 자식이니 우리 아버지의 집에서 기업을 잇지 못하리라"고 말합니다. 여기서 '기업을 잇다'라는 단어는 히브리어로 'תִנְחַל'(티느할)인데, 이는 유산을 상속받는다는 의미입니다. 즉, 입다는 아버지로부터 어떠한 축복도 이어 받을 수 없었던 것입니다. 그러나 결과적으로 아버지 본처의 자녀들은 이름도 없이 사라졌지만, 입다는 성경에 그 이름이 기록되는 하나님의 큰 축복을 누리게 됩니다.

우리도 멸망당할 수밖에 없는 죄인이었으니 어떻게 하나님의 기업을 이어 받을 수 있었겠습니까? 그러나 에베소서 3장 6절에서 "이는 이방인들이 복음으로 말미암아 그리스도 예수 안에서 함께 상속자가 되고 함께 지체가 되고 함께 약속에 참여하는 자가 됨이라"고 분명히 약속하시지 않습니까? 하나님께서 이방인이었던 우리를 복음으로 말미암아 예수 그리스도 안에서 함께 하나님의 상속자가 되고, 함께 교회의 지체가 되고, 함께 하나님의 축복의 약속에 참여하는 자가 되게 하신 것입니다. 하나님을 사랑하는 자들에게 이 땅에 사는 동안에도 복되게 살도록 하시고, 더 나아가 약속하신 영원한 천국을 상속받게 하셨습니다. 그러니 이것이 세상의 부귀나 명예나 향락, 그 무엇보다도 큰 하나님의 축복의 유산이라는 것입니다. 하나님께서 우리에게 은혜를 베푸시지 않고, 축복을 내려 주시지 않아서 우리가 복되게 살지 못하는 것이 아닙니다. 모든 하나님의 복을 감사하며 믿음으로 받아들이지 않으니, 이 복이 더는 우리에게 축복이 되지 못해 평생 스스로 불행과 고통 가운데 살아가는 것입니다.

저와 함께 시카고신학대학원에서 공부하고 후에 장로회신학대학교 교수와 영남신학대학교 총장을 지낸 오규훈 목사님이 쓴 《감사의 7가지 언어》라는 책이 있습니다. 연세대학교 경영학과에 다니다 대학 4학년 때 주님을 만나고 극적으로 회심한 체험이 확실했기에 늘 마음속에 살아계신 주님에 대한 열정을 품고 살아 온 그는, 인생에서 가장 큰 회한은 안타깝게도 감사가 부족했다는 것이라고 말합니다. 그는 이 책을 통해 성령 충만한 창조신앙의 DNA로 감사를 꼽으면서, 우리가 매일 실천해야 할 감사의 7가지 언어를 소개하고 있습니다. 첫째, (하나님께서) 모든 것을 주셨습니다. 둘째, 지금 모든 것이 충분합니다. 셋째, 철저히 (주님만) 따르겠습니다. 넷째, (죄악된 것은) 깨끗이 씻어 버리겠습니다. 다섯째, (어떠한 원수라도) 모두 받아들이겠습니다. 여섯째, (어떠한 고난 속에서도) 다시 시작하겠습니다. 일곱째, 모든 감사는 오직 하나님께 (돌리겠습니다). 날마다 이 7가지 감사만 잊지 않고 고백하며 살아도, 얼마나 천국의 축복과 행복을 누리는 삶이 되겠습니까?

목회를 하면서 보면 유복한 가정에서 태어나고, 많이 배우고, 높은 지위에 오르고, 부귀를 얻고도 이 소중한 감사를 잃어버린 믿음이 가난한 자들이 얼마나 많은지 모릅니다. 그리하여 스스로 불행과 고통에서 헤어 나오지를 못합니다. 그래서 '생각하다라'는 뜻의 영어 단어 'think'와 '감사하다'라는 뜻의 'thank'가 같은 어원이라고 하지 않습니까? 우리의 모든 삶을 깊이 생각해 보면 감사하지 않을 수 없고, 감사하면 행복하지 않을 수 없는 것입니다.

한 교인이 하나님께 오랫동안 간절히 기도했더니 드디어 하나님께서 응답하셨습니다. "너의 소원이 무엇이냐? 세 가지만 들어 주마." 이 교인이 기뻐하면서 어떤 소원을 아뢸지 생각하다, 평소 아내의 잔소리가 얼마나 싫었던지 첫 번째 소원으로 "지금 마누라를 불러 가시고 새 마누라를 주세요!"라고 기도했더니, 그 소원대로 하나님이 아내를 데려가셨습니다. 그런데 장례식에 뜻밖의 많은 문상객이 찾아와 "아이고, 너무나 훌륭한 분이 돌아가셨네요! 다른 사람 몰래 좋은 일 많이 하셨는데. 그렇게 착하신 분이 죽었으니 참으로 안타깝네요!"라고 이구동성으로 죽은 아내를 칭찬했습니다.

문상객들이 하는 말을 들으면서 곰곰이 생각해 보다 아내가 참으로 좋은 사람이었다는 것을 깨닫게 된 남편이 다시 기도를 했습니다. "하나님 아버지, 제 마누라를 살려 주세요!" 간절히 눈물로 애원했더니 하나님께서 불쌍히 여기시고 다시 살려 주셔서 두 번째 소원까지 써버렸습니다. '이제는 구할 수 있는 소원이 하나밖에 안 남았는데 무엇을 구할까?' 아무리 생각해도 가장 좋은 소원이 생각나지 않아서 하나님께 물었습니다. "하나님 아버지, 저에게 무엇이 가장 필요한지 가르쳐 주십시오!" 그러자 하나님께서 이렇게 말씀하셨다고 합니다. "지금까지 네가 받은 은혜를 감사하는 마음을 달라고 기도해라! 그러면 내가 너의 소원을 이루어 주겠다." 그래서 세 번째는 그렇게 기도했습니다. "하나님 아버지, 지금 저의 모든 것이 감사합니다." 그렇게 세 가지 소원을 다 써버리고 평생 그토록 지겨워하던 마누라와 함께 살았다고 합니다.

유대인들의 구전율법 중 지혜서인 《탈무드》에 이런 말씀이 있습니다. "세상에서 가장 지혜로운 사람은 항상 남에게서 배우는 사람이요, 세상에서 가장 강한 사람은 자기 자신을 이기는 사람이요, 세상에서 가장 행복한 사람은 모든 일에 감사하는 사람이다." 어제 저녁 TV조선 뉴스에서도 나왔는데, 세계 10위 경제대국인 우리나라가 국가행복지수 순위에서 OECD(경제협력개발기구) 37개국 가운데 35위를 차지했다고 합니다. 그 이유는 감사가 너무 메말라 있기 때문이라는 것입니다.

예수 믿는다는 교인들까지도 감사와 사랑의 고백보다 불평과 비방의 험담이 훨씬 많습니다. 우리가 인생을 진정으로 행복하게 살아가려면, 이 시간부터 평생 나를 낳아 주시고 길러 주신 부모님께 감사하고, IMF 때보다 더 어려운 코로나19의 위기 속에서도 고생하는 남편으로 인해 감사하고, 갖가지 불행과 고통 속에서도 끝까지 인내하며 가정을 지켜준 아내로 인해 감사해야 합니다. 또 가정과 학교와 직장이라는 3중고에 시달리고 있는 자녀들로 인해서도 감사하고, 지금까지의 가정이나 직장이나 하나님의 교회에서의 모든 신앙생활에 감사하시기 바랍니다. 이처럼 우리가 세상적으로는 이을 기업이 없었지만, 영적으로는 하나님의 크신 은혜로 믿음의 축복의 상속자가 되었음을 잊지 않고 이 땅에 사는 동안 감사하며 살아갈 때, 남은 인생을 천국의 축복과 행복 속에서 살게 될 뿐 아니라, 영원한 천국을 하나님이 주시는 기업으로 이어 받게 될 줄 확실히 믿습니다.

우리도 버림받은 인생이었음

마지막으로 본문 3절 말씀을 보겠습니다. "이에 입다가 그의 형제들을 피하여 돕 땅에 거주하매 잡류가 그에게로 모여 와서 그와 함께 출입하였더라."

입다가 이복형제들로부터 쫓겨나올 때 아버지가 붙잡았다는 기록은 없습니다. 한마디로 부모 형제로부터 버림받은 인생이었던 그는 이복형제들을 피해 먹고 살기 위해, 길르앗에서 동북쪽으로 약 24킬로미터 떨어진 아람(시리아)의 '돕 땅' 즉 히브리어로 '**בְּאֶרֶץ טוֹב**'(뻬에레츠 토브)인 기름진 땅으로 찾아갔습니다. 그러나 그 땅은 비록 비옥해도 어디까지나 이방 땅이었습니다. 여기서 '잡류'는 히브리어로 '**אֲנָשִׁים רֵיקִים**'(아나킴 레킴)으로 '온갖 부류의 가치 없는 자들'이란 뜻인데, 쉽게 말하면 온갖 부류의 별 볼 일 없는 버림받은 자들이 몰려와서 함께 살았다는 것입니다. 그러나 이방 땅에서도 입다는 유대인으로서 소외감을 느끼며 살아야 했을 것입니다.

그런데 암몬 사람들이 이스라엘을 치려 하자 길르앗의 장로들이 돕 땅으로 찾아와 입다에게 자신들의 군대 장관이 되어 주길 요청합니다. 그때 입다의 상처가 아직 치유되지 않았다면, "나를 버릴 때는 언제고, 이제 와서 아쉬우니까 나를 찾아?" 하고 거절해 버렸을 것입니다. 그러나 그가 하나님의 사람으로 치유 받았기 때문에 길르앗 사람들의 과거를 다 용서하고, 결국 하나님의 은혜로 그는 이스라엘의 제5대 대사사가 되었습니다. 입다는 먼저 암몬과 요단 동부의 소유권을 놓고 협상하다 그것이 결렬되자 암몬으로 쳐들어가 결국 대승리를 거두고 돌아왔습니다.

그는 암몬 자손들을 이기고 돌아올 때 "암몬 자손을 내 손에 넘겨주시면 내가 암몬 자손에게서 평안히 돌아올 때에 누구든지 내 집 문에서 나와서 나를 영접하는 그는 여호와께 돌릴 것이니 내가 그를 번제물로 드리겠나이다"(삿 11:30-31)라는 하나님과의 약속을 지키기 위해 자신의 외동딸을 하나님께 바치게 됩니다(삿 11:34-40).

그런데 바로 이 말씀에 대한 전통적인 성경 해석에 대해 저는 오늘 새로운 복음적 해석을 전하고 싶습니다. 입다가 그의 딸을 번제물로 드렸다고 하는데, 원어 성경에 보면 그 딸을 죽여서 드렸다는 언급이 전혀 없다는 것입니다. 특히 이 모든 사실을 알게 된 입다의 딸이 아버지에게 "나의 처녀로 죽음을 인하여 애곡하겠나이다"(삿 11:37)라고 말하는데, 여기서 사용된 히브리어 '뻬툴라이'라는 단어는 '나의 처녀로 죽음'이란 의미가 아니라 '나의 처녀 됨'이라는 뜻입니다. 고대 근동에서 여성의 최대 행복은 결혼해 자녀를 낳고 행복하게 사는 것이기에, 이는 처녀로 평생을 혼자 산다는 것이 슬퍼 애곡한다는 의미인 것입니다. 다시 말하면 실제로 딸을 죽여 번제로 바쳤다는 의미가 아니라는 것입니다.

그 근거가 되는 또 다른 성구는 신명기 12장 31절입니다. "네 하나님 여호와께는 네가 그와 같이 행하지 못할 것이라 그들은 여호와께서 꺼리시며 가증히 여기시는 일을 그들의 신들에게 행하여 심지어 자기들의 자녀를 불살라 그들의 신들에게 드렸느니라." 즉, 하나님께서는 자녀를 죽여 바치는 이방종교를 가증히 여기시기 때문입니다.

그렇다면 입다가 딸을 하나님께 바치겠다고 한 서원은 어떻게 되었을까요? 레위기 27장 2절에서 "이스라엘 자손에게 말하여 이르라 만일 어떤 사람이 사람의 값을 여호와께 드리기로 분명히 서원하였으면 너는 그 값을 정할지니"라고 말씀하고 있듯이, 하나님께서는 우리가 언제든지 희생 제물을 대신해 번제로 바칠 수 있는 길을 열어 놓으셨습니다. 그래서 아브라함이 이삭을 번제물로 드리려 할 때도 하나님께서 이삭을 죽이게 하지 않으시고 이삭 대신 숫양을 준비하셨던 것입니다. 우리가 자녀를 하나님께 바치는 서원기도를 할 때 자녀를 죽여서 바치지 않고 일생토록 주의 종으로 헌신하게 하듯이, 입다도 그 딸을 동물을 드릴 때처럼 피를 흘리고 완전히 불태워 드린 것이 아니라, 평생 성막에서 하나님께 헌신하고 수종 들게 한 것으로 보입니다. 그만큼 입다는 비록 사람들에게서는 버림받은 인생이었지만, 하나님의 크신 사랑을 체험하고 치유 받음으로 하나님과의 약속을 철저히 지킨 믿음의 사람이었다는 것입니다.

그런데 엎친 데 덮친 격으로 요셉의 둘째 아들로 야곱의 오른손 축복을 받았던 에브라임 지파가 특권의식을 가지고 교만에 빠져, 기드온 사사 때도 미디안과 싸우러 갈 때 자기들을 안 불렀다며 시비를 걸더니(삿 8:1-3), 이번에는 입다에게 시비를 걸어왔습니다. 그러나 입다가 에브라임과 싸워 크게 승리를 거둡니다(삿 12:1-7). 이처럼 입다는 부모 형제로부터 버림받은 가장 견디기 어려운 불행과 고통의 삶까지도 하나님의 은혜로 다 이겨 내고, 비록 6년의 짧은 세월이지만 이스라엘의 대사사로 이스라엘 백성에게 영적인 큰 감동을 주며 이끌다 하나님의 부르심을 받게 됩니다.

우리도 하나님의 은혜로 하나님의 자녀가 되고 믿음의 상속자가 되었지만, 이 땅에서 살아가면서 때로는 부모님에게서 버림당하고, 형제들로부터 버림당하고, 친구들로부터 버림당하고, 첫사랑으로부터 버림당하고, 그토록 믿었던 남편(아내)에게서 버림당하고, 심지어 자식들에게까지 버림당하기도 합니다. 인생을 살아오면서 누구나 한 번 이상을 겪는 아픔입니다. 그토록 믿고 의지하며 사랑했던 사람들로부터 버림받는 상처는 세상의 어떠한 고통과도 비교할 수 없습니다. 그런 일을 겪으면, "나는 모든 사람에게서 버려져 혼자다. 세상에는 아무도 날 사랑하는 사람이 없다. 내 형편을 이해하는 사람도 없다. 내 마음을 알아주는 사람도 없다. 이렇게 외롭고 힘들고 고통스럽고 불행하게 희망 없이 사느니 차라리 죽음으로 모든 것을 끝내자" 하며 거침없이 스스로 목숨을 끊어 버리는 경우도 생깁니다.

지난 22일에도 경기도 성남시에서 하굣길에 실종되었던 고3 학생이 일주일 만인 지난 월요일에 발견되었습니다. 타살을 의심할 만한 외상은 확인되지 않았고 극단적 선택을 한 것으로 보입니다. 물론 스스로 극단적 선택을 할 수밖에 없었던 가슴 아픈 사연이 있었겠지만, 그렇게 키도 크고 인물도 좋고 성품도 좋아 보이는 그런 아들이 그처럼 목숨을 끊어 버리면 평생토록 그 부모의 가슴에 얼마나 고통스러운 큰 못이 박히는 것이겠습니까? 오늘날 이런 사람이 이 고3 학생 한 명뿐이겠습니까? 우리 자녀들의 1/3 정도가 우울증을 앓고 있는데, 식욕부진이나 가슴 두근거림, 청소년기의 우울증은 가면성 우울증(Masked Depression)이라고 해서 주로 피곤함 등으로 나타나고, 때로는 반항이나 폭력으로도 터져 나옵니다. 이들은 언제 폭발할지 모르는 시한폭탄과 같다는 것을 결코 잊어서는 안 됩니다. 이처럼 우울증은 남녀노소 구분이 없어서, 삶에 지치고 힘든 이라면 누구에게나 찾아오는 '문화감기'(Culture Influenza)라고 하지 않습니까? 우리가 사랑의 복음으로 치유해 주고 회복시키지 않으면 그들은 언제든지 자살 충동을 느끼고 극단적 행동을 할 수 있습니다.

지난 화요일 낮 1시경 서울 서초구 한 빌딩 앞에서 김재윤 전 국회의원이 숨져 있는 것을 지나가는 사람이 발견했는데, 타살 혐의점이 없는 것으로 보아 극단적 선택을 한 듯합니다. 김 전 의원은 제주 서귀포 출신으로 3선 의원이었는데, 2015년 서울종합예술실용학교 이사장에게 학교 이름을 바꿀 수 있도록 법 개정을 해달라는 청탁을 받고 5,400만 원가량의 뇌물을 받은 혐의로 의원직을 잃었습니다. 지난 6년 동안 사립대학교 교수로 있으면서도 고통 속에서 방황하다 결국 스스로 목숨을 끊었으니 얼마나 가슴 아픈 일입니까? 우리나라는 매년 자살자가 늘어, 2019년에만 해도 한 해에 13,799명, 즉 매일 37.8명이 자살로 세상을 떠났습니다.

그런데 하나님 아버지께서는 이렇게 배신의 상처로 고통과 불행의 눈물을 흘리며 몸부림치는 우리를 위해 시편 27편 10절 다윗의 고백을 통해 분명히 약속하십니다. “내 부모는 나를 버렸으나 여호와는 나를 영접하시리이다.” 여러분, 세상에 자식 버리는 부모가 어디 있겠습니까? 그럼에도 부모를 비롯해 사람은 그 누구도 우리에게 진정한 만족도 줄 수 없고, 위로도 줄 수 없고, 행복도 안겨다 줄 수 없고, 언젠가는 결국 우리 곁을 떠나갑니다. 그러나 우리의 죄악과 상처와 질병을 대신해 죄 없으신 아들을 십자가에서 죽게 하신 하나님 아버지께서는 변함없이 우리를 사랑하시고, 죽기까지 우리를 사랑하시고, 끝까지 우리를 사랑하십니다. 그러므로 우리는 하나님 아버지의 십자가의 크신 사랑을 뜨겁게 체험하고, 날마다 순간마다 그 사랑을 가슴 속 깊이 느끼며 살아가야 합니다.

그리할 때 우리는 어떠한 배신의 상처도 치유 받고, 오히려 그들을 불쌍히 여기고 용서하고 끝까지 사랑하면서 주님 안에서 삶의 행복과 축복을 새롭게 발견하게 됩니다. 또 어떠한 우울증도 다 이겨 내고 진정으로 주님의 위로와 평강과 축복 속에 인생을 살아가게 됩니다. 그러므로 세상 모든 사람으로부터 버림받았다 할지라도, 주님의 십자가를 통해 나타난 하나님 아버지의 사랑이 우리를 변함없이 위로해 주시고, 끝까지 새 힘을 주시고, 어떠한 배신의 상처조차도 다 이겨 내게 하실 줄 확실히 믿으시기 바랍니다.

지나온 삶을 돌이켜 보면, 우리가 지금까지 살아온 것도 하나님의 은혜이고, 우리의 가정을 지켜온 것도 하나님의 은혜이고, 심지어 하나님의 교회를 지켜주신 것도 하나님의 은혜입니다. 제가 21년 전 우리 치유하는교회의 전신인 화곡동교회에 부임할 때만 해도 얼마나 힘들었습니까? 주의 종에게 욕설을 퍼붓는 교인들도 있었고, 달려드는 교인들도 있었고, 심지어 고소까지 하는 교인들도 있었습니다. 이 중에서도 고소가 가장 고통스러웠습니다. 제가 당하는 어떠한 아픔 때문이라기보다 불신 경찰관의 수사를 받고, 불신 검사나 검찰수사관 앞에서 심문을 당하고, 심지어 불신 재판관과 재판하러 온 사람들 앞에서 교회의 이름을 언급하며 하나님의 영광을 가리는 일이었기 때문입니다. 그런데도 계속해서 10년 동안 54건이나 고소를 해오니, 하는 수 없이 끌려 다닐 수밖에 없었습니다.

그러던 어느 날 부목사님들과 다과를 나누는데, 지금은 제주 영락교회를 담임하고 있는 심상철 목사님이 그럽니다. "형님이 왜 그렇게 고소를 많이 당하는지 그 이유를 오늘 알았습니다!" 그래서 그 이유가 뭔지 물었더니, "아까부터 보니까 형님이 좋아하는 과자가 있던데 그걸 끊어야겠습니다!" 그러는 겁니다. 그래서 "아니, 내가 무슨 과자를 그렇게 좋아하던가?" 하고 물으니 "아까부터 보니까 '고소미'를 너무 좋아하시네요. '고소 미'(Accuse me, 나를 고소하라) 하라는데 그 사람들이 고소를 안 하겠습니까? 그러니까 당장 '고소미'를 끊으세요!" 하는 겁니다. 저는 그날로 그렇게 좋아하던 과자 '고소미'를 끊었습니다. 그런데 정말로 고소미를 끊은 뒤부터 고소가 뜸해졌습니다. 그래서 주의 종의 말은 농담이라도 귀 기울여 들어야겠다고 생각했습니다. 혹시 우리 가운데 자주 고소당하시는 분이 있으면 오늘로 '고소미'를 끊으십시오!

그런데 그렇게 3년여 매주 경찰, 검찰, 법원, 노회 재판국, 총회 재판국에 끌려 다니다 보니 언제부터인가 가슴을 바늘로 콕콕 찌르는 듯한 통증이 느껴졌습니다. 그때는 '내가 스트레스를 많이 받아서 그러는 모양이다!' 하고 생각하고, 늘 가슴을 끌어안고 "하나님, 가슴이 너무 아파요! 제 가슴 좀 낫게 해주세요!" 하고 기도했습니다.

그러던 어느 날 새벽기도를 마치고 목양실에 들어와 성경을 읽고 있는데 갑자기 심장이 굳는 듯하더니 숨이 안 쉬어졌습니다. 갑작스러운 일이라 너무나 당황스러워 집이나 119로 연락할 생각도 못 하고 어떻게 해서든지 살아야겠다는 마음만 앞섰습니다. 우선 목양실 의자 뒤쪽 커튼을 젖히고 창문을 열어 그 난관에 엎드렸습니다. 숨이 안 쉬어지니 말로는 못 하고 영으로 주님만 바라보면서 기도하는데, 45세의 젊은 나이에 그동안 뼈 빠지게 고생만 하다 고생한 보람도 없이 이렇게 인생을 마친다고 생각하니 얼마나 서러움의 눈물이 쏟아졌는지 모릅니다.

"하나님 아버지, 하나님께서 저를 불러 가시길 원하신다면 저는 언제든지 떠날 준비가 되어 있습니다. 그러나 제가 여기서 죽게 되면 저 불의한 자들이 얼마나 좋아하겠습니까? 하나님의 교회는 어떻게 하시려고 그러십니까? 저 불쌍한 양 떼들을 어떻게 하시려고 그러십니까? 그러니 저 불쌍한 양 떼들을 위해서라도 저 좀 살려 주십시오!" 하고 눈물을 흘리며 영으로 기도하는데 눈물이 하염없이 흘러내렸습니다. 마지막 호흡이 다 꺼져 갈 때쯤, 상한 갈대를 꺾지 않으시며 꺼져 가는 심지를 끄지 않으신다는 하나님의 말씀처럼 '푸우~' 하면서 숨통이 트였습니다. 그래서 살아나자마자 주님 앞에 엎드려 "하나님 아버지, 감사합니다! 하나님 아버지, 감사합니다! 부족한 종을 살려 주시니 감사합니다! 주님께서 부족한 종을 또다시 살려 주셨으니 죽도록 충성을 다하겠습니다!" 하고 기도하는데 또 눈물이 하염없이 흘러내렸습니다.

그다음 주일에 마침 사순절이 시작되어서 임시당회를 열고 40일 휴가를 요청했습니다. 연동교회 수양관에 들어가 20일 금식하면서 하나님으로부터 심장병을 다 치료받고, 20일간 보호식을 하고 돌아왔습니다. 그리고 계속해서 목숨 걸고 목회를 하는데, 그 뒤부터 교회 문제가 성령님의 역사 속에서 해결되기 시작했고, 저도 이렇게 하나님의 은혜로 기적적으로 건강하게 살아나서 여러분 앞에 서서 지난날을 증거하고 있습니다.

그러나 어디 저만 고생했겠습니까? 여러분들이 주의 종과 함께 십자가를 나눠 지지 않았다면 저 혼자 어떻게 이겨 냈겠습니까? 수많은 상처의 고통과 불행 속에서도 주의 종을 끝까지 신뢰하고 함께 십자가를 지고 지금까지 하나님의 교회를 지켜 준 것에 대해 진심으로 감사합니다. 그래서 우리 치유하는교회가 깨어지거나 흩어지거나 무너지지 않았고, 이렇게 코로나19의 위기 속에서 교회 문을 닫게 하려는 안팎의 환난과 핍박에도 다시 일어나게 된 것 또한 다 여러분이 끝까지 합심합력 해준 덕분입니다. 정말 돌이켜 보면 우리가 하나님의 교회를 지금까지 지켜 올 수 있었던 것은 하나님의 기적적인 은혜였습니다.

사랑하는 성도 여러분, 이 모든 하나님의 은혜가 저와 우리 치유하는교회에만 임했겠습니까? 지금까지 우리가 살아 온 생애와 지난 한 해만 돌이켜 보아도, 우리 모두가 비천한 죄인 출신이기에 하나님의 기업을 이을 수 없었고, 사랑했던 사람들로부터 버림받을 때도 많았기에 모든 순간 하나님의 은혜가 아니고는 살 수가 없었습니다. 그러므로 오직 하나님의 은혜로 오늘에 이르게 된 것을 감사하고 감격하면서 새로운 기회로 허락해 주신 남은 인생을 결단해야 합니다. 믿음으로 맡겨 주신 사명에 충성을 다할 때, 우리가 더욱 의미 있고 보람되고 복된 인생으로 주님께 영광 돌리며 살아가게 될 줄 확실히 믿습니다.

결단의 찬송으로 〈은혜 아니면〉을 부르면서 믿음으로 결단하겠습니다.

어둠 속 헤매이던 내 영혼
갈 길 몰라 방황할 때에
주의 십자가 영광의 그 빛이
나를 향해 비추어 주셨네
주홍빛보다 더 붉은 내 죄
그리스도의 피로 씻기어
완전한 사랑 주님의 은혜로
새 생명 주께 얻었네
은혜 아니면 나 서지 못하네
십자가의 그 사랑 능력 아니면
나 서지 못하네
은혜 아니면 나 서지 못하네
놀라운 사랑 그 은혜 아니면
나 서지 못하네
나의 노력과 의지가 아닌
오직 주님의 그 뜻 안에서
의로운 자라 내게 말씀하셨네
완전하신 그 은혜로

은혜 아니면 나 서지 못하네
십자가의 그 사랑 능력 아니면
나 서지 못하네
은혜 아니면 나 서지 못하네
완전한 사랑 그 은혜 아니면
나 서지 못하네
이제 나 사는 것 아니요
오직 예수 내 안에 살아 계시니
나의 능력 아닌 주의 능력으로
이제 주와 함께 살리라
오직 은혜로 나 살아가리라
십자가의 그 사랑
주의 능력으로 나는 서리라
주의 은혜로 나 살아가리라
십자가 사랑 그 능력으로
나 살리라 주 은혜로 나 살리라

은혜가 한량없으신 하나님 아버지, 저희는 비천한 신분 출신이었고, 하나님의 기업을 이을 수도 없었고, 버림받은 인생들로서 영원히 멸망당할 수밖에 없었는데도, 하나님의 은혜로 오늘까지 살아있게 해주시고, 믿음을 지키게 해주시고, 주님의 사명을 감당케 해주셨으니 진심으로 감사하옵나이다. 더욱이 이 어려운 코로나19의 위기 속에서도 저희의 가정을 지켜주심을 감사하옵나이다. 저희 치유하는교회도 기적적으로 지켜주심을 감사하옵나이다. 이 모든 것이 하나님의 은혜인 줄 믿습니다. 저희의 남은 생애도 그 크신 하나님의 은혜에 감격하면서 끝까지 신앙을 지키고, 맡겨진 사명에 충성을 다하며, 하나님께만 영광 돌리며 살게 해주시옵소서! 믿사옵고 예수님의 이름으로 간절히 축복하며 기도하옵나이다. 아멘!

이렇게 행복을 회복하라

사사기 13장 1-8절

사사기는 이스라엘 백성이 족장시대를 마치고 왕정시대에 이르기 전 약 300년(주전 1380~1050)의 역사를 담고 있습니다. 우리는 5월 가정의 달, 둘이 하나 되어 행복을 이루는 21일 부부의 날을 앞두고 오늘을 부부주일로 지키고 있습니다. 이에 어느 부부를 다룰 것인가 기도하는 가운데, 사사기에 등장하는 신앙의 축복과 행복의 모범이 되는 마노아 부부에 뜨겁게 감동이 되었습니다. '선물'이라는 뜻의 마노아는 예루살렘 서쪽으로 27킬로미터 떨어진 소라 땅에 살던 단 지파의 사람이었습니다. 그의 아들이 이스라엘의 마지막 사사요, 사사기에서 가장 긴 서사를 차지하고 있는 사사로 '태양'이라는 뜻의 삼손입니다. 삼손의 어머니는 불행하게도 본래 임신하지 못해 마노아 부부에게는 자녀가 없었습니다. 그럼에도 마노아 부부가 어떻게 불행의 위기를 극복하고 행복을 회복하며 삼손이라는 위대한 사사를 얻는 축복을 누릴 수 있었는지, 이 시간 하나님의 음성을 들을 수 있길 바랍니다.

아내가 먼저 영적인 체험을 해야 함

먼저 본문 3절 말씀을 보겠습니다. "여호와의 사자가 그 여인에게 나타나서 그에게 이르시되 보라 네가 본래 임신하지 못하므로 출산하지 못하였으나 이제 임신하여 아들을 낳으리니."

당시 남성 위주의 혹독한 가부장적 문화에서 여호와의 사자가 가정의 가장이자 상속자인 남편 마노아에게 나타나지 않고, 이름조차 밝히지 않을 정도로 무시되던 마노아의 아내에게 나타나, "보라 네가 본래 임신하지 못하므로 출산하지 못하였으나 이제 임신하여 아들을 낳으리니"라고 계시하셨습니다. 우리가 성경을 주의 깊게 읽어보면 놀라운 사실을 발견하게 되는데, 이런 축복의 계시는 마노아의 아내뿐 아니라 사무엘의 어머니 한나에게도 주어졌고(삼상 1:17), 예수님의 육신의 어머니 마리아에게도 주어졌습니다(눅 1:30-31). 이들의 공통점은 출산이 불가능한 상황에서 기적적인 주님의 계시가 남편보다도 아내에게 먼저 주어졌다는 것입니다. 그리고 그들은 간절히 하나님께 부르짖어 기도하며 기다렸고, 하나님의 기적적인 응답으로 위대한 신앙의 위인을 낳을 수 있었습니다.

그렇다면 당시의 그토록 혹독한 가부장적 문화에서 왜 이러한 영적인 체험을, 남편들보다 사람의 숫자에도 들지 못할 정도로 무시되던 아내들이 먼저 하게 되었을까요? 무엇보다 여성이 남성보다 감성적이어서 마음 문이 쉽게 열리고, 은혜를 더 사모하고, 더 간절한 심령으로 부르짖고, 응답의 때까지 인내하면서 한 알의 밀같이 자신의 일생을 희생하면서 끝까지 가정을 섬기기 때문입니다. 그러한 겸손한 심령에 하나님께서 은혜를 부어 주셔서 일평생 가정을 위해 간절히 기도하게 하시고, 말씀의 은혜와 기도의 능력의 영적인 체험을 뜨겁게 경험하게 하시고, 가정의 무거운 십자가를 지고 끝까지 인내함으로 영적으로 승리하면서 가정을 일으키게 하시는 것입니다.

그런데 아내들이 이러한 영적 사명을 깨닫지 못해 갈급한 심령으로 말씀도 받지 않고, 기도도 하지 않고, 맨날 불평 원망이나 하고, 신경질이나 내고, 고집이나 부리면서 가족들의 신앙생활의 본이 되기는커녕 허구한 날 가정을 불행과 고통으로 몰고 가면 어느 남편이나 자녀들이 좋아하겠습니까?

오죽하면 지난 월요일 저녁 TV조선의 〈허영만의 백반기행〉이란 프로그램에서 허영만 화백이 이런 재미있는 이야기를 했겠습니까? 어떤 회사 사장이 어려운 일이 닥칠 때마다 서랍에서 아내 사진을 꺼내 보면서 힘을 내 이겨 내더랍니다. 그래서 하루는 비서가 "사장님, 어떻게 사모님의 얼굴을 보시면 그렇게 힘이 나세요?" 하고 물었더니 이 사장이 하는 말이 "내가 이 여자하고도 평생 살았는데 못 이겨 낼 어려움이 어디 있겠는가?"라고 했다지 않습니까?

우리 치유하는교회에 영적인 체험을 뜨겁게 한 신앙의 여성들이 얼마나 많습니까? 지난 목요일에 64세를 일기로 하늘나라로 가신 권사님은, 4년 전에 다니시던 가까운 교회가 어려움에 빠져 있을 때 우리 교회에 찾아오셨습니다. 권사님은 10년 전 유방암으로 죽음의 위기에 놓였을 때, 15세 된 딸을 혼자 남겨 두는 게 마음에 걸려 떠날 수가 없어서 딸이 성장할 때까지만 생명을 연장시켜 달라고 간절히 서원기도를 했다고 합니다. 그렇게 하나님의 기적적인 응답으로 권사님의 생명이 지난 10년 동안 연장되었던 것입니다. 그동안 믿음으로 잘 이겨 내시면서, 매 주일 꼭 1부 예배를 드리시고, 3부 예배가 끝날 때까지 로비에서 목자로서 목원들을 잘 돌보시며 충성을 다하셨습니다.

어느덧 딸도 25세가 되어 독립하게 되었는데, 1년 반 전에 권사님의 암이 재발했습니다. 한 달 전 호스피스병원에 가시기 전에 댁으로 마지막 심방을 갔더니, 자신의 건강을 위한 기도 부탁보다도 사랑하는 남편과 외동딸이 함께 신앙생활하기를 간절히 바라셨습니다. 하늘나라로 가시기 한 주 전인 지지난주에 마지막 통화를 하실 때도, 힘을 다 잃은 목소리였는데도 마지막 소원이 남편과 딸이 주님 앞에 나오는 것일 정도로, 그렇게 마지막까지 가정의 구원을 위해 고생하시며 희생하시다 떠나셨습니다. 어쩌면 이 땅의 아내요 어머니들이 다 그렇게 살다 가셨을 것입니다. 권사님의 믿음과 사랑의 헌신이 가슴 속 깊이 새겨져 잊을 수가 없습니다.

또 지난 월요일 새벽기도회에서도 큰 감동을 받았습니다. 마지막 주 수요일에 있을 제41회 가족찬양제를 주관하는 오일여전도회에서 지난 주일까지 교인들이 후원해 준 190만 원에 대한 십일조를 드렸는데, 이는 아무 선교회나 할 수 있는 것이 아닙니다. 저는 우리 성도님들이 코로나19의 그 어려움 속에서도 믿음으로 온전한 십일조 헌금을 드리는 것은 많이 보았지만, 남·여전도회에서 교회 행사 후원금까지 십일조를 드리는 것은 처음 보았습니다. 그때 제 마음속에 역시 여성들이 남성들보다 더 믿음이 좋구나 하는 뜨거운 감동이 있었습니다.

오늘부터 장로, 안수집사, 권사 선거가 시작됩니다. 그런데 교인들의 2/3가 여성이고, 교회의 온갖 궂은일은 여성에게 다 맡기면서도 왜 당회는 남성 장로님들이 독차지할까요? 우리 치유하는교회 여성 장로는 23년 전 김희원 장로님으로부터 시작되었습니다. 김 장로님은 남성 장로님들이 안건을 가지고 다투면 한참 동안 잠자코 기다리고 계십니다. 그리고 남성 장로님들이 언쟁하다 지치면 마지막에 꼭 이렇게 말씀하십니다. "뭘 이런 걸 가지고 싸우세요? 목사님이 하자는 대로 하면 될 걸 가지고요!" 그러고 나면 제가 그 말씀을 받아서 동의를 얻고 재청을 받아 은혜롭게 당회를 마친 적이 한두 번이 아니었습니다. 그때 제가 '아, 영적인 여성 장로님들이 이래서 필요하구나!'라는 걸 깨달았습니다. 여성 장로님들은 영적인 분별력과 판단력이 밝으시고 모성애로 다 품어 주시면서도, 어떻게 해서든지 교회를 화평케 하고 부흥케 하는 데 큰 힘을 쓰셔서, 한때는 우리 교회에 여성 장로님이 네 분까지 당회에 계셨습니다. 또한 그때가 우리 치유하는교회의 최고 부흥기였습니다.

그런데 마지막으로 혼자 남아 계시던 여성 장로님까지 금년 말에 은퇴하시면 여성 장로님이 한 분도 없는데도 여성들이 여성 장로님을 더 안 세우는 것 같습니다. 나도 장로 못 되는데 다른 여자 세울 이유가 어디에 있겠느냐는 것인데 그게 무슨 심보입니까? 그러한 교인이 진정으로 은혜 받고 축복 누리고 행복한 신앙생활을 할 수 있겠습니까? 늘 강조하지만 오히려 그럴수록 영적인 신앙의 여성들이 앞장서서 선배 여성들부터 장로로 세워, 온유하고 겸손한 여성들로서 신앙을 실천하면서 하나님의 교회를 화평케 하고 영적으로 바로 세우며 나아가야 합니다. 그리할 때 결국 자신에게도 영광스러운 축복이 임하게 되는 것입니다.

그러므로 우리 아내들은 어떠한 가정의 불행과 고통 속에서도 누가복음 23장 28절 말씀을 결단코 잊지 마시기 바랍니다. "예수께서 돌이켜 그들을 향하여 이르시되 예루살렘의 딸들아 나를 위하여 울지 말고 너희와 너희 자녀를 위하여 울라." 우리 여성들이 먼저 영적으로 깨어 성령 충만함을 위해 기도하고, 더 나아가 남편을 위해 기도하고 자녀들을 위해 기도할 때, 우리의 심령이나 가정마다 성령님의 충만한 역사가 강하게 나타나 영적인 체험을 뜨겁게 하며, 가정의 행복을 회복하게 될 줄 분명히 믿으시기 바랍니다.

받은 은혜를 남편과 함께 나누어야 함

계속해서 본문 6절 말씀을 보겠습니다. "이에 그 여인이 가서 그의 남편에게 말하여 이르되 하나님의 사람이 내게 오셨는데 그의 모습이 하나님의 사자의 용모 같아서 심히 두려우므로 어디서부터 왔는지를 내가 묻지 못하였고 그도 자기 이름을 내게 이르지 아니하였으며."

이 여호와의 사자는 마노아의 아내에게 임신 중 삼가 포도주와 독주를 마시지 말며, 어떤 부정한 것도 먹지 말고, 아들을 낳으면 머리 위에 삭도를 대지 말고 머리를 자르지 말라고 합니다. 이 아이는 태에서 나오면서부터 하나님께 바쳐진 나실인이라는 것입니다. '나실인'은 히브리어 'נָזִיר'(나지르)인데 '구별된 자' 또는 '바친 자'라는 뜻입니다. 나실인에는 삼손이나 사무엘과 같이 평생 나실인이 있고 임시 나실인이 있는데, 사무엘은 어머니 한나가 아들을 주시면 나실인으로 바치겠다고 서원했던 반면, 삼손은 하나님께서 친히 그 어머니에게 나실인으로 바칠 것을 지시하셨습니다. 그리고 그가 블레셋 사람의 손에서 이스라엘을 구원하리라고 계시한 것입니다. 그러자 이 여인은 가장 먼저 남편에게 가서 하나님의 사람이 왔는데 심히 두려워서 어디서 왔는지, 누구인지는 묻지 못했지만, 자신이 아들을 낳을 것인데 하나님께 바쳐진 나실인이 되리라는 것을 전합니다. 마노아의 아내는 가장 먼저 남편 마노아에게 가서 그가 경험한 영적인 체험의 은혜를 함께 나누었던 것입니다.

그런데 우리의 현실은 어떠합니까? 아내들의 마음이 남편들에게서 너무나 멀리 떠나고 대화는커녕 얼마나 감정의 골이 깊은지 모릅니다. 지난 주간에도 언론에서 그런 사건이 보도되었습니다. 40대 아내가 남편에게서 마음이 떠나 다른 남자를 만나면서 몰래 남편의 칫솔에 락스를 몇 년 동안이나 묻혀 왔다고 합니다. 그래서 남편이 위장염과 식도염에 시달리다, 한번은 칫솔에서 락스 냄새가 나서 몰래카메라를 설치해서 보니, 아내가 매일 남편의 칫솔에 락스를 묻히고 있었던 것입니다. 결국에는 아내를 고소해 검찰이 특수상해 미수혐의로 기소한 사건이 있었습니다. 저도 요즘에는 저녁에 집에 가서 씻고 자기 전에 양치질을 하면서 혹시 락스 냄새나 화장실 변기 냄새가 나지 않는지 꼭 칫솔 냄새를 맡아 봅니다. 다음부터는 아예 가방에 담아 들고 다닐까 합니다. 남편이 미운 아내들이 남편이 출근한 사이에 남편 칫솔로 변기 청소를 한다고 하지 않습니까? 안팎으로 너무 바빠 아내에게 잘해 주지 못하다 보니 괜히 찔립니다.

여러분, 아내가 뜨거운 영적인 체험을 하지 못하고 남편에게 감정이나 풀고 남편을 영적으로 세우지 못하면, 거기서부터 가정에 하나님의 은혜가 메말라 버리고, 축복도 잃어버리고, 행복도 사라지고 맙니다. 그뿐 아니라 부부 사이의 불행과 고통이 결국 자녀들의 마음에까지 깊은 상처를 주어, 부모의 불행한 결혼생활을 보면서 실망하다 결국에는 나이가 들면서 자발적 선택으로 결혼을 하지 않는 비혼으로 인생을 살아가고 맙니다. 그래서 비혼 1인 가구가 지난 30년 사이에 10배 이상 늘어, 2020년 통계청 발표에 따르면 미혼 남녀 24.8% 즉 4명 중 1명이 비혼인 것으로 조사되었습니다. 자녀들을 빨리 결혼시키려면 부모가 부부로서 행복한 모습을 많이 보여 줘야 합니다. 그러면 부모님이 부러워서라도 일찍 결혼하려 할 것입니다.

이처럼 우리 아내들은 가정, 특히 남편의 영적 파수꾼입니다. 그래서 남편을 위해, 자녀를 위해 기도도 많이 해야 하지만, 받은 말씀의 은혜도 남편과 함께 나누고, 기도의 응답도 남편과 함께 나누고, 영적 체험의 은혜도 남편과 함께 나누면서 남편을 가정의 제사장으로 영적으로 일으켜야 합니다. 또 육적인 남편들이라도 영적인 아내들의 말에 반드시 귀를 기울여야 합니다. 제가 결혼할 때 어머니가 저에게 강조하신 말씀이 40년이 지나도 잊히지 않습니다. "김 전도사, 마누라 말을 안 들어서 망한 사람은 많이 보았지만, 마누라 말을 잘 들어서 망한 사람은 보지 못했다!" 제가 마누라 말을 잘 들어서 그나마 이렇게 안 망하고 복 받은 목사가 된 것 같습니다. 이제는 우리 남편들이 먼저 마음 문을 열고 영적인 아내들의 믿음의 권면에 귀 기울여야 합니다. 또 남편들이 영적으로 일어설 수 있도록 아내들이 사명감을 가지고 남편을 통해 온 가정에 하나님의 풍성하신 은혜와 축복이 임하도록, 남편을 영적으로 세워 나가야 합니다. 그러기 위해서는 부부 사이의 영적인 소통과 공감은 아무리 강조해도 지나침이 없는데, 그리할 때 일생토록 부부가 천국의 축복과 행복 속에 살아가게 되는 것입니다.

감정에 초점을 둔 부부, 부모-자녀 관계 연구의 세계적인 권위자인 워싱턴주립대학교의 심리학교수 존 고트맨(John M. Gottman) 박사와 〈페어렌츠(Parents)〉지의 객원 편집자인 낸 실버(Nan Silver)의 공저인 《행복한 부부, 이혼하는 부부》(*The Seven Principles for Making Marriage Work*)라는 책이 있습니다. 실제적인 부부의 소통과 공감에 관해 이야기하는 이 책은 행복한 결혼생활을 위한 7가지 원칙을 제시합니다. 요약하면 이렇습니다.

"첫째, 애정지도를 상세하게 그리라(상대방의 인생 목적, 고민, 걱정,

사랑, 섹스, 꿈과 희망 등). 둘째, 상대방을 배려하고 존중하는 마음을 기르라. 셋째, 지금 당장 받아들이지 않아도 상대방에게서 달아나지 말고 진심으로 대하라. 넷째, 상대방의 의견을 존중하라. 다섯째, 해결 가능한 문제는 두 사람이 의논해 해결하라. 여섯째, 둘이서 막다른 골목에 부딪힌 상황을 합심합력 해 극복하라. 일곱째, 함께 공유할 인생의 의미를 발견하고 노년을 해로하라."

한 마디로 부부가 서로에 대한 변함없는 사랑으로 배려하고 존중하고 소통하고 공감하면서, 어떠한 험난한 인생의 짐도 함께 지고 나누며 해결해 나가라는 것입니다. 그러면 부부 사이에 극복하지 못할 불행과 고통은 없다고 합니다. 그러기 위해서 베드로전서 3장 1-2절은 먼저 아내들에게 강력하게 말씀합니다. "아내들아 이와 같이 자기 남편에게 순종하라 이는 혹 말씀을 순종하지 않는 자라도 말로 말미암지 않고 그 아내의 행실로 말미암아 구원을 받게 하려 함이니 너희의 두려워하며 정결한 행실을 봄이라."

미국 근대사에서 가장 위대한 대통령 중 한 명이며, 소련과의 냉전 시대를 종식시킨 세계의 지도자로서 미국을 더욱 위대한 나라로 이끈 미국의 제40대 재선대통령은 로널드 레이건(Ronald W. Reagan)입니다. 퇴임 후 5년이 지난 1994년 83세가 되던 해에 그는 알츠하이머(치매)에 걸려 옛 친구들과 자녀들의 얼굴조차 알아보지 못하게 되었습니다. 그런데 하루는 레이건 대통령이 콧노래를 흥얼거리면서 몇 시간 동안 갈퀴로 수영장 바닥에 쌓인 나뭇잎을 긁어모아 깨끗하게 청소를 하는데, 그 모습을 본 부인 낸시 여사의 눈에서 눈물이 떨어졌습니다. 아내를 너무도 사랑했던 레이건 대통령은 젊은 시절 아내를 도와 집 안 청소를 해주면서 행복해하곤 했는데, 낸시 여사는 그때의 행복해하던 기억을 되살려 주고 싶었습니다. 그날 밤에 낸시 여사는 경호원과 함께 남편이 모아서 버린 낙엽을 가져다 수영장 바닥에 몰래 다시 깔아 놓고 다음 날 남편에게 다가가서 이렇게 말했습니다. "여보, 수영장에 낙엽이 가득 쌓였어요. 이걸 어떻게 청소해야 하죠?" 낸시 여사가 걱정을 하자 레이건 대통령이 낙엽을 치워 주겠다면서 일어나 정원으로 나갔습니다. 그렇게 낮에는 레이건 대통령이 낙엽을 쓸어 담고, 밤에는 낸시 여사가 다시 낙엽을 깔며 그렇게 낸시 여사는 남편의 행복했던 기억을 되돌려 놓으려고 애를 많이 썼습니다.

이런 헌신적인 사랑의 힘 때문이었던지 레이건 대통령은 어느 누구도 알아보지 못할 정도로 기억력을 잃었지만 낸시 여사만은 확실하게 알아보았고, 가끔 정신이 들 때마다 "내가 살아 있어서 당신이 불행해지는 것이 가장 고통스럽소"라고 한탄했다고 합니다. 그러면 낸시 여사도 레이건 대통령에게 "여보, 현실이 아무리 힘들고 고통스러워도 당신만 곁에 있다면 행복해요! 당신이 없는 행복보다 당신이 있는 불행을 택하겠어요! 부디 이대로라도 좋으니 10년만 더 내 곁에 있어 주세요!" 하고 하소연을 했다고 합니다. 얼마나 가슴이 찡해지는 말입니까? 레이건 대통령은 낸시 여사의 헌신적인 사랑과 보살핌을 받으면서, 낸시 여사의 기도대로 하나님의 응답을 받아 그로부터 10년을 더 살면서 52년을 낸시 여사와 해로하다, 2004년 93세를 일기로 하늘나라로 떠나고 낸시 여사는 12년 후 그 뒤를 따라갔습니다.

우리 남편들도 아내의 헌신적인 사랑과 영적인 체험을 잘 받아들이고 나누어야 합니다. 사실 우리 남편들이 평생 행복하게 해준다고 결혼하고서 얼마나 아내들을 뼈 빠지게 고생시켰고, 얼마나 아내의 가슴에 못질을 하며 상처를 주고 피눈물을 흘리며 살게 했습니까? 이제 남은 인생이라도 우리가 더는 불행과 고통의 후회가 없는 삶을 살아야 하지 않겠습니까?

〈풀꽃〉이란 시로 널리 알려진 나태주라는 그리스도인 시인이 있습니다. 시골 초등학교 교장선생님으로 은퇴하신 할아버지이신데, 그가 쓴 시 중 감동적인 시가 하나 있습니다. 정년퇴직을 앞두고 췌장암으로 인해 시한부 선고를 받고 병원 중환자실에서 절망의 고통 가운데 몸부림치고 있을 때, 곁에서 간호하는 아내가 너무도 안쓰러워 썼다는 〈너무 그러지 마시어요〉라는 제목의 시입니다. 자신을 병간호하느라 너무도 고생하는 아내를 위해 하나님께 기도한 내용이라고 합니다.

너무 그러지 마시어요.
너무 섭섭하게 그러지 마시어요. 하나님!

저에게가 아니에요.
저의 아내 되는 여자에게
그렇게 하지 말아 달라는 말씀이어요.
이 여자는 젊어서부터
병과 함께 약과 함께 산 여자예요.
세상에 대한 꿈도 없고
그 어떤 사람보다도 죄를 안 만든 여자예요.

신발장에 구두도 많지 않은 여자구요.
한 남자 아내로서 그림자로 살았고
두 아이 엄마로서 울면서
기도하는 능력밖엔 없었던 여자이지요.

자기의 이름으로 꽃밭 한 평
채전밭 한 뙈기 가지지 않은 여자예요.
남편 되는 사람이 운전조차 할 줄 모르고 쑥맥이라서
언제나 버스만 타고 다닌 여자예요.
너무 그러지 마시어요.
가난한 자의 기도를 들어주시는 하나님!
저의 아내 되는 사람에게 너무 섭섭하게 하지 마시어요!

이제는 우리 남편들도 아내들의 사랑과 희생과 신앙의 헌신을 기억하면서 그들을 잘 받아들여야 합니다. 그래서 베드로전서 3장 7절에서 "남편들아 이와 같이 지식을 따라 너희 아내와 동거하고 그를 더 연약한 그릇이요 또 생명의 은혜를 함께 이어 받을 자로 알아 귀히 여기라 이는 너희 기도가 막히지 아니하게 하려 함이라"고 강조하지 않습니까? 그러므로 아내가 남편을 사랑으로 섬기며 영적인 은혜의 체험을 함께 나눌 때, 언젠가는 남편도 그 사랑의 마음에 감동을 받고 변화되는 역사가 일어나 기필코 가정의 행복을 회복하게 될 줄 확실히 믿습니다.

남편도 영적으로 일어서야 함

마지막으로 본문 8절 말씀을 보겠습니다. "마노아가 여호와께 기도하여 이르되 주여 구하옵나니 주께서 보내셨던 하나님의 사람을 우리에게 다시 오게 하사 우리가 그 낳을 아이에게 어떻게 행할지를 우리에게 가르치게 하소서 하니."

아내의 영적인 체험의 은혜를 전해 들은 남편 마노아는 아내의 영적 체험을 확인하기 위해 기도를 시작합니다. "주여 구하옵나니 주께서 보내셨던 하나님의 사람을 우리에게 다시 오게 하사 우리가 그 낳을 아이에게 어떻게 행할지를 우리에게 가르치게 하소서." 그때 하나님께서 마노아의 기도를 들으셨습니다. 아내가 밭에 앉았을 때 하나님의 사자가 다시 나타났고, 아내는 그 자리에 함께 있지 않던 남편에게 달려가 이 사실을 알립니다. 마노아가 아내를 따라와 여호와의 사자를 대면하고는 말씀대로 될 줄 믿는다고 하자, 여호와의 사자는 전에 그 아내에게 말해 준 내용을 마노아에게 다시 알려주게 되고, 이에 남편도 영적으로 확신을 가지고 일어서게 됩니다.

이제 여호와의 사자가 마노아가 바친 제물을 받고 떠나려 하자, 마노아가 그의 이름을 묻습니다. 그리고 여호와의 사자는 자신의 이름을 '기묘자'라고 밝힙니다. '기묘자'는 히브리어로 'פֶּלֶא'(펠리)로, 영어로는 'beyond understanding'(이해를 뛰어넘는), 'wonderful'(놀라우신) 분이시라는 뜻입니다. 이는 바로 예수님의 탄생 700여 년 전 이사야 선지자가 예수님에 대해 예언할 때 사용한 표현입니다. "그의 이름은 기묘자라"(사 9:6). 즉, 마노아 부부는 바로 주님을 만나 예언의 말씀을 들었고, 결국 주님의 약속의 말씀대로 삼손이 이 땅에 태어나 블레셋을 대적함으로 40년에 걸친 블레셋의 압제로부터 이스라엘을 구원하는 위대한 역사를 일으키게 되었던 것입니다.

이렇게 우리 남편들도 영적으로 일어서야 하는데, 말세 마지막 때가 되니 점점 강퍅하고 완악해지고 목사고, 장로고, 집사고 할 것 없이 사탄의 공격에 여지없이 무너져 가고 있습니다. 그래서 갈수록 점점 교만해지고 거짓되고 폭력적으로 변해 가는데 그러한 사람은 더는 신앙의 사람이 아닌 것입니다.

지난 목요일 경남 함양에서 총회부흥전도단 수련회가 있어서 내려가면서 한 목사님이 "그런 교인들은 불신자만도 못하다"고 하셔서 제가 그랬습니다. "불신자면 전도라도 하지요! 이미 목사, 장로, 집사가 되었다고 큰소리치는 사람들을 어떻게 구원합니까?" 이미 사탄의 손아귀에 들어가 버려서 자신들이 어떻게 하나님의 심판을 받게 되는지도 모르고, 그 인생의 종말이 어떻게 되는지도 모르기에, 그들은 더는 하나님의 자녀가 아닙니다. 만약 그가 하나님의 자녀라면 그에게는 사랑의 채찍이 기필코 임하게 될 것입니다.

지난달 충격적인 소식이 미국에서 들려 왔습니다. 세계 4위 부자요, 그리스도인 자선사업가로 전 세계 사람들의 큰 사랑과 존경을 받았던 마이크로소프트회사 창업주인 빌 게이츠(William H. Bill Gates Ⅲ, 65) 회장과 아내 멜린다 게이츠(Melinda Gates, 56)가 27년간의 결혼생활을 끝내면서 이혼을 선언하고 146조 원에 이르는 재산을 분할하는 작업에 들어갔다고 합니다. 이 두 부부가 헤어지게 된 계기에 대해, 중국인 통역사와의 불륜설부터 시작해 옛 여자 친구와의 교제, 또 얼마 전에 교도소에서 자살한 가까이하지 말아야 할 미성년자 성범죄자인 백만장자 친구와의 교제 등 빌 게이츠의 복잡한 여성 편력 때문이라는 갖가지 추측이 난무하고 있습니다. 그러나 분명한 사실은 이혼의 귀책사유가 빌 게이츠에게 있다는 것입니다. 이처럼 대부분의 이혼의 귀책사유가 남편에게 있기 때문에 우리 남편들도 이제는 영적으로 일어서야 합니다.

지난 주일 저녁에 저의 어머니 2주기 추도예배를 드리는데, 원로장로님이신 작은 아버지가 오셔서 이런 간증을 하셨습니다. 지난 4월 13일 골프장에서 연습을 한 후 몸을 푼다고 골프장 목욕탕 욕조에 들어갔는데, 몸을 담근 상태 그대로 정신을 잃었다는 것입니다. 오랫동안 고개를 젖히고 몸을 담그고 계시는 장로님을 발견한 직원이 이상하게 생각해서 흔들어 보니 의식을 잃은 상태여서, 급히 119에 연락해 구급차에 실어 응급실로 데려갔습니다. 온 가족이 합심해서 기도하는 가운데 하나님의 기적적인 은혜로 10시간 후에 겨우 깨어나셨고, 그 후 5일간 병원에서 치료를 받고 퇴원하셨다는 것입니다.

지금 82세이지만 건강만은 자부하셨는데 '인간이 아무리 건강하다고 큰소리쳐도 한순간에 갈 수 있구나' 하는 것을 깊이 깨닫게 되면서 장로님의 신앙생활이 완전히 변했습니다. 먼저 건강하게 살아있다는 것을 가장 크게 감사하게 되었고, 왜 하나님께서 자신을 다시 살려 주셨는지를 기억하면서 새벽기도부터 새롭게 시작하셨습니다. 주일에 나가서 예배를 드릴 때도, 평생 불렀던 찬송가이지만 전에는 그냥 의미 없이 입술로만 불렀는데, 이제는 찬송가 가사가 뜨겁게 가슴에 와 닿아서 그렇게 은혜가 된다고 하셨습니다. 설교 말씀을 들으면서도 전에는 말씀이 은혜가 되니, 안 되느니 하고 판단이나 하고 흠이나 잡으셨는데, 이제는 말씀이 정말 달고 오묘한 그 말씀, 생명의 말씀으로 뜨겁게 가슴에 와 닿더랍니다. 더 나아가 삶도 새롭게 변화되어, 얼마 전에 적금을 타자마자 그동안 꼭 구제하고 싶었던 분들에게 500만 원씩 나눠 주고, 주위에서 필요로 하는데도 못 도와주었던 곳도 도와주고, 브라질에서 신학교를 짓는데 재정적으로 힘들다고 해서 선교지에도 보내주고 나니, 그렇게 기쁠 수가 없더랍니다. 그렇게 신앙생활이 감격스럽고 처음 사랑을 회복하게 되어 너무도 행복하시다는 말을 들으면서, 평소에 찬송에 은혜가 안 되고 말씀에 은혜를 못 받는 교인들이 있다면 그 골프연습장 목욕탕에 한 번씩 보내야겠다는 생각이 들었습니다. 이 말세 마지막 때 한 번씩 죽었다 살아나야 정신 차릴 사람들이 얼마나 많습니까?

여러분, 우리도 처음 사랑을 회복하지 못하고, 믿음으로 일어서지 못하고, 깨어 기도하지 않고, 심지어 예배도 제대로 안 드리고, 믿음의 헌신도 하지 않고, 헌금도 제대로 하지 않고, 신앙생활의 모범도 되지 못하고, 부정적이고 비판적인 말만 쏟아 놓고, 남의 험담이나 할 때가 얼마나 많습니까? 그런데 그런 사람이 장로, 권사, 안수집사가 되면 평생 사탄의 도구로 쓰임 받으면서 교회의 암적 존재가 되어, 하나님의 영광을 다 가리며 이 땅에서 지옥같이 살다 인생을 끝내 버리고 맙니다. 그렇게 자기 인생만 그걸로 끝내고 하나님의 심판을 받는다면 그나마 나을지 모르지만, 더 나아가 자녀들의 장래까지 다 막아 버리니, 평생 신앙생활을 한다고 해도 무슨 은혜가 있고, 축복이 있고, 행복이 있겠습니까? 평생을 지옥같이 살다, 결국 영원한 지옥 불못에 떨어지고 말 사람들이 말세 마지막 때 이 땅에 얼마나 많습니까? 이에 요한계시록 2장 4-5절에서 "그러나 너를 책망할 것이 있나니 너의 처음 사랑을 버렸느니라 그러므로 어디서 떨어졌는지를 생각하고 회개하여 처음 행위를 가지라 만일 그리하지 아니하고 회개하지 아니하면 내가 네게 가서 네 촛대를 그 자리에서 옮기리라"고 분명히 명령하지 않습니까? 주님과의 처음 사랑을 회복하면 우리는 인생의 어떠한 고난도 믿음으로 능히 이겨 내게 됩니다.

그러므로 이번 임직자 선거에서 우리가 단 한 사람을 뽑더라도, 그렇게 주님과의 처음 사랑을 회복한 오직 성령 충만한 사람을 뽑아야 합니다. 예수님을 닮아 온유와 겸손의 삶을 살고 기쁨으로 헌신하고 봉사하면서 죽으면 죽으리라는 신앙으로 영적인 체험을 함으로 어떠한 고난도 이겨 낼 뿐 아니라, 모든 사람에게 감동을 주고 또 칭찬 듣는 그런 영적인 일꾼을 세워야 합니다. 그러므로 남편들이 먼저 영적으로 일어나 목사도 되고, 장로도 되고, 집사도 될 때, 그들이 어떠한 환난과 핍박 속에서도 믿음으로 일어서서 가정을 영적으로 세워 나가고 세상을 변화시켜 나가는 위대한 신앙의 사람으로 우뚝 서서 기필코 가정의 행복을 회복하게 될 줄 확실히 믿으시기 바랍니다.

지지난주에 한 안수집사님이 금년 81세인데 자리에서 일어나지 못하신다는 소식을 듣고, 식사를 잘 하시고 일단 몸을 일으켜 계속해서 걸어야 한다고 권면했습니다. 한 주간 기도한 후 지난 화요일 오후 집사님 댁으로 심방을 갔는데, 다행히 그 집사님은 기적적으로 일어나 함께 손을 잡고 걸을 수 있었습니다. 그런데 그보다 부인 권사님의 간증을 듣고 많이 울었습니다. 6대 신앙의 가정에서 자라난 권사님은 24세 때 은행원인 남편 집사님의 프러포즈를 받았는데, 부모님이 불신 가정이라고 결사반대했다고 합니다. 목사님과도 상담을 했는데, 기도해 보시더니 역시 반대하셨고, 장로님들도 마찬가지였습니다. 그런데도 사랑에 빠지니 비록 불신 가정이지만 결혼해서 전도하면 되지 않겠는가 하는 마음에 엘리트 미남 은행원인 집사님과의 결혼을 결정했다고 합니다. 그런데 그때부터 눈물의 골짜기의 세월이 시작되고, 피눈물 나는 고난의 가시밭길이 펼쳐졌습니다.

결혼하고 보니, 부모님은 안 계시고 고등학교 1학년 남동생, 중학교 1학년 여동생, 초등학교 1학년 여동생, 이렇게 3남매가 한 집에 살고 있더랍니다. 결국 남편까지 4남매를 뒷바라지해야 했습니다. 그러니 얼마나 앞이 캄캄합니까? 거기다 불신 가정이다 보니, 고모 내외와 이모 내외가 부모님 제사를 지낸다고 촛불 켜놓고 떡시루 앞에 와서 절하라고 하는데, 더는 버틸 수가 없어서 집을 뛰쳐나와 친정으로 돌아갔습니다. 그런데 남편 집사님이 따라와 제사는 안 지내도록 해주겠다고 사정을 해서 다시 집으로 돌아왔다고 합니다.

그런데 그 후로도 얼마나 많은 고통의 연단을 받았는지 모릅니다.

첫아들 임신 3개월에 교통사고가 나서 산모와 태아가 모두 죽을 뻔했는데, 하나님께서 극적으로 유산하지 않도록 붙들어 주셨습니다. 그런데 그 후 임신 5개월이 되었을 때 배가 너무 아파 병원에 가보았더니, 콩팥과 쓸개가 다 망가져 한쪽 콩팥과 쓸개 제거 수술을 해야 했습니다. 그런데 그렇게 죽을 고비를 넘기면서 낳은 아들이 풍을 맞아 태어난 지 3일도 안 되어 다 죽었다고 문 밖에 내놓았다고 합니다. 아들을 갓 낳은 엄마의 심정이 어떠했겠습니까? 자신이 대신 죽고 싶은 심정이 아니었겠습니까? 그러나 거기서 "지난날의 자아와 혈기와 욕심과 욕망조차도 다 깨어지고 부서지고 죽고, 이제는 주님만 바라보며 주님의 뜻을 이루며 주님의 영광을 위해 살게 해주시옵소서!" 하고 기도하면서 믿음으로 일어섰다고 합니다. 목사님께 급히 연락을 했더니 심방을 와서 간절히 기도해 주셨고, 다행히 아들은 기적적으로 살아났습니다. 그리고 하나님의 은혜로 두 아들을 더 낳아 건강하게 잘 기르면서 시댁 식구들에게 복음을 전해서 큰 시누이 내외는 장로, 권사까지 되었다고 합니다.

1, 2년도 아니고, 10, 20년도 아니고, 무려 55년의 세월 동안 불신자 남편을 택한 대가로 피눈물 나는 고난의 세월을 살아오신 것입니다. 그러나 권사님의 썩어지는 한 알의 밀알과 같은 희생이 있었기에, 남편 집사님도 오늘날까지 건강하고 행복하게 살아오신 것이라고 격려해 드렸습니다. 그러면서 저희 어머니도 가난한 김 씨 가문에 시집와 평생을 피눈물 나는 고생을 하시면서 믿음으로 온 가정을 오늘날과 같은 신앙의 복된 가문으로 일구셨는데, 권사님도 불신 집안에 시집와 피눈물 나는 고생을 통해 지금의 신앙의 복된 가정을 이루신 것이니 그 수고가 결단코 헛되지 않았다고 크게 위로해 드리고 돌아왔습니다.

사랑하는 성도 여러분, 우리 주위에 사랑으로 위해 줄 남편이나 아내를 먼저 떠나보내고 외로움과 그리움 속에 살아가는 분이 얼마나 많습니까? 또 지나온 우리의 결혼생활을 돌이켜 보면, 일생토록 불행하고 고통스러운 뜻하지 않은 일들이 얼마나 많이 일어났고, 가슴 아프고 눈물겨운 일들이 얼마나 많았습니까? 남모르는 가슴 아픈 사연으로 긴긴 밤을 지새우면서 때로는 죽고 싶을 때도 있었고, 가정을 포기하고 싶을 때도 있었을 것입니다. 그러나 부부가 힘을 합해 영적으로 일어서면, 어떠한 환난과 시련도 이겨 내지 못할 것이 없습니다.

그러므로 부부주일을 맞아, 남편이 영적으로 일어서지 못하면, 마음이 열려 있는 아내가 먼저 영적인 체험을 하고 받은 은혜를 남편과 함께 나눔으로, 남편도 영적인 체험을 하며 영적으로 일어서야 합니다. 그리할 때 우리의 삶에서 끊임없이 부딪혀 오는 사탄과의 영적 싸움에서 승리하고, 날마다 천국의 축복과 행복을 누리면서 평생 주님 안에서 행복한 가정으로 지켜 나가게 될 줄 확실히 믿습니다.

결단의 찬송으로 〈우리 함께〉를 부르며 믿음으로 결단하겠습니다.

1. 하나님께서는 우리의 만남을
   계획해 놓으셨네
   우리 하나 되어 어디든 가리라
   주 위해서라면 무엇이든 하리라
   당신과 함께
2. 또 우리 모임은 주님만 따르리

환란이 올지라도 주 함께하시리
또 우리 마음에 시험이 닥칠 때
어둠은 지나가고 새 아침 주시리
후렴) 우리는 하나 되어 함께 걷네
하늘 아버지 사랑 안에서
우리는 기다리며 기도하네
우리의 삶에 사랑 넘치도록

저희 가정의 행복의 근원이 되시는 하나님 아버지, 저희 모두가 천국과 같이 행복한 가정을 이루길 원하셨지만 저희가 하나님의 말씀대로 믿음으로 살지 못해 스스로 불행과 고통을 자초할 때가 얼마나 많았습니까? 오늘 부부주일을 맞이하면서, 남편이 영적으로 못 일어서면 아내라도 영적인 체험을 먼저 하게 해주시옵소서! 그리고 받은 은혜를 사랑하는 남편과 함께 나누게 해주시옵소서! 더 나아가 남편도 영적인 체험을 하며 일어나게 해주시옵소서! 그리함으로 온 가정이 천국의 축복과 행복을 새롭게 회복하는 복된 가정이 되게 해주실 줄 믿사옵고 예수님의 이름으로 간절히 축복하며 기도하옵나이다. 아멘!

마지막 날을 기억하라

사사기 16장 23-31절

지난 2021년 6월 24일 미국 플로리다주 마이애미 해변에서 12층 아파트 붕괴 사고가 일어나 100여 명의 사망자와 실종자를 발생했고, 지난 주일까지 캐나다 태평양 연안의 브리티시 컬럼비아주에서는 최근 일주일 새 49.6℃의 살인 폭염으로 800여 명의 사람이 한꺼번에 세상을 떠났습니다. 또 지난 주일 필리핀 남부 술루주 홀로섬에서 96명이 탄 군용기가 추락해 50여 명에 이르는 군인이 희생되고 말았습니다. 여러분, 이 세 사건은 최근에 일어난 대형 사망사고라는 공통점이 있는데, 이 사망자들 중 단 한 사람이라도 그날 아파트 붕괴 사고나 살인 폭염이나 비행기 추락사고로 세상을 떠날 줄 꿈엔들 상상이라도 했겠습니까? 상상이라도 했다면 대비를 했을 것입니다. 그러나 이렇게 수많은 사람이 갑작스럽게 죽어가면서도 죽음을 전혀 대비하지 못한 데에 그들의 불행의 결정적인 원인이 있습니다.

라틴어로 "Memento Mori"(메멘토 모리, 죽음을 기억하라)라는 격언이 있습니다. 로마 시대 원정 전쟁에서 승리를 거두고 개선하는 장군이 시가지 행진을 할 때 노예들을 시켜 행렬 뒤에서 큰 소리로 이 "Memento Mori"를 외치게 했습니다. 다시 말하면 "전쟁에서 승리했다고 너무 자만하지 말라! 오늘은 네가 개선장군이지만 너도 언젠가는 죽는다! 그러니 겸손하게 행동하라!"는 의미였습니다.

그래서 유대인들의 지혜의 말씀인 탈무드에서는 "세상에서 가장 겸손한 사람은 항상 남에게서 배우는 사람이요, 세상에서 가장 강한 사람은 자기 자신을 이기는 사람이요, 세상에서 가장 행복한 사람은 모든 일에 감사하는 사람이다"라고 말합니다. 그런데 저는 여기에 "세상에서 가장 영적인 사람은 항상 깨어 죽음을 기억하는 사람이다"라고 한마디를 덧붙이고 싶습니다. 우리가 오늘 당장 죽는다고 생각하면, 세상 욕심을 부릴 것이 뭐가 있고, 나 자신의 감정을 앞세울 것이 뭐가 있고, 육신을 따라 살 것이 뭐가 있겠습니까? 그런데도 말세 마지막 때 우리의 신앙생활의 근본적인 문제는 우리 자신이 너무나 살아 있어서 죽음을 다 잊어버리고 살아간다는 데 있습니다. 자기가 너무 살아 있으니 이제는 하나님도 눈에 안 보이고, 교회도 안 보이고, 신앙도 안 들어옵니다. 오직 자신의 이익, 명예, 감정, 인간관계에 매여 살다 어느 날 갑자기 세상을 떠나 버리는 사람들이 이 땅에 얼마나 많습니까?

본문에 나오는 이스라엘의 마지막 제6대 대사사였던 삼손은 한때 세상에 빠져 살았지만 마지막 죽음의 순간에는 하나님의 영광을 크게 드러내고 떠났습니다. 그래서 그의 짧은 생애의 신앙의 위대함이 더욱 크게 느껴지는 것입니다. 그렇다면 삼손이 어떻게 마지막 날을 기억하며 하나님께 크게 영광 돌리는 삶을 살게 되었는지를 보면서,

우리도 남은 인생 동안 어떻게 마지막 날을 기억하며 살 것인지 이 시간을 통해 하나님의 음성을 들을 수 있길 바랍니다.

마지막 날인 것처럼 통회 자복해야 함

먼저 본문 28절 상반절 말씀을 보겠습니다. "삼손이 여호와께 부르짖어 이르되 주 여호와여 구하옵나니 나를 생각하옵소서."

'삼손'은 히브리어로 'שִׁמְשׁוֹן'(쉬므숀)이며, '작은 태양'이라는 뜻입니다. 그 이름처럼 삼손은 어두운 사사시대에 작은 해와 같이 빛을 발하는 자로 태어났습니다. 여호와의 권능의 영이 네 번이나 임할 정도로(삿 13:25, 14:6, 19, 15:14) 강한 힘을 가졌고, 이스라엘을 강적 블레셋에서 구원하는 사사로서의 큰 사명을 받았습니다. 그의 어머니는 본래 임신할 수 없었으나, 하나님의 사자가 나타나 이제 아들을 낳게 될 텐데 삼가 포도주와 독주를 마시지 말고, 어떤 부정한 것도 먹지 말고, 아이가 태어나면 머리 위에 삭도를 대지 말라고 할 정도로, 그는 다른 나실인들과 달리 태에서 나오기 전부터 하나님께 바쳐진 나실인이었습니다.

그런데 이 삼손이 딤나에 가서 블레셋 사람의 딸을 보고는 부모에게 그를 아내로 삼게 해달라는 것입니다. 그의 부모는 "내 백성 중에 어찌 여자가 없어서 네가 할례 받지 아니한 블레셋 사람에게 가서 아내를 맞으려 하느냐"(삿 14:3) 하며 반대했지만 삼손은 결국 결혼을 강행합니다. 그러나 이는 블레셋 사람들을 치기 위한 삼손의 전략이었습니다. 사사기 14장 4절이 이를 증거하고 있습니다. "그때에 블레셋 사람이 이스라엘을 다스린 까닭에 삼손이 틈을 타서 블레셋 사람을 치려 함이었으나 그의 부모는 이 일이 여호와께로부터 나온 것인 줄은 알지 못하였더라." 그래서 그 후 장인이 그 아내를 삼손의 친구에게 주어서 이스라엘의 대사사로 20년 동안 블레셋의 공격으로부터 이스라엘을 지켜줍니다.

삼손의 인생에서 결정적인 실패는 소렉 골짜기의 들릴라라는 여인과 사랑에 빠진 것으로, 그동안 하나님으로부터 귀하게 쓰임 받던 삼손의 몰락이 바로 여기서부터 시작됩니다. 그때 삼손을 노리던 블레셋의 통치자들이 은 1,100세겔씩을 주겠다고 하면서 들릴라를 매수합니다. 블레셋의 5대 도시 통치자들이었으니까 총 5,500세겔이었는데, 당시 노예 한 사람 몸값이 은 20-30세겔 정도였다면 이것이 얼마나 큰돈인지 짐작할 수 있지 않습니까? 1세겔은 약 11.42그램인데 은 5,500세겔이니까 총 62.81킬로그램으로, 이는 현 시가 7천만 원에 해당되는 당시에는 굉장한 거액이었습니다. 결국 이렇게 매수당한 들릴라의 네 번에 걸친 애끓는 요청을 뿌리치지 못하고 삼손은 자신의 거대한 힘의 근원이 머리카락에 있음을 알려 주고 맙니다. 들릴라는 삼손에게 독주를 먹여 잠들게 한 뒤 블레셋 사람들을 불러 삼손의 일곱 가닥으로 땋은 머리카락을 다 밀었고, 얼마 후 삼손이 깨어나 보니 힘은 이미 사라져 버렸습니다.

결국 삼손은 블레셋 사람들에게 잡혀가 두 눈이 다 뽑히고 놋줄에 묶여 감옥에서 맷돌을 돌리는 치욕적인 삶을 살게 됩니다. 그러던 중 블레셋 사람들이 다곤 신전에 모여 그들의 신인 다곤이 원수 삼손을 자신들에게 넘겨주었다며 축제를 벌이고 있을 때, 삼손을 불러다 재주를 부리게 했습니다. 여기서 '재주를 부리다'라는 단어가 히브리어로 'שחק'(사하크)인데, 이는 무대에서 노래하고 춤추며 뛰노는 것으로 흔히 노예들이 손님들을 즐겁게 하기 위해 하는 모든 행위를 말했습니다. 이처럼 힘도 하나 못 쓰는 '천하장사'라고 조롱거리가 되었을 때, 삼손으로서는 자신의 지나온 삶을 돌이켜 보며 얼마나 비참했겠습니까?

그때야 비로소 삼손은 하나님께서 자신을 뜨겁게 사랑하시고, 크신 은혜를 베풀어 주시고, 그 놀라운 기적적인 힘의 축복을 부어 주셨는데, 그 크신 사랑을 저버리고, 그 크신 은혜를 잊어버리고, 그 크신 축복을 헛되게 썼던 것을 통회 자복하면서 "주 여호와여 구하옵나니 나를 생각하옵소서" 하고 울부짖습니다. 여기서 '생각하다'라는 단어는 히브리어로 'זָכְרֵנִי'(자케레니)인데 '기억하다'라는 뜻입니다. 삼손은 마지막으로 자신을 기억해 주시고, 용서해 주시고, 불쌍히 여겨 주시고, 은총을 베풀어 주시길 간절히 통회 자복하며 간구한 것입니다.

우리도 오랫동안 신앙생활을 하다 보면 흔히들 빠지는 유혹이 있습니다. 그것은 이 정도 신앙생활하면 된다며 방심하고, 오랜 신앙생활로 인해 타성에 빠지고, 더 나아가 내가 신앙생활을 가장 잘하고 있다는 교만에 빠지는 것입니다. 이것이 말세 마지막 때 사탄의 가장 큰 시험인데, 그 순간부터 우리는 하나님으로부터 멀어지고, 은혜가 메말라 가고, 축복이 사라져 가고, 행복을 다 잃어버리고 맙니다. 그런데도 수많은 교인이 그 시험에 빠졌다는 것을 자신만 깨닫지 못하고, 자신만은 신앙생활을 잘 하고 있고 하나님 앞에 바로 선 줄로 착각합니다. 그리고 자기가 하는 모든 일이 주님을 위하고, 교회를 위하고, 교인들을 위한 것이라 착각합니다.

그러나 우리의 모든 신앙생활의 기준은 하나님의 말씀인 성경입니다. 자신이 성경 말씀대로 헌신적인 믿음으로 살고, 깨어 있는 소망 가운데 살고, 모든 허물을 덮는 사랑으로 살고 있는지를 분별해야 합니다. 그래도 분별이 안 되면 주의 종들 누구든 붙잡고 물어보십시오. 그러면 놀랍게도 자신에 대해 다 똑같은 영적인 판단을 한다는 것을 알게 될 것입니다. 그것도 안 믿어지면, 신실하게 신앙생활하며 모든 교인으로부터 존경받는 영적인 장로님들이나 권사님들이나 집사님들에게 물어보면 답이 더욱 확실해질 것입니다. 그래도 안 믿어지면 여러분 가장 가까이에서 여러분의 신앙생활을 지켜보는 아내나 자녀들에게 물어보십시오. 그것처럼 확실한 답은 없을 것입니다.

이처럼 신앙의 교만에 빠진 대표적인 인물이 누가복음 18장에 나오는 바리새인입니다. 바리새인은 따로 서서 "하나님이여 나는 다른 사람들 곧 토색, 불의, 간음을 하는 자들과 같지 아니하고 이 세리와도 같지 아니함을 감사하나이다 나는 이레에 두 번씩 금식하고 또 소득의 십일조를 드리나이다"(11-12절)라고 기도합니다. 믿는 자로서 당연히 해야 할 신앙생활을 가지고 세리와 비교까지 해가면서 자신의 의로움을 마음껏 과시하는 것을 보십시오. 이 얼마나 영적 교만에 빠진 불의한 자입니까? 그런데 목회를 하면서 보면, 자신에게 더 심각한 문제가 있는 교인일수록 남을 그렇게 험담하고 비방합니다. 다른 사람을 손가락질할 때의 손만 봐도 한 손가락은 하나님을 원망하고, 한 손가락은 남을 비난하지만, 나머지 세 손가락은 다 내 탓이라고 깨우쳐 주지 않습니까?

그러나 이와 정반대인 세리를 보십시오. 멀리 서서 감히 눈을 들어 하늘을 쳐다보지도 못하고 다만 가슴을 치면서 "하나님이여 불쌍히 여기소서 나는 죄인이로소이다"(13절) 하고 통회 자복합니다. 이 얼마나 겸손하고 감동적인 모습입니까? 우리가 분명히 기억해야 할 것은, 예수님께서 자신이 의로운 줄 착각하는 저 바리새인을 의롭다고 하신 것이 결코 아니라, 가슴을 치며 통회 자복한 세리를 의롭다고 하셨다는 사실입니다. 그런데도 많은 경우 우리가 삶의 문제 앞에서 남의 탓만 하다 문제의 원인도 찾지 못하고, 해결책도 찾지 못하고, 평생 스스로 불행과 고통에서 헤어 나오지 못하니 이 얼마나 어리석고 안타까운 일입니까?

지난 목요일 새벽기도회 때 암으로 투병하는 부인을 7년 동안 간호해 온 남편 집사님이, 부인이 그토록 오랜 세월 병을 이겨 내 온 것에 대해 자신의 공로를 내세우기보다, 부인이 고통을 겪는 것 자체가 다 자신의 탓이라고 통회 자복하는 모습을 보면서 얼마나 큰 은혜를 받았는지 모릅니다. 우리도 언제, 어디서, 어떻게 이 세상을 떠날지 아무도 모르기에 살아 있는 동안 마지막 날이 날마다 가까이 다가오고 있음을 확실히 깨달아야 합니다. 얼마 남지 않은 남은 인생이라도 자신만 의로운 것처럼 여기는 위선과 가식의 가면을 다 벗어 버리고, 내 모습 이대로 주님 앞에 엎드려 철저히 통회 자복해야 합니다. 그리할 때 하나님으로부터 지난날의 모든 죄악을 용서받고 남은 인생 동안 모든 사람의 사랑과 존경을 받으면서 천국의 은혜롭고 행복하고 축복된 여생을 살아가게 될 줄 확실히 믿으시기 바랍니다.

마지막 날인 것처럼 소원을 아뢰어야 함

계속해서 본문 28절 하반절 말씀을 보겠습니다. "하나님이여 구하옵나니 이번만 나를 강하게 하사 나의 두 눈을 뺀 블레셋 사람에게 원수를 단번에 갚게 하옵소서 하고."

블레셋 사람들이 두 눈이 빠지고 힘을 다 잃은 삼손을 불러다 재주를 부리게 하고는 다곤 신전의 두 기둥 사이에 세우게 했습니다.

그랬더니 삼손이 자기 손을 붙들고 인도하고 있는 소년에게 이 신전을 버티고 있는 중앙 기둥을 찾아 거기에 의지하게 해달라고 합니다. 그 신전에는 블레셋의 모든 통치자들도 있었고, 지붕에는 남녀가 3천 명가량이 있었습니다. 그래서 삼손은 "하나님이여 구하옵나니 이번만 나를 강하게 하사 나의 두 눈을 뺀 블레셋 사람에게 원수를 단번에 갚게 하옵소서" 하고 하나님께 간절히 간구했습니다. 이는 삼손의 마지막 간절한 소원의 간구였습니다.

우리도 점점 죽음의 날이 다가오고 있기에, 얼마 남지 않은 인생에서 마치 오늘이 마지막 날인 것처럼 날마다 간절한 마음의 소원을 하나님께 간구해야 합니다. 무엇보다 가장 가까운 사랑하는 가족들부터 시작해, 우리의 친척과 친구와 이웃과 더 나아가 하나님의 교회와 나라와 민족과 열방에 이르기까지 모두 다 구원하고 영육간에 치유하고 주님의 제자로 양육해야 합니다. 그리하여 모두 다 천국의 축복과 행복 속에서 마지막 때의 사명을 잘 감당하다, 우리의 사명을 다 마쳤을 때 잠자듯 평안하게 떠나가야 하는 것입니다.

호스피스 간호사였던 브로니 웨어(Bronnie Ware)가 생의 남은 시간이 12주(3개월) 이하인 시한부 환자들을 돌본 경험을 바탕으로 쓴 《내가 원하는 삶을 살았더라면》(*The Top Five Regrets of the Dying*)이라는 책에 의하면, 죽음을 앞둔 사람들이 가장 많이 후회하는 5가지가 있다고 합니다. "첫째, 왜 행복하려고 하지 않았을까? 둘째, 왜 친구들과 연락하지 않았을까? 셋째, 왜 내 감정에 솔직하지 못했을까? 넷째, 왜 그렇게까지 열심히 일했을까? 다섯째, 왜 내 인생이 아닌 타인의 기대에만 충실했을까?" 그래서 지옥에 가서 보면 '껄껄' 하고 후회하는 소리만 들린다고 하지 않습니까? 사실 이 5가지 후회 목록 중 실천하기 어렵고 힘든 것은 하나도 없습니다. 우리가 다 할 수 있고, 다 행복해질 수 있는데도 우리는 일상의 너무도 쉬운 행복을 잃어버리고 살고 있습니다. 그래서 생의 마지막 순간 모두들 불행과 고통 가운데 떠나가는 것입니다.

우리의 인생에서 마지막으로 가져야 할 간절한 소원이 무엇인지는 잠언 30장 7-9절에 분명히 기록되어 있지 않습니까? "내가 두 가지 일을 주께 구하였사오니 내가 죽기 전에 내게 거절하지 마시옵소서 곧 헛된 것과 거짓말을 내게서 멀리 하옵시며 나를 가난하게도 마옵시고 부하게도 마옵시고 오직 필요한 양식으로 나를 먹이시옵소서 혹 내가 배불러서 하나님을 모른다 여호와가 누구냐 할까 하오며 혹 내가 가난하여 도둑질하고 내 하나님의 이름을 욕되게 할까 두려워함이니이다." 우리의 마지막 기도 제목이 있다면, 먼저 주님 앞에서 진실하게 살아가는 것이고, 더 나아가 모든 것에 감사하고 모든 사람을 사랑하면서 여생을 진정으로 행복하고 축복되게 살아가는 것이 되어야 합니다.

지난 목요일 오후 우리 치유하는교회 회계팀 팀장인 백승혁 안수집사님 내외의 심방 요청을 받고 그 댁에 갔습니다. 원래 부모님이 열심 있는 안수집사님, 권사님이셔서 온 가족이 말씀과 성령으로 충만해서 그런지 백 집사님 내외도 말씀과 성령으로 충만한 신앙생활을 하고 있는데, 그분들의 믿음의 이야기를 들으면서 큰 은혜를 받았습니다. 백 집사님은 대기업에서 잘나가는 사람이었는데 억울하고 원통한 일을 당해 욥과 같은 고난의 세월을 보냈습니다. 그래서 그 대기업에서 나와 지난 3년 동안 이 회사 저 회사 다니다, 부모님의 신앙을 이어 받아 하나님께서 가장 기뻐 받으시고 우리의 모든 은혜와 축복과 행복의 통로인 성전예배의 중요성을 깨닫고 기도를 새롭게 하기 시작했다고 합니다. 무엇보다 교회 가까운 직장을 찾게 해주셔서 주일 낮예배뿐 아니라 수요밤예배, 금요 심야기도회까지 나가는 예배 신앙부터 회복시켜 달라고 간절히 부르짖으면서 기도한 것입니다.

그런데 지난 6월에 마지막 직장을 나오면서 매달 드리는 십일조 헌금이 끊이지 않게 해달라고 간절히 기도했는데, 마침 그때 그동안 다니던 회사보다 더 먼 판교에서 좋은 조건으로 스카우트 제의가 있었지만 예배를 잘 드릴 수 없을 것 같아 거절했다고 합니다. 그런데 지지난주에 생각지도 않게 교회에서 가까운 회사에서 전 직장보다 연봉을 40퍼센트나 높여 전무로 특채하겠다는 제의를 받았다는 것입니다. 그러면서 집사님이 지난 3년 동안 자신이 꼭 〈광야를 지나며〉라는 복음성가의 가사처럼 광야를 지나는 심정이었다고 고백했습니다.

왜 나를 깊은 어둠 속에 홀로 두시는지
어두운 밤은 왜 그리 길었는지
나를 고독하게 나를 낮아지게
세상 어디도 기댈 곳이 없게 하셨네
광야, 광야에 서 있네
주님만 내 도움이 되시고
주님만 내 빛이 되시는
주님만 내 친구 되시는 광야,
주님 손 놓고는 단 하루도 살 수 없는 곳 광야,
광야에 서 있네
주께서 나를 사용하시려 나를 더 정결케 하시려
나를 택하여 보내신 그곳 광야

성령이 내 영을 다시 태어나게 하는 곳 광야,
광야에 서 있네
내 자아가 산산이 깨지고
높아지려 했던 내 꿈도 주님 앞에 내어놓고
오직 주님 뜻만 이루어지기를
나를 통해 주님만 드러나시기를
광야를 지나며

그런데 이러한 광야생활 가운데 하나님께서 자신을 철저히 연단하심으로 낮추시고 세상적으로 인간적으로 육신적으로 의지했던 것들을 모두 끊게 하시고, 철저히 하나님께 예배드리고 하나님께 맡기는 신앙으로 매달리게 하셔서 간절히 부르짖었더니 기적적으로 응답해 주셨다고 감격했습니다.

마태복음 6장 33절에서 "그런즉 너희는 먼저 그의 나라와 그의 의를 구하라 그리하면 이 모든 것을 너희에게 더하시리라"고 분명히 약속하시지 않습니까? 그러므로 오늘이 마지막 날인 것처럼 마음의 간절한 소원을 아뢸 때, 우리 모두가 이 땅에 사는 동안 날마다 천국의 축복과 행복 속에 살다, 하나님께서 언제 부르셔도 영원한 천국에 이르게 될 줄 확실히 믿습니다.

마지막 날인 것처럼 힘을 쏟아야 함

마지막으로 본문 30절 말씀을 보겠습니다. "삼손이 이르되 블레셋 사람과 함께 죽기를 원하노라 하고 힘을 다하여 몸을 굽히매 그 집이 곧 무너져 그 안에 있는 모든 방백들과 온 백성에게 덮이니 삼손이 죽을 때에 죽인 자가 살았을 때에 죽인 자보다 더욱 많았더라."

삼손은 그때 생의 마지막 순간이 다가왔음을 느꼈습니다. 두 눈을 다 잃고 이방 신전에서 재주나 부리는 노리갯감으로 살기보다는, 마지막 힘을 다 쏟아 불의한 우상숭배자들을 다 멸하고 하나님의 영광을 드러내는 것이, 그동안 자신에게 부어 주신 하나님의 크신 사랑과 은혜와 축복에 보답할 수 있는 마지막 기회라고 확신했습니다. 그래서 하나님께 아뢴 마지막 소원대로, 다곤 신전을 버티고 있는 두 기둥 가운데 하나는 왼손으로 하나는 오른손으로 껴 의지하고 그에게 남아 있는 마지막 젖 먹던 힘까지 다 쏟아 부어 몸을 굽혔습니다. 그러자 거대한 신전이 무너지면서 거기에 모여 있던 블레셋 다섯 성읍의 통치자들과 남녀 3천 명이 한꺼번에 몰살했습니다. 삼손이 살아 있을 때 딤나에서 30명(삿 14:19), 처가에 갔을 때 수백 명(삿 15:8), 레히에 있을 때 나귀의 턱뼈로 1천 명을 죽여(삿 15:15) 거의 2천 명에 가까운 사람이 죽었는데, 그보다 훨씬 많은 3천여 명이 한꺼번에 죽은 것입니다. 그리하여 삼손은 생의 마지막 순간에 하나님께 가장 큰 영광을 돌릴 수 있었습니다.

우리도 신앙생활을 하면서도 영적으로 충만하지 못함으로 많은 경우 갖가지 핑계를 대면서 주님 앞에 나올 믿음을 잃어버리고, 기도할 힘을 잃어버리고, 사랑할 마음도 잃어버린 채 살아갑니다. 그러나 만약 우리의 생의 마지막이 찾아왔다면 여러분은 마지막으로 무슨 일에 혼신의 힘을 다 쏟으시겠습니까? 마지막으로 예배드리고, 마지막으로 기도드리고, 마지막으로 사랑하고, 마지막으로 감사하면서, 마지막으로 복음 전하고, 마지막으로 구제하고, 마지막으로 봉사하고, 마지막으로 주님 일에 힘쓰다 주님 곁으로 가야 하지 않겠습니까?

더 나아가 우리가 순례자의 길을 가면서 수많은 영적 싸움을 하게 되는데, 가장 먼저 영적 분별력을 가지고 하나님 편에 서서 영적 싸움을 함으로 기필코 불의한 자들을 다 물리치고 하나님 앞에 서야 일생의 마무리를 잘 하는 것입니다. 그리할 때 여러분이 떠난 다음에도 모두 다 여러분의 노고를 인정하고 감사하면서 하나님께 영광 돌리게 될 것입니다. 지금 온 세상은 말세 마지막 때가 되어, "인자가 올 때에 세상에서 믿음을 보겠느냐"(눅 18:8)라는 말씀을 되새기게 합니다.

정부는 코로나19 방역이라는 미명 아래 정작 감염의 온상지인 젊은이들이 많이 모여 집단 감염을 일으킨 백화점, 학교, 술집 등은 단속하지 않고, 코로나19를 물리칠 수 있는 유일하신 분인 하나님께 예배드리며 방역에 빈틈이 없는 교회를 탄압하고 있습니다. 하나님께 영과 진리로 드려야 하는 예배를 비대면으로 하라는 것이 말이 됩니까? 더 나아가 차별금지법과 평등에 관한 법률이라는 허울 아래 동성애자를 인정하는 입법까지 서두르고 있습니다.

지난주 화요일에도 미국 로스앤젤레스에 위치한 한 한국식 스파에서 신체는 남성이지만 성적 정체성이 여성이라고 밝힌 트랜스젠더(성전환) 여성이 여탕에서 옷을 벗고 돌아다녀 여성 고객들이 스파 측에 크게 항의했습니다. 그러나 스파 측이 성 정체성에 관한 법에 따라 차별할 수가 없다고 답하자, 여성 고객들이 그는 여성이 아니라고 크게 반발해서 그 후 트랜스젠더 여성 고객을 지지하는 측과 반대하는 측의 충돌이 일어났습니다. 이번에 국회에서 차별금지법과 평등에 관한 법률이 통과되고 나면, 이러한 일이 이제 우리나라에서도 일어날 것입니다. 우리 자녀들이 동성애에 빠지고 동성애자들과 결혼한다고 해도 막을 길이 없어지고, 더 나아가 우리 기독교의 복음만이 진리라고 외칠 수 없는 시대가 오고 말 것입니다. 외국처럼 복음을 믿으라고 외치는 자들에게 벌금형과 징역형이 가해지는 시대가 임박해 오고 있음을 심각하게 받아들여야 합니다. 그러니 우리가 영적으로 깨어 있지 않고, 영적 분별력을 갖지 않고, 영적 싸움을 하지 않으면 어떻게 되겠습니까?

지난 월요일부터 수요일까지 우리 치유하는교회 부목사 출신을 중심으로 서울, 부산, 홍산, 익산, 여수, 제주 등 전국 각지에 흩어져 목회를 잘 하고 있는 목사님들의 모임인 세계치유선교회 하계수련회를 다녀왔습니다. 그중 한 목사님이 어떤 교회에 처음 담임목사로 갔을 때 주위 목사님의 소개로 여전도사가 한 명 왔다고 합니다. 옛날에 다방과 술집을 경영했는데 전도사가 되었다고 하길래, 얼마나 뜨거운 주님의 은혜를 체험했으면 전도사까지 되었을까 싶어 기대하며 모시고 왔습니다. 그런데 교회에 부임해 1년간 있으면서 끊임없이 목사님의 설교가 은혜롭지 못하다고 험담하고, 목회에 대해서도 사사건건 비방하고, 심지어 남자 교인들에게 얼마나 애교를 부리던지 그들을 다 사로잡아버렸습니다.

이 여전도사가 연예인처럼 너무도 멋지게 생겨 놓으니까 남자 장로님들과 집사님들이 다 넘어가 결국에는 목사님께 반기를 들더랍니다. 그런데 하나님께서 도우셔서 그 여전도사 편에 섰던 장로나 집사의 부인 되는 권사님들이나 여집사님들이 목사님 편에 서 버리니 누가 이기겠습니까? 그래서 이 위임목사가 약 8개월에 걸친 영적 싸움 끝에 장로님들의 반대에도 가까스로 이 여전도사를 내쫓았는데, 나중에 알고 보니 이 여전도사가 신천지 이단에 속한 자였던 것입니다. 만약 그때 영적 분별력을 가지고 영적 싸움을 안 했다면 하나님의 교회가 어떻게 되었겠습니까?

우리 치유하는교회는 교회학교까지 신천지 이단 이만희 교주의 엄벌을 탄원하는 서명을 하는데, 우리는 때때로 고통스럽고 힘들어도 생의 마지막 순간까지 영적 싸움에 혼신의 힘을 쏟아야 합니다. 그리할 때 고린도전서 15장 57-58절에서 "우리 주 예수 그리스도로 말미암아 우리에게 승리를 주시는 하나님께 감사하노니 그러므로 내 사랑하는 형제들아 견실하며 흔들리지 말고 항상 주의 일에 더욱 힘쓰는 자들이 되라 이는 너희 수고가 주 안에서 헛되지 않은 줄 앎이라"고 분명히 약속하시지 않습니까? 그러므로 우리는 오늘이 마지막 날인 것처럼 하나님의 영광을 위해 혼신의 힘을 다 쏟아 헌신, 봉사, 충성을 다하며 영적 싸움에 끝까지 임해야 합니다. 그러면 우리의 수고가 결단코 헛되지 않게 하심으로 우리로 영적 싸움에서 반드시 승리케 하실 뿐 아니라, 살아계신 하나님께서 분명히 하늘의 상과 이 땅의 복으로 우리 인생과 자녀들에게까지 천 배나 만 배나 갚아 주실 줄 확실히 믿으시기 바랍니다.

저는 지난 22년 동안 치유하는교회 목회를 해오면서 함께 십자가를 나눠 지고 생의 마지막 순간까지 충성을 다하신 분들을 지금도 잊을 수가 없습니다. 아마 천국에 가서 그분들을 뵐 때까지 이 땅에서의 마지막 순간까지도 그분들을 잊지 못할 것입니다. 그 첫 번째 사람은 지금으로부터 14년 전 교회가 한창 어려워 목숨 걸고 영적 싸움을 할 때, 함께 십자가를 지고 충성을 다하다 과로로 인해 자다가 하늘나라로 떠나신 김병호 부목사님입니다. 그는 불의한 자들을 결고 묵인하지 않았고, 항상 하나님의 편에 서서 강하고 담대했습니다. 심지어 당시 노회수습전권위원장 목사님에게까지 "아무리 후배 목사라지만 어떻게 우리 담임목사님에게 반말을 하십니까?" 하고 당차게 대들었던 참으로 의리가 있는 호위무사 같은 목사님이셨습니다. 저는 늘 김 목사님에게 “나는 노회장까지 하더라도 동생같이 스케일이 큰 목사는 총회장을 해서 총회를 바로 세우시오!” 하고 말하고 했습니다. 그런데 그런 목사님이 그렇게 갑자기 떠나고 나니 처음에는 믿어지지가 않았습니다. 영안실에서 시신을 확인하고 나서야 비로소 그의 죽음을 인정할 수 있었습니다. 위로, 입관, 발인, 화장, 하관 등 장례예배를 드리면서 제 평생에 그렇게 많이 울어 본 적이 없었습니다. 가장 어렵고 힘들 때 큰 위로와 힘이 되었던 동생이었기 때문입니다.

그다음으로 윤대원 장로님을 잊을 수가 없습니다. 치유하는교회 처음 목회 10년 동안 고소를 수없이 당할 때 그 무거운 짐을 함께 진 사무장 장로님이셨기 때문입니다. 췌장암 말기가 되도록 고통 중에 있으셨으면서도 고소 사건이 다 끝날 때까지 끝까지 참고 견디시다 마지막 재판의 승소 판결을 얻어 내고서야 “목사님, 제가 건강이 많이 안 좋습니다. 아무래도 며칠간 좀 쉬어야 할 것 같습니다” 하고 휴가를 얻으셨는데, 그 길로 다시 일어서지 못하시고 11년 전에 하늘나라로 떠나시고 말았습니다. 고향 지명을 붙여 ‘영덕 황소’라고 별명을 붙여드렸던 윤대원 장로님은 저의 지난날 치유하는교회 목회에서 가장 위로와 힘이 되었던 분이셨습니다.

또 방일수 안수집사님도 결코 잊을 수가 없습니다. 당시 교회 사무장으로 계시다 불의한 자들에게 얼마나 상처를 많이 입었던지, 그렇게 착하신 분이 어느 날 목사실로 찾아와 “목사님, 더는 못 견디겠습니다! 사무장을 그만두고 싶습니다!” 그러셨습니다. 그래서 “집사님이 사무장을 맡아 주셔서 그동안 큰 힘이 되었는데 그만두시면 하나님의 교회가 어떻게 되겠어요? 끝까지 함께 십자가를 지고 이겨냅시다!” 하고 붙잡았는데, 그때 얼마나 스트레스를 심하게 받으셨던

지 결국 견디지 못하고 전립선암으로 쓰러지셔서 17년 전 하늘나라로 떠나시고 말았습니다. 지금도 차라리 그때 그만두도록 해야 했는데 하는 생각에 부인 권사님이나 따님께 늘 죄송한 마음뿐입니다.

마지막으로 당시 영적 싸움을 진두지휘하며 당회를 이끌어 주셨던 한재호 선임장로님을 결코 잊을 수가 없습니다. 한 장로님은 참으로 외유내강한 선비 같은 장로님이셔서, 안팎의 온갖 박해 속에서도 한 가지 분명한 원칙을 지키셨습니다. 그것은 주의 종을 중심으로 교회가 바로 서야 한다는 것이었습니다. 영적으로 외유내강하셨기에 선후배 장로님들과 교인들의 온갖 공격 속에서도 그것을 온몸으로 다 막아 내시고, 영적 싸움을 다 마무리하시고, 성전 건축까지도 다 마치시고, 은퇴까지 잘 하셨습니다. 우리 치유하는교회의 최대 부흥기에 목회하는 데 가장 큰 위로와 힘이 되어 주셨던 장로님이셨는데, 자신의 사명을 다 마치시고 5년 전에 하늘나라로 떠나셨습니다.

그분들은 모두 사명을 충성스럽게 잘 마치시고 모두 먼저 하늘나라로 떠나가셨는데, 저만 이렇게 남아 있는 것 같아 죄송스러운 마음뿐입니다. 저도 그분들처럼 목숨 바쳐 목회하다 언제든지 하나님께서 부르시면 미련 없이 떠나겠다는 각오로 목회를 하고 있습니다.

사랑하는 성도 여러분, 아무리 세월이 흘러도 오늘의 우리 치유하는교회가 있기까지 순교적 신앙으로 사신 분들의 희생적인 노고를 결단코 잊지 말고, 우리 신앙의 모범으로 삼아야 합니다. 우리도 머지않아 어느 날 갑자기 하나님의 부르심을 받게 될 것입니다. 그러므로 우리 모두가 마지막 날을 기억하면서, 오늘이 마지막 날인 것처럼 나 자신부터 철저히 통회 자복하고, 오늘이 마지막 날인 것처럼 하나님께 간절한 소원을 아뢰고, 오늘이 마지막 날인 것처럼 하나님의 영광을 위해 남은 혼신의 힘을 다 쏟아야 합니다. 그리할 때에 우리의 여생이 진정으로 귀하게 쓰임 받으며 하나님께 크게 인정받고, 모든 사람들로부터도 크게 존경받게 될 줄 확실히 믿습니다.

이 시간 결단의 찬송으로 〈십자가의 길, 순교자의 삶〉을 부르며 믿음으로 결단하겠습니다.

내 마음에 주를 향한 사랑이
나의 말엔 주가 주신 진리로
나의 눈에 주의 눈물 채워 주소서
내 입술에 찬양의 향기가
두 손에는 주를 닮은 섬김이
나의 삶에 주의 흔적 남게 하소서
하나님의 사랑이 영원히 함께하리
십자가의 길을 걷는 자에게
순교자의 삶을 사는 이에게
조롱하는 소리와 세상 유혹 속에도
주의 순결한 신부가 되리라
내 생명 주님께 드리리

살아계신 하나님 아버지, 우리가 이 땅에 오래 사는 것만이 복이 아니며, 얼마나 의미 있고 뜻 깊게 사는지가 중요하다고 믿습니다. 그런데도 저희가 세상에 빠져 이 땅에서 천 년 만 년 살 것처럼 착각하며 하나님의 뜻을 거스르고 하나님의 복을 잃어버리면서 하나님의 영광을 가릴 때가 얼마나 많았습니까? 그러나 남은 인생이라도 우리 모두 다 마지막 날을 기억하면서 오늘이 마지막 날인 것처럼 나 자신부터 통회 자복하게 해주시옵소서! 오늘이 마지막 날인 것처럼 하나님께 간절한 마음의 소원을 아뢰게 해주시옵소서! 오늘이 마지막 날인 것처럼 하나님의 영광을 위해 남은 혼신의 힘을 쏟게 해주시옵소서! 그리함으로 주님 안에서 진정으로 은혜롭고 축복되고 행복하게 하나님의 영광을 크게 드러내는 복된 여생이 모두 다 되게 해주실 줄 믿사옵고 예수님의 이름으로 간절히 축복하며 기도하옵나이다. 아멘!

이렇게 양육하라

룻기 1장 1-5절

5월 가정의 달을 맞이하여 지난번 구약 시리즈 말씀 가운데 가정의 달을 위해 남겨 두었던 룻기를 다루고자 합니다. 특별히 오늘은 어린이 주일입니다. 우리는 하나님께서 맡겨 주신 자녀들의 선한 청지기로서 세상을 떠날 때까지 이들을 영적으로 양육해야 합니다. 본문 말씀을 보면 영적 양육에 실패한 엘리멜렉과 나오미라는 한 부모가 나옵니다. 그들이 어떠한 점에서 영적 양육에 실패했는지를 보면서, 이를 결단코 따르거나 되풀이해서는 안 될 반면교사(反面教師)로 삼아, 우리에게 맡겨 주신 자녀들을 영적으로 어떻게 양육해야 할 것인지 이 시간을 통해 하나님의 음성을 들을 수 있길 바랍니다.

고난 속에서 인내해야 함

먼저 본문 1절 말씀을 보겠습니다. "사사들이 치리하던 때에 그 땅에 흉년이 드니라 유다 베들레헴에 한 사람이 그의 아내와 두 아들을 데리고 모압 지방에 가서 거류하였는데."

사사(재판관)들이 이스라엘을 다스리던 사사시대, 즉 주전 1380~1050년에 이르는 약 300년간 그 땅에 흉년이 들자, 유다 땅 베들레헴에 살던 한 사람이 아내와 두 아들을 데리고 모압 지방으로 떠나가게 됩니다. 적어도 이 부부는 양식이 풍부하고 기름진 곳이어서 '떡집'이라고 불리던 베들레헴에 흉년이 들었다 할지라도, 고난 속에서 인내하면서 그들 신앙의 땅을 지켰어야 했습니다. 피난을 가더라도 다른 유다 땅이나 북쪽 이스라엘 땅으로 가야 했는데, 하필이면 그들은 요단강을 건너 모압 지방으로 갑니다. 모압 지방이 어떤 땅입니까? 믿음의 조상 아브라함의 조카 롯이 소돔과 고모라의 심판에서 살아난 후 술에 취해 자신의 큰딸과의 사이에서 낳은 자녀의 후손이 모압 족속이고, 그 모압 족속이 살던 이방 땅이 모압 지방이었습니다. 왜 하필이면 그 육적인 사람들이 머무는 이방 땅 모압 지방으로 구걸하러 갑니까? 이것이 바로 엘리멜렉과 나오미 부부가 그들의 인생과 자녀 양육에 있어서 실패할 수밖에 없었던 첫 번째 원인입니다.

우리도 살다 보면 실직이나 사업의 실패로 경제적인 어려움도 겪고, 질병의 고통도 겪고, 가정의 불행으로 눈물을 흘릴 때도 있습니다. 그때 하나님 앞에 엎드려 금식하면서 기도하고 통곡하면서 통회자복하고, 남은 인생은 주님과 고통당하는 이웃을 위해 살 것을 서원하면서 믿음으로 결단해야 합니다. 그런데 인생의 고난을 당하면 이와 반대로 불평하거나 원망하고, 낙심하거나 좌절해 가정을 떠나거나 심지어 교회까지 떠나는 사람들이 있습니다. 그러나 우리가 고난 속에서 인내하지 못하고 주님을 떠나면 물을 떠난 물고기 같은 인생이 되고 맙니다. 그리하여 인생이 더 불행해지고 고통스러워지며 결국 파멸에 이르고 맙니다.

그러므로 우리가 인생의 고난을 당하면 야고보서 1장 2-4절의 말씀을 기억해야 합니다. "내 형제들아 너희가 여러 가지 시험을 당하거든 온전히 기쁘게 여기라 이는 너희 믿음의 시련이 인내를 만들어 내는 줄 너희가 앎이라 인내를 온전히 이루라 이는 너희로 온전하고 구비하여 조금도 부족함이 없게 하려 함이라." 수많은 시험을 당해도 그 고난들을 온전한 기쁨으로 여기라는 것입니다.

여러분, 상상을 해보십시오. 고난 속에서 어떻게 온전히 기뻐할 수 있습니까? 그러나 이것이 바로 세상 사람들과 달리 십자가의 죽음의 고난을 이겨 내신 주님을 믿는 자들의 믿음입니다. 이렇게 우리가 여러 고난 속에서도 온전히 기쁘게 여길 때, 이러한 믿음의 시련이 우리로 하여금 인내하게 하면서 신앙의 연단을 받게 한다는 것입니다. 이 신앙의 연단을 받으며 끝까지 잘 인내하면 복의 근원 되시는 하나님 아버지께서 그 연단이 끝난 후 우리를 정금 같은 믿음으로 나오게 하심으로, 우리로 하여금 온전하고 구비하여 조금도 부족함이 없게 하십니다. 그러므로 어떠한 인생의 고난 속에서도 십자가의 주님을 바라보고 그 십자가를 붙잡고 고난의 세월을 끝까지 인내해 나갈 수 있길 바랍니다.

이탈리아의 세계적인 바이올린 연주자인 니콜로 파가니니(Niccolo Paganini)가 한번은 얼마나 열정적으로 연주를 했던지 갑자기 바이올린의 줄 하나가 끊어져 버렸다고 합니다. 연주자에게 이 얼마나 당황스런 일입니까? 그래도 동요하지 않고 나머지 세 줄로 열심히 연주를 해나갔지만, 이어서 두 번째 줄도 끊어지더니 세 번째 줄까지 더는 버티지 못하고 끊어져 버렸습니다. 이제 관중들은 어떻게 한 줄로 연주를 하겠는가 싶어 오늘 연주는 다 망쳤다고 생각하고 있었습니다. 그런데 파가니니는 놀랍게도 마지막 한 줄만 가지고도 너무나 감동적으로 연주를 잘 마쳤고, 이를 지켜보던 관중들은 그 어느 때보다도 뜨거운 박수를 보냈습니다. 여러분, 파가니니가 바이올린의 남은 한 줄만을 가지고도 연주를 잘 마칠 수 있었던 것처럼, 우리도 세상 것을 다 잃어버리고 세상 사람들이 다 떠나가도, 마지막 남은 십자가의 주님 한 분만 바라보며 그 십자가만 붙잡고, 어떠한 고난의 세월 가운데서도 인내하면서 우리에게 주어진 인생을 훌륭하게 연주해 나가야 합니다.

우리가 어떠한 고난 속에서도 끝까지 인내하는 이러한 신앙의 모범을 자녀들에게 보여 주면, 자녀들은 큰 감동을 받고 부모의 신앙의 모범을 따라 그들도 인생에 어떠한 고난이 닥쳤을 때 인내하면서 능히 이겨 내게 됩니다.

회사의 부도로 아버지가 술에 거나하게 취해 집에 돌아왔는데, 어머니가 위로하지는 못할망정 "내가 벌써부터 당신 망할 줄 알았어! 지금까지 안 망한 것만 해도 기적이지! 사업을 그따위로 하면 되겠어?" 하며 불난 집에 부채질하고 기름을 끼얹습니다. 그렇게 화를 돋우면 아버지가 가만히 있겠습니까? "당신 뭐라고 그랬어? 이런 망할 놈의 여편네야! 네 아버지는 사업 안 말아먹었냐?" 하면서 처가까지 들먹이며 상처를 쑤셔 댑니다. 그렇게 아내와 대판 싸우고 심지어 폭력도 쓰고 방에 들어가 술에 취해 쓰러지면, 자녀들이 이러한 부모의 모습을 보면서 무엇을 배울 수 있겠습니까? '아, 시련을 당하면 저렇게 술 마시고 들어와 대판 싸우고 집안을 뒤엎는 거구나' 하지 않겠습니까? 그래서 자녀들도 인생의 실패를 겪었을 때, 부모에게 배운 그대로 똑같이 술 마시고 폭력을 쓰고 가족에게 고통과 불행만 남기게 됩니다.

아버지가 사업을 다 말아먹으면 신앙의 어머니인들 왜 화가 안 나겠습니까? 그래도 제가 가르쳐드린 대로 "주여! 주여!" 하고 주님 앞에 상처받은 감정을 다 쏟아 낸 후, 참회의 눈물을 흘리며 용서를 구하는 아버지에게 다가가, "여보, 당신만 건강하면 돼요! 믿음만 잃지 않으면 다시 시작하고 일어설 수 있어요! 여보, 주님 바라보며 힘내세요!" 하고 위로해야 합니다. 그러면 아버지는 그 사랑에 감격해 눈물 흘리면서 욥과 같은 믿음으로 인내해 결국 실패를 이겨 내게 됩니다. 이어서 아버지는 말없이 성전에 달려가 엎드려 철야하고, 어머니는 골방에서 아버지를 위해 눈물로 기도하면, 그 모습을 지켜보는 자녀들에게 이 이상의 모범이 되는 감동적이고 영적인 신앙의 양육은 없습니다. 자녀들도 인생을 살아가다 어떠한 고난을 겪을 때 부모와 똑같이 성전이나 골방에서 눈물로 부르짖으며 믿음으로 일어설 것입니다. 이것이 바로 위대한 영적 신앙의 계승입니다.

그래서 바울 사도가 고린도전서 4장 15-16절에서 "그리스도 안에서 일만 스승이 있으되 아버지는 많지 아니하니 그리스도 예수 안에서 내가 복음으로써 너희를 낳았음이라 그러므로 내가 너희에게 권하노니 너희는 나를 본받는 자가 되라"고 외치고 있지 않습니까? 그러므로 우리 부모들이 어떠한 고난 속에서도 인내하는 신앙의 모범을 보여 주는 것이, 우리 자녀들을 위한 어떠한 영적인 양육보다 위대하고 감동적인 양육이 될 줄 확실히 믿으시기 바랍니다.

거룩함을 지켜 나가야 함

계속해서 본문 2절 상반절 말씀을 보겠습니다. "그 사람의 이름은 엘리멜렉이요 그의 아내의 이름은 나오미요 그의 두 아들의 이름은 말론과 기룐이니."

여기서 남편의 이름이 엘리멜렉이라고 밝힙니다. '엘리멜렉'은 히브리어로 'אֱלִימֶלֶךְ'(엘리멜레크)인데, '엘리'는 '나의 하나님'이라는 뜻이고, '멜렉'은 '왕'이란 뜻이어서 '엘리멜렉'은 '나의 하나님은 왕이시다'라는 의미가 됩니다. 아내의 이름은 '나오미'인데, 이는 히브리어로 'נָעֳמִי'(노오미)이며 '기쁨'이란 뜻입니다. 이 부부의 이름대로라면 '나의 하나님은 왕이시다'라고 고백하며 믿음으로 살아가면 '기쁨'이 넘쳐날 수밖에 없었을 것입니다. 그런데 그 부모가 자신들의 이름처럼 신앙의 거룩함을 지켜 나가지 못하니까 그 자녀들이 어떻게 되었습니까? 큰아들의 이름이 '말론'이고 히브리어로 'מַחְלוֹן'(마홀론)인데 '질병'이란 뜻이고, 둘째 아들의 이름이 '기룐' 즉 히브리어로 'כִּלְיוֹן'(킬르온)이며 '죄악'이란 뜻입니다. 이처럼 부모의 거룩성의 상실이 아들들의 질병과 죄악을 가져오고, 결국 모두 다 죽음에 이르게 하고 말았으니 이 얼마나 비극적이고 불행한 가정의 종말입니까?

그러므로 말세 마지막 때 성경은 끊임없이 부모들을 향해 외칩니다. 레위기 19장 2절 말씀을 인용해 베드로전서 1장 16절에서 분명히 명령하고 있지 않습니까? "기록되었으되 내가 거룩하니 너희도 거룩할지어다 하셨느니라." 부모가 영적으로 거룩하지 않으면 자녀의 장래를 다 허물어뜨리고 맙니다. 그러니 자녀가 잘못된 길로 가면 부모 자신들부터 통회 자복하면서 엎드려야 합니다. 그리할 때 자녀가 다시 돌아와 영적으로 살아날 길을 찾게 되는 것입니다. 자녀가 좋은 대학에 진학하고, 좋은 직장에 취직하고, 좋은 가문의 사람과 결혼하는 것이 중요한 것이 아니라, 그들이 먼저 구원받고 영육 간에 치유 받고 주님과 고통당하는 이웃을 위해 헌신된 주님의 제자가 되어야 합니다.

그런데 오늘날 우리 자녀들의 현실은 지난 한 주간 〈국민일보〉에 계속 연재되었듯이, 2년 4개월간 계속되고 있는 코로나19의 스트레스로 상실감, 불안감으로 인한 우울증, 강박증, 조현병 등에 의한 자살충동에 이르기까지 걷잡을 수 없는 상황에 이르고 있습니다. 이러한 참담한 현실에서 우리의 자녀들에게는 무엇보다 사랑의 치유의 손길이 절실히 필요합니다. 그렇지 않으면 우리 자녀들은 모두 성격장애자나 신경증 환자나 정신병 환자가 되고 말지도 모릅니다. 가정이나 직장 심지어 교회 안에서까지 예수 믿는다고 하면서도 평생 남을 괴롭히는 걸림돌이 되고, 사탄의 도구로 전락해 암적 존재로 살다 인생을 끝내고 만다면 이 얼마나 불쌍하고 불행한 인생입니까?

그렇다면 우리 자녀들과 함께 부모들이 치유 받고 거룩함을 지켜나갈 수 있는 방법은 무엇일까요? 디모데전서 4장 4-5절은 이렇게 분명히 증거하고 있습니다. "하나님께서 지으신 모든 것이 선하매 감사함으로 받으면 버릴 것이 없나니 하나님의 말씀과 기도로 거룩하여짐이라." 하나님께서 지으신 세상의 모든 것은 선하고 감사함으로 받으면 버릴 것이 없습니다. 보수적인 목사들은 TV를 마귀상자라고 하면서 절대로 못 보게 하는데, TV에서 우리가 보지 말아야 할 것은 귀신, 성행위, 폭력 등이 난무하는 것들입니다. TV 프로그램 중에서도 웃음과 눈물로 치유를 제공하는 프로그램을 보면, 영육 간에 치유되고 회복될 수 있도록 우리의 굳은 마음 문을 열어 주기도 합니다. 매주 웃음을 주는 프로그램 하나, 눈물짓게 하는 프로그램 하나 이상을 보면서라도 치유를 받는 것이 필요합니다. 그래야 마음의 평안과 진정한 삶의 변화를 위해 마음 문이 열리는 것입니다.

그리고 그 치유 받은 열린 마음에 더하여 날마다 말씀과 기도로 영적인 치유를 받는 경건의 시간을 가져야 합니다. 한 주간 내내 하나님의 말씀과 기도로 치유 받지 못하니 매사에 부정적이고 비판적이며 점점 그 마음이 강퍅하고 완악해져 주일에만 예수 믿는 '주일교인'(Sunday Christian)이 되어 버리는 것입니다. 또 외식하는 서기관과 바리새인처럼 되어 버려 은혜도 못 받고 축복도 못 누릴 뿐 아니라, 자신의 복만 구하면서 신앙생활하다 인생을 끝내 버리고 맙니다. 우리가 주님으로부터 치유 받아야 나 자신이 먼저 평안하고 행복합니다. 가정에서도 남편이나 아내나 부모에게 달려들 일이 없습니다. 교회에 와서도 목사님이나 다른 교인들에게 불만을 터뜨릴 이유가 없습니다. 날마다 말씀과 기도로 살아갈 때 우리 자신이 먼저 치유 받고 거룩함을 지키며 일어설 수 있을 뿐 아니라, 아무리 잔소리를 해도 변하지 않던 자녀들까지도 함께 거룩한 믿음으로 일어서게 됩니다. 창세 이래의 역사를 보면 신실한 신앙의 주의 종들이나 장로님들이나 권사님들이나 집사님들이 모두 다 말씀과 기도로 치유를 받으며 자라난 것을 알 수 있습니다.

오륜교회 주경훈 목사님이 쓴 《52주 가정예배》라는 책에 'Wave, 가정예배의 파도를 타라'라는 제목의 내용이 있습니다. 그에 따르면, 가정예배가 다음의 순서로 진행되어야 한다는 것입니다.

W(Welcome): 환영하는 시간으로 시작해

A(Adventure): 말씀을 탐험하는 시간으로 이어지고

V(Value): 말씀을 삶에 적용해 가치를 발견하고

E(Eating): 간단한 다과를 나누며 즐거운 대화로 마무리되어야 한다.

초대교회 성도들도 성전에서나 골방에서나 떡과 음식을 나누었는데, 먹는 게 왜 중요한지 아십니까? 우리가 먹으려고 입을 열면 식도가 열리고, 식도가 열리면 마음이 열리기 때문입니다. 가정예배도 너무 지루하거나 딱딱하지 않고 즐겁고 화기애애하게 만들어 줍니다.

매 주일 주보에 삽입되어 있는 가정예배 순서지를 따라 자녀들과 함께 가정예배를 드리면 가장 좋습니다. 그러나 저처럼 안팎으로 너무 바빠 새벽 일찍 나와 밤늦게 집에 들어가는 바람에 매일 자녀와 함께하기 어려운 경우에는 자녀에게 경건의 시간(QT)을 갖게 해서 매일 말씀과 기도의 두 기둥을 붙잡고 험난한 세파를 헤쳐 나가도록 해야 합니다. 그리할 때 우리의 자녀들도 이 썩어 가고 어두워만 가는 말세 마지막 때 스스로 거룩함을 지키며 우리의 신앙을 이어 갈 수 있습니다. 딸아이를 영적으로 양육할 시간이 없어서 어렸을 때부터 매일 말씀과 기도로 QT 훈련을 시켰더니, 엄마 아빠보다 더 착한 목사 사모가 되었습니다. 그뿐 아니라 아버지의 뒤를 이어 신학을 공부하고 상담치유학까지 공부하고 있어 얼마나 감사한지 모릅니다. 사랑하는 딸에게 그 이상 더 바랄 것이 뭐가 있겠습니까?

그러므로 우리가 부모로서 이룰 수 있는 진정한 자녀 양육에서의 성공은, 자녀들이 세상적으로 성공하고 유명해지는 것이 아니라, 일생토록 하나님 나라의 소중한 일꾼으로 쓰임 받게 돕는 것입니다. 그러므로 우리가 날마다 웃음과 눈물의 감동 속에서 하나님의 말씀과 기도의 성령 충만한 삶을 살아가면, 우리도 일생토록 거룩함을 지켜 나가고, 우리 자녀들도 말세 마지막 때 타락한 세상에서도 그 거룩함을 지켜 나가게 될 줄 확실히 믿습니다.

죄악 세상에 빠져들어선 안 됨

마지막으로 본문 2절 하반절 말씀을 보겠습니다. "유다 베들레헴 에브랏 사람들이더라 그들이 모압 지방에 들어가서 거기 살더니."

엘리멜렉과 나오미는 유다 베들레헴 에브랏(베들레헴의 옛 이름, 창 48:7) 사람들이었는데 이방 땅 모압 지방에 들어가 살았습니다. 왜 신앙의 택함 받은 땅에서 불신 이방 땅으로 들어가 살았을까요? 한때 흉년 때문에 잠시 피난을 갔다 하더라도 다시 유다 땅 베들레헴으로 돌아와야 할 것 아닙니까? 그런데 엘리멜렉과 나오미가 모압 지방에 들어가 죄악된 세상에 뿌리를 내리고 살면서부터 이 가정의 불행과 고통이 심해져만 갔습니다. 먼저 남편인 엘리멜렉이 세상을 떠났고, 모압 지방에 정착해 살면서 두 아들이 이방 땅의 모압 여자들과 결혼했지만, 결국 모압 지방에 거주한 지 10년쯤 되었을 때 두 아들 말론과 기룐도 죽고 맙니다. 나오미의 가정에 이 이상의 비극적인 불행이 어디 있겠습니까?

여러분, 왜 그토록 평안하던 가정에 이런 날벼락과 같은 고통과 불행이 닥쳐왔습니까? 모압이라는 죄악된 세상에 뿌리를 내리고 빠져든 데 결정적인 원인이 있습니다. 여기서 우리는 고린도후서 6장 14, 17절의 말씀을 기억할 필요가 있습니다. "너희는 믿지 않는 자와 멍에를 함께 메지 말라…그러므로 너희는 그들 중에서 나와서 따로 있고 부정한 것을 만지지 말라." 사업을 할 때도 아무리 친한 친구여도 불신자와는 동업을 해선 안 됩니다. 처음에는 좋게 시작해도 나중에는 꼭 갈라서게 됩니다. 그러므로 적어도 자녀들을 결혼시킬 때는, 사윗감이나 며느릿감이 아무리 외모나 실력이 뛰어나고 경제적 능력이 있고 집안이 대단해도, 그 가정의 신앙 배경과 구원의 확신과 헌신의 믿음을 최우선으로 보시기 바랍니다. 그리하여 그들이 더는 죄악된 세상에서 불행과 고통을 겪지 않고 천국의 축복과 행복의 자리로 나아오도록 해야 합니다. 그렇지 않고 세상적인 조건을 보고 자녀들이 결혼하게 두면, 그들이 회개하고 돌아올 때까지 평생 피눈물을 흘리며 불행과 고통 가운데 살게 됩니다.

그러므로 우리가 더는 불행과 고통을 겪지 않으려면, 먼저 아무리 바쁘고 피곤해도 만사를 제치고 하나님께서 가장 기뻐 받으시고 모든 복의 통로인 예배의 자리로 나아와야 합니다. 말씀의 자리로 나아와야 합니다. 기도의 자리로 나아와야 합니다. 헌신의 자리로 나아와야 합니다. 봉사의 자리로 나아와야 합니다. 전도의 자리로 나아와야 합니다. 우리가 그토록 애쓰고 수고하고 모으고 쌓는 것과 비교할 수 없는 기적적인 하나님의 풍성한 은혜와 넘치는 축복과 행복이 바로 여기에 있습니다. 그리할 때 자녀들이 우리의 충성된 신앙생활을 우리도 모르는 사이에 다 보고 배우게 되며, 거기서부터 그들의 인생에 진정한 하나님의 풍성한 은혜와 넘치는 축복과 가득한 행복이 임하게 됩니다.

우리는 그러한 성경의 확실한 약속의 증거를 유태인들의 6천 년 역사를 통해 확실하게 목격할 수 있습니다. 유태인들은 기나긴 고난의 시간을 지나오면서 제2차 세계대전 중에는 독일의 히틀러 나치 정권에 의해 600만 명이 학살되는 환난과 핍박을 겪기도 했습니다. 그럼에도 그들은 철저한 신앙의 가정교육과 더불어 성막과 성전과 회당 교육을 통해 지금까지도 여호와 신앙을 이어 가고 있습니다. 그 결과 오늘날 유태인들은 전 세계 인구의 0.2퍼센트에 불과하지만, 1901년 노벨상이 제정된 후 2015년까지 노벨상을 수상한 1,082명 중 약 30퍼센트를 차지하고 있습니다. 그뿐 아니라 지금도 세계의 정치,

경제, 사회, 문화, 철학, 예술, 국방, 외교에 이르기까지 전 세계를 이끌어 가는 대표적인 인물을 배출했습니다. 실제적으로는 이스라엘이 전 세계의 중심이 되어 미국, 영국, 프랑스, 독일, 이탈리아 등 온 세상에 선한 영향력을 미치고 있습니다.

이러한 신앙의 역사적 증거들을 보면서 우리는 성전장인 시편 84편 4절의 “주의 집에 사는 자들은 복이 있나니 그들이 항상 주를 찬송하리이다”라는 말씀을 확신하지 않을 수 없습니다. 더 나아가 시편 73편 28절의 “하나님께 가까이함이 내게 복이라 내가 주 여호와를 나의 피난처로 삼아 주의 모든 행적을 전파하리이다”라는 말씀을 체험하며 살아가지 않을 수 없습니다. 그런데 너무도 가슴 아픈 것은, 코로나19가 두려워 교회에 안 나오다 코로나19나 갖가지 질병이 악화되어 세상을 떠나는 것입니다. 우리는 지난 2년 4개월간 코로나19를 두려워하지 않고 한 주도 빠짐없이 나왔는데도 하나님의 은혜로 이렇게 기적적으로 건강하게 살아 있는데, 그렇게 예배도 안 드리다 갑자기 세상을 떠나게 되면 주님 앞에 설 때 뭐라고 대답할 수 있겠습니까?

지난 목요일 치유상담대학원대학교 이사회에 갔는데 한 이사 장로님이 그런 말씀을 하셨습니다. 코로나19로 인해 교회에 안 나가다 보니 장로님도 “와! 이렇게 편하고 좋은 신앙생활도 있구나! 천국이 이 땅에도 있구나!” 하며 감탄했다고 합니다. 장로님이 그렇게 신앙생활을 하다 보니 청년 아들도 “이렇게 교회 안 나가고 집에서 예배드리니까 너무 너무 편하고 좋아요!” 하면서 온 가족이 좋아했습니다. 그런데 그렇게 교회에 계속 안 나가고 있는 중 어느 주일에 아들이 침대에 누워 핸드폰을 들여다보면서 예배를 드리고 있는데 불현듯 ‘이건 아니다!’ 하는 생각이 들더랍니다. 그 후로 마음을 바꿔 성전에 아들을 데리고 나가게 되었다는 것입니다.

여러분, 말세 마지막 때 라오디게아교회처럼 차지도 덥지도 않은 신앙을 가지고, 성경의 가르침대로 믿음과 소망과 사랑을 가지고 성전에 모이지 않고, 비성경적이고 인본적이고 세속적인 비대면예배를 드리게 되면, 결국 우리 모두 영적으로 충만한 은혜도, 축복도, 행복도 다 잃어버리게 됩니다. 그래서 우리 교회도 유럽교회나 미국교회처럼 영적으로 점점 잠들고 병들고 죽어 가고 말 것입니다.

너무도 감사한 것은, 우리 치유하는교회는 지난 2년 4개월 동안 예배를 한 번도 빠지지 않고 드렸을 뿐 아니라 수요밤예배, 금요치유집회, 새벽기도회까지 얼마나 많은 성도가 주님의 전에 나와 예배드리고 부르짖으며 믿음으로 죄악된 세상을 이겨 내고 있는지 모릅니다. 지난 금요심야기도회에도 30-40대 젊은 부부들이 어린 자녀들까지 데리고 나와 기도하는 모습을 보고 너무나 감격했습니다. 목사님과 사모님이나 장로님들, 권사님들 가운데도 안 나오는 사람들이 있는데 집사님들의 자녀들까지 나와 말씀 받고 큰 소리로 열심히 찬양하고 기도하는 모습을 보면서 너무나 큰 은혜가 되었습니다.

그러면서 저의 어린 시절이 떠올랐습니다. 그때는 장로님·권사님이신 부모님이 무조건 교회에 나가라고 하시니까 부모님 말씀에 순종해 예배에 빠지지 않고 열심히 교회에 나갔습니다. 그랬더니 부모님께 받은 물질의 유산은 한 푼도 없지만, 신앙의 유산을 받아 이렇게 복 받은 행복한 목사가 되었습니다. 저는 금요심야기도회에 나오는 부모와 자녀들에게서 한국 교회의 새로운 희망을 발견하게 되었는데, 그들을 통해 우리의 가정과 교회와 나라와 민족의 희망이 있음을 보며 감사하고 감격하지 않을 수 없었습니다.

여러분, 우리가 아무리 애쓰고 수고해도 하나님께서 복을 주셔야 복을 누리게 되는 것입니다. 지난 2년 4개월 동안 예배를 잘 드렸더니 저나 여러분이나 생애 가운데 얼마나 큰 복을 받았습니까? 그래서 저는 더욱 더 체험의 확신을 가지고 성전예배를 강하게 증거하지 않을 수가 없습니다. 그러므로 말세 마지막 때 우리 부모부터 먼저 신앙생활의 모범을 보임으로, 불행과 고통을 안겨다 주는 죄악된 세상에 더는 빠져 있지 말고 하나님의 성전으로 나아올 수 있길 바랍니다. 그리할 때 자녀들도 우리의 뒤를 이어 하나님께서 부어 주시는 진정한 은혜와 축복과 행복을 풍성히 누리게 될 줄 확실히 믿으시기 바랍니다.

사실 우리가 자녀들의 신앙의 모범이 되어 자녀들을 영적으로 양육한다는 것은 결코 쉬운 일이 아닙니다. 매주 금요일 저녁마다 TV 조선에서 〈우리 이혼했어요〉라는 프로그램을 방영하는데, 이혼한 부부들이 다시 만나 지난날을 회고하면서 서로의 잘못에 대해 용서를 구하며 화합을 시도하는 프로그램입니다. 이혼의 아픔을 겪는 이들이 그들뿐이겠습니까? 이혼은 하지 않고 함께 살기는 하지만 정서적 이혼 상태로 살아가는 가정이 이 땅에 얼마나 많습니까? 그런데 부부의 불행이 어린 시절 자녀들에게 안겨 주는 고통은 그들의 일생을 통해 되풀이되는 더 큰 불행이 되고 맙니다.

지지난주 금요일에는 그룹 유키스 출신 가수 일라이와 레이싱 모델 지연수가 나왔습니다. 11세의 나이 차이를 극복하고 연상의 아내와 결혼했지만 고부간의 갈등으로 결혼 6년 만에 이혼하고, 그 후 2년 만에 다시 만난 것입니다. 이혼 당시 서운했던 감정을 다 터뜨리고 서로 용서를 구하는 시간을 가진 뒤, 일라이는 7세 된 아들과 함께 사는 지연수의 집으로 찾아갑니다. 아빠가 찾아올 줄은 상상도 못 했던 아들 민수는 2년 만에 아빠를 보자 움찔하더니 아빠를 보고 "안녕하세요?" 하고 인사를 합니다. 아빠가 "안녕, 민수야!" 하고 안아 주자 민수가 "아빠, 아빠, 힘세졌네!" 하면서 "아빠, 전화 통화로만 만나서 너무 슬펐어요! 아빠도 오랜만에 저 만나서 너무 좋아요? 저 그동안 아빠가 미국의 할아버지, 할머니와 행복하게 사는 줄 알았어요" 그러는 겁니다.

함께 점심을 먹는데 아빠가 먹고 곧바로 떠날까 봐 민수가 막 빨리 먹습니다. 아빠랑 엄마가 "천천히 먹어!"라고 말하는데도 불안한 마음에 "나 아빠 가고 나면 울 거예요. 아빠가 천천히 놀다 간다고 해놓고 빨리 가니까…그냥 아빠가 여기서 함께 살면 좋겠어요!" 하는 말을 되뇌었습니다. 그러더니 아빠가 목욕탕에 함께 들어가 목욕을 시켜 주자 갑자기 불안했는지 "아빠, 결혼했어요?" 하고 묻습니다. "아니야!" 하고 대답하니까 "아빠, 의심해서 미안해요! 아빠, 사랑해요!"를 되풀이하더니 "여기는 엄마랑 아빠랑 사는 집이야! 아빠랑 같이 자고 싶단 말이야!"라고 고백합니다. 급기야 아빠와 헤어질 시간이 가까워지자 민수가 무릎 꿇고 "아빠, 우리 같이 살아요! 제발" 하면서 울며 비는 것입니다. 7살짜리 아들이 얼마나 아빠의 사랑에 굶주렸으면 그렇게 무릎까지 꿇고 빌면서 사정을 하겠습니까? 아빠의 사랑에 굶주린 아들 민수의 마음이 절절하게 느껴져 제 눈에서도 눈물이 흘러내렸습니다. 왜 부모의 불화로 어린 자녀들이 상처를 입고 고통을 당하고 불행을 겪어야 하는지 너무나 가슴이 아팠습니다.

사실 우리에게 자녀를 영적으로 양육할 수 있는 시간이 많이 남아 있는 것은 아닙니다. '품 안의 자식'이라는 말이 있듯이, 자녀가 우리의 품 안에 있을 때라야 말이라도 듣지, 품 밖으로 떠나면 점점 멀어지고 더욱이 결혼마저 하면 더 멀어지고 맙니다.

그런데 이 세상에서 가장 가슴 아픈 일은 자녀가 우리보다 먼저 세상을 떠나는 일일 것입니다. 지난 월요일 새벽기도회에도 한 여자 성도님이 안수기도를 받으러 오셨습니다. 작년에 하나밖에 없는 시집간 사랑하는 딸을 위암으로 먼저 하늘나라로 떠나보냈는데, 얼마나 정성을 다해 오랫동안 병간호를 했던지 71세 된 이 어머니의 건강이 다 상한 것입니다. 견디기 힘들 정도로 고통스러운 허리 골절까지 당했는데도, 말기 암에 걸린 딸 앞에서 자신의 몸의 고통은 전혀 개의치 않으신 것입니다. 딸을 떠나보낸 후 정신을 차리고 보니 온몸의 건강이 상해 있었습니다. 그렇게 어머니가 건강을 다 잃더라도 사랑하는 딸을 살릴 수만 있었다면 여한이 없었을 텐데, 딸은 이러한 어머니의 온갖 정성 어린 간호에도 먼저 떠나가 버렸으니, 딸의 1주기 추도일을 맞는 어머니의 심정이 어떠했겠습니까?

사랑하는 성도 여러분, 하나님께서 우리 부모들에게 사랑하는 자녀들을 맡겨 주셨는데 우리가 잘못 양육함으로 그들이 곁길로 간다면, 우리는 연자 맷돌을 목에 매고 깊은 바다에 들어가야 할 것입니다. 그러므로 맡겨 주신 우리 자녀들을 영적으로 잘 양육하려면, 우리 부모들이 먼저 어떠한 고난 속에서도 인내하고, 거룩함을 지켜나가고, 죄악된 세상에 결단코 빠지지 않아야 합니다. 그리할 때 우리의 자녀들도 영적으로 우리의 뒤를 따르게 될 것이며, 머지않아 우리가 땀과 눈물로 길러 낸 자녀들과 함께 주님 앞에 서게 될 때 "잘 하였도다 착하고 충성된 종아!" 하는 칭찬과 영광과 존귀를 누리게 될 줄 확신히 믿습니다.

이제 〈요게벳의 노래〉를 부르며 믿음으로 결단하겠습니다.

작은 갈대상자 물이 새지 않도록

역청과 나무 진을 칠하네
어떤 마음이었을까 그녀의 두 눈엔
눈물이 흐르고 흘러
동그란 눈으로 엄마를 보고 있는
아이와 입을 맞추고
상자를 덮고 강가에 띄우며
간절히 기도했겠지
정처 없이 강물에 흔들흔들
흘러 내려가는 그 상자를 보며
눈을 감아도 보이는 아이와 눈을 맞추며
주저앉아 눈물을 흘렸겠지
너의 삶의 참 주인 너의 참 부모이신
하나님 그 손에 너의 삶을 맡긴다
너의 삶의 참 주인 너를 이끄시는 주
하나님 그 손에 너의 삶을 드린다
그가 널 구원하시리 그가 널 이끄시리라
그가 널 사용하시리 그가 너를 인도하시리
너의 삶의 참 주인 너의 참 부모이신
하나님 그 손에 너의 삶을 맡긴다
너의 삶의 참 주인 너를 이끄시는 주
하나님 그 손에 너의 삶을 드린다

저희에게 귀한 자녀를 주신 사랑의 하나님 아버지, 저희에게 온 천하보다 더 소중한 귀한 자녀들을 허락해 주심을 진심으로 감사드립니다. 그러나 저희가 맡겨 주신 자녀들을 영적으로 양육하지 못함으로 인해 자녀 양육에 실패할 때가 얼마나 많았습니까? 늦었다고 생각하는 때가 가장 이른 때임을 깨닫고 저희 부모들이 먼저 고난 속에서도 인내하게 해주시옵소서! 저희부터 거룩함을 지켜 나가게 해주시옵소서! 결단코 죄악된 세상에 빠지지 않게 해주시옵소서! 그리하여 저희의 자녀들이 영적으로 저희의 뒤를 잇게 해주시고, 오늘 신학교주일을 맞아 저희 자녀들 가운데 주의 종도 많이 나오게 해주시옵소서! 그리함으로 머지않아 우리가 영적으로 잘 양육한 자녀들과 함께 주님 앞에 서게 될 때 "잘 하였도다! 착하고 충성된 종아!" 하는 칭찬과 영광과 존귀를 얻는 부모가 되게 해주실 줄 믿사옵고 예수님의 이름으로 간절히 축복하며 기도하옵나이다. 아멘!

개혁의 회복

룻기 1장 6-18절

종교개혁을 영어로 'Reformation'이라고 하는데 이는 '개혁'이란 뜻입니다. 사실 '종교개혁'보다는 '신앙개혁' 또는 '교회개혁'이라고 번역해야 옳은데, 이 '개혁'의 본뜻은 '원래로 돌아가는 것'입니다. 즉, '본질로 돌아가는 것'이란 뜻으로, 더 구체적으로 말하면 성경으로 돌아가는 것이며 성경이 말하는 신앙을 회복하는 것입니다. 그런데 본문 말씀에 이 '개혁의 회복'에 대해 잘 설명해 주는 사건이 나옵니다. 사사들이 치리하던 사사시대가 약 300년간(주전 1380~1050) 지속됐는데 그때 유다 땅에 흉년이 들었습니다. 베들레헴에 살던 엘리멜렉과 나오미 부부는 말론과 기룐 두 아들을 데리고 고향 땅 베들레헴을 떠나 요단강 동남쪽의 이방 땅 모압 지방으로 피난을 가게 됩니다.

여러분, 인생에 어떠한 환난이 닥쳐도 신앙의 자리만은 흔들리거나 떠나서는 안 되는데 이 가정의 불행은 여기서 싹트고 말았습니다. 그 결과 모압 지방에 가서 거주한 지 10년 만에 남편 엘리멜렉뿐 아니라 두 아들 말론과 기론까지 다 죽고 맙니다. 그래서 그 외로운 이방 땅에 나오미와 이방 여인인 두 며느리 룻과 오르바만 남게 됩니다. 이런 상황에서 그들이 어떻게 모든 것을 회복해 가는지를 보면서 이 시간도 하나님의 살아계신 음성을 들을 수 있길 바랍니다.

사랑의 인성을 회복해야 함

먼저 본문 16절 상반절 말씀을 보겠습니다. "룻이 이르되 내게 어머니를 떠나며 어머니를 따르지 말고 돌아가라 강권하지 마옵소서 어머니께서 가시는 곳에 나도 가고 어머니께서 머무시는 곳에서 나도 머물겠나이다."

먼 이방 땅에서 남편들을 잃고 세 과부만 남게 되었을 때, 시어머니 나오미는 꿈에도 그리던 고향 땅인 베들레헴 즉 말씀의 집으로 돌아가고 싶었습니다. 그런데 젊은 두 며느리가 맘에 걸려 그들에게 친정으로 돌아가라고 하면서, 그들이 죽은 자들(시아버지와 남편)을 사랑으로 잘 섬겼듯이 여호와께서 그들을 사랑으로 잘 돌봐 주시길 축복합니다. 그러나 며느리들이 소리 높여 울면서 "우리는 어머니와 함께 어머니의 백성에게로 돌아가겠나이다"(10절)라고 고백합니다.

그러자 나오미는 또다시 "내 딸들아 돌아가라 너희가 어찌 나와 함께 가려느냐 내 태중에 너희의 남편 될 아들들이 아직 있느냐 내 딸들아 되돌아 가라 나는 늙었으니 남편을 두지 못할지라 가령 내가 소망이 있다고 말한다든지 오늘 밤에 남편을 두어 아들들을 낳는다 하더라도 너희가 어찌 그들이 자라기를 기다리겠으며 어찌 남편 없이 지내겠다고 결심하겠느냐"(11-13절)라며 설득합니다[당시 유대에는 계대결혼법(Levirate Law, 신 25:5-6)이라는, 형이 일찍 세상을 떠나면

동생이 형수와 결혼해 자식을 낳아 대를 이어 가는 율법이 있었습니다]. 그러면서 "여호와의 손이 나를 치셨으므로 나는 너희로 말미암아 더욱 마음이 아프도다"(13절)라며 모든 불행과 고통을 자신의 탓으로 돌리는 신앙의 모범을 보여 줍니다.

여러분, 여기서 우리가 주목해야 할 부분은, 시어머니가 며느리를 부를 때 보통 히브리어로 'כַּלָּה'(칼라, 며느리)라고 부르는데, 나오미는 며느리들에게 한 번도 '칼라'라고 부르지 않고 계속해서 'בְּנֹתַי'(베노타이, 내 딸들)라고 부른다는 것입니다. 시어머니 나오미는 며느리들을 친딸처럼 사랑했기에 세 번이나 "내 딸들아"라고 부르면서 그들의 앞날을 걱정하고, 그들의 장래를 축복하고, 그들의 행복한 삶을 기원하는 사랑의 마음을 전합니다. 이처럼 시어머니의 뜨거운 사랑의 마음이 전해지자 며느리들이 감동을 받고 목 놓아 울더니, 그래도 둘째 며느리 오르바는 친정인 모압 땅으로 돌아갑니다. 그러나 큰며느리 룻은 "내게 어머니를 떠나며 어머니를 따르지 말고 돌아가라 강권하지 마옵소서 어머니께서 가시는 곳에 나도 가고 어머니께서 머무시는 곳에서 나도 머물겠나이다"(16절) 하며 어머니를 따르겠다는 사랑의 고백을 합니다. 이 얼마나 감동적인 사랑의 모습입니까?

그런데 오늘날의 현실은 어떠합니까? 요즘 이런 며느리도 있다고 합니다. 인질범들이 돈이 많아 보이는 할머니를 납치해 인질로 잡고는 그 며느리에게 전화를 했습니다. "당신의 시어머니를 우리가 인질로 잡고 있다. 1억 원을 가져오면 풀어 주겠다." 그랬더니 며느리가 "어림없는 소리 말아요. 절대 돈을 줄 수 없으니 당신들 맘대로 하세요" 그러는 겁니다. 그러자 화가 난 인질범들이 "좋다. 그렇다면 당신의 시어머니를 지금 당장 당신 집 앞에 데려다 놓겠다" 그랬더니 당황한 며느리가 다급한 목소리로 소리치더랍니다. "여보세요! 여보세요! 은행 계좌번호 빨리 불러요. 돈을 두 배로 보낼 테니까 절대 우리 시어머니를 풀어 주지 말고 제발 그냥 붙잡고 계세요." 이게 뭡니까? 이래 가지고 무슨 복을 받겠습니까?

설령 이러한 며느리가 있다 하더라도, 옛말에 '내리사랑'이라는 말이 있듯이 사랑은 위에서부터 흘러내립니다. 하나님으로부터 십자가를 통해 우리에게 사랑이 전해졌듯이, 부모가 먼저 자녀들을 사랑해야 자녀들이 감동을 받고 부모를 사랑하게 되는 것입니다. 그런데 주위에서 보면 자녀들이 자기 마음 몰라준다며 원수처럼 대하는 부모가 가끔 있습니다. 그러나 부모가 먼저 사랑이 부족했음을 통회 자복하고, 자녀들이 자신의 십자가임을 고백하면서 기쁨으로 그 십자가를 지고, 그들을 불쌍히 여겨 눈물로 기도하고 사랑으로 섬기고 끝까지 인내하면 자녀들은 다 회개하고 돌아올 수밖에 없습니다.

나이가 아주 많아 보이는 할머니가 길을 건너려고 횡단보도에 서 계시니까 한 학생이 친절하게 말했습니다. "할머니, 제가 안전하게 건널 수 있도록 도와드릴게요." 그러니까 할머니가 학생의 손을 덥석 잡더니 길을 건너려고 하는 겁니다. 학생이 깜짝 놀라 말했습니다. "할머니, 지금은 안 돼요. 빨간불이잖아요?" 그러자 할머니가 갑자기 학생 뒤통수를 한 대 후려치더니 그러시더랍니다. "야, 이놈아! 파란불일 때는 나 혼자서도 잘 건널 수 있어." 어른이 이래 가지고 어떻게 대접을 받을 수 있겠습니까?

멀리 갈 것도 없니 부부 사이에도 마찬가지입니다. 아무리 마음에 상처를 주고 못질을 하고 평생을 피눈물 흘리게 하고 원수처럼 살았다 해도, 끝까지 눈물로 기도하고 사랑으로 섬기고 인내하며 기다리면 언젠가는 회개하고 돌아오게 됩니다.

그것은 믿음의 가족들이 모이는 교회에서도 마찬가지입니다. 제가

33세의 젊은 나이에 시카고한인연합장로교회의 담임목사로 청빙을 받을 때 인터뷰에서 한 안수집사님이 물었습니다. "교회에서 목사와 교인들이 싸우면 그건 누구 책임인가요?" 그때 저는 이렇게 대답했습니다. "목사는 목사 책임이라고 해야 하고, 교인은 교인 책임이라고 해야 문제 해결에 더욱 가까이 접근할 수 있는데, 저는 목사로서 목사의 책임을 통감하며 문제 해결을 위해 열과 성을 다 쏟고 싶습니다." 지난 주간에 부흥성회에 가서도 제자 목사님에게 "이 땅에 문제 없는 교회는 없으니, 혹 교회에 어떤 문제가 생겨도 우리 목사들이 엎드려 기도하고 낮아져 섬기고 끝까지 인내하면서 신앙의 모범을 보이면, 결국 교인들도 변화되고 교회도 은혜롭고 행복하게 부흥하게 된다"고 이야기했습니다.

여러분, 목사라고 해서 교인들 앞에서 권위를 내세우고 군림하면서 큰소리나 치고 삶의 모범이 되지 않으면 교인들이 변하겠습니까? 절대로 안 변합니다. 존경은커녕 오히려 나쁜 감정을 가지고 "어디 두고 보자!" 하고 벼르면서 목사 손볼 날만 기다리며 삽니다. 그러나 목사가 먼저 죽고 교인들을 사랑으로 섬기고 끝까지 인내하면서 기다리면 사탄 마귀에게 사로잡힌 사람을 제외하고는 다 변하게 되어 있습니다. 그런데 우리가 이 사실을 너무도 잘 알면서도 왜 이 사랑이 안 되는지 아십니까? 우리가 성령 충만한 믿음에 바로 서 있지 못해서, 십자가 사랑의 용서를 통해 치유 받지 못한 상처가 남아 있기 때문입니다. 끝까지 육신의 감정을 내세우고 자신을 죽이지 않으니, 내 안에서 사랑이 나오는 것이 아니라, 육신적인 혈기나 고집이나 오기가 가득 차서 주위 사람들과 갈등과 불화만 겪고, 결국 서로 간에 평생 어떠한 변화도 일어나지 않는 것입니다.

지난 월요일 한 자매님이 올케가 남동생에게 상처를 주어서 우울증으로 자살하게 만들고 부모님의 재산마저 빼앗으려 한다고 했습니다. 너무나 억울하고 원통하고 분노가 치밀어 사실을 다 밝히고 올케를 고소해서 재산도 다 빼앗고 사회에서 매장시켜 버리고 싶은데 어떻게 하면 좋겠느냐고 하소연을 했습니다. 그래서 제가 "올케가 악한 여자라고 해서 똑같이 악해지면 우리가 믿는 사람으로서 뭐가 다를 게 있겠습니까?" 하면서 "아무에게도 악을 악으로 갚지 말고 모든 사람 앞에서 선한 일을 도모하라…악에게 지지 말고 선으로 악을 이기라"(롬 12:17, 21)는 말씀을 전해 드렸습니다. 그리고 지금까지 살아오면서 악한 사람이 진정으로 축복받고 행복하게 사는 경우를 본 적이 없고, 하나님께서 선악 간에 살아 있을 때뿐 아니라 죽은 다음에라도 심판하실 테니, 다 용서하고 빼앗으려는 재산도 다 줘버리고 동생을 죽게 한 원수지만 용서하고 하나님의 심판에 맡기라고 했습니다. 그러면 오히려 마음이 평안해지고 육신도 건강해지고 진정으로 행복하게 살게 될 거라고 확신을 가지고 말씀드렸습니다.

합동신학대학원 초대 학장이셨던 박윤선 목사님은 신학생들에게 "신학자가 되기 전에 목사가 되고, 목사가 되기 전에 신자가 되고, 신자가 되기 전에 인간이 되라"고 늘 강조하셨습니다. 사랑의 인성부터 회복하라는 것입니다. 이것은 우리 교인들의 삶에도 그대로 적용되는 사실입니다.

이번에 포항에 가서 집회를 하면서 '뚱보초밥집'을 운영하는 김시윈 집사님이 전심시사 대접을 받았습니다. 이 집사님은 일본 유학파 요리사인데, 이 사업을 통해 그 지역 소년소녀 가장의 장학금을 지원하고 손님들에게도 항상 푸짐하게 음식을 내준다고 합니다. 그래서 "그렇게 많이 주시면 남는 게 있습니까?" 하고 물었습니다. 그랬더니 "돈은 몰라도 사람은 남습니다"라고 대답하시는데, 집사님의 그 말이 얼마나 가슴에 뜨겁게 와 닿았는지 모릅니다. 우리가 아무리 돈을 많이 벌고 명예가 높아지고 세상 것을 다 누리고, 심지어 스스로 신앙생활을 잘한다고 큰소리쳐도 사랑의 인성을 회복하지 못하면, 우리의 인생에서 가장 소중한 사람들을 다 잃어버리게 됩니다. 그것은 율법적으로는 잘 믿는 것 같아도, 하나님 사랑과 이웃 사랑이라는 십자가의 의미를 다 잃어버린 삶인 것입니다.

이는 국제 관계에서도 마찬가지입니다. 우리가 국가안보를 위해 고고도미사일방어체계인 사드(THAAD)를 설치한다고 중국이 경제적으로 엄청난 보복을 가했습니다. 자신들은 네이멍구에 우리나라뿐 아니라 일본까지도 탐지할 수 있는 최첨단 레이더를 설치해 놓고는, 거기서 시선을 돌리게 하기 위해 마치 우리나라가 큰 잘못이라도 한 듯 정부와 온 국민이 나서서 공격을 하는데 우리가 이러한 것에 무릎 꿇어서는 안 됩니다. 지금까지 하나님께서 우리를 먹여 살려 주시고 지켜주셨지, 중국이 먹여 살리고 지켜 주었습니까? 타인을 감정적으로 대하고 해하는 사람들은 먼저는 자신이 하나님의 심판을 받고, 또 주위 사람들로부터 외면당하게 됩니다. 우리나라 사람들도 반중 감정이 커져 이제는 중국 여행도 줄고 중국 제품도 안 쓰려 합니다. 중국이 마음을 그렇게 좁게 쓰고 감정적으로 대응하다가는 결국 스스로 복을 다 잃어버리지 않겠습니까?

미국 도널드 트럼프 대통령도 마찬가지입니다. 외국 사람들 특히 불법이민자들을 얼마나 인간 이하로 대하는지 모릅니다. 심지어는 지난 주간 독일 메르켈 총리가 독일과 미국 간의 무역과 이주 문제, 북대서양조약기구의 미래를 논의하기 위해 미국을 방문했는데, 북대서양조약기구 방위비를 공정하게 분담하지 않는다고 표정이 굳어져, 국빈으로 온 손님인 메르켈 총리가 악수를 청하는데도 못 본 체 하고 딴전을 피우며 벌레 씹은 표정으로 있다가 씁쓸하게 정상회담을 마치고 말았다고 하지 않습니까? 그처럼 매너 없는 미국 사람은 처음 봤습니다. 과거 미국 대통령의 지지율이 카터 대통령은 75%, 오바마 대통령은 63%, 레이건 대통령은 60%, 클린턴 대통령은 53%였습니다. 그런데 지난 주일 미국 여론조사기관인 갤럽이 지지율 발표를 했는데, 마음을 이런 식으로 쓰는 데다 오바마 대통령 도청설이 제기되고 러시아와의 내통설까지 겹치면서, 일주일 전의 45%에서 8%나 떨어져 취임 2개월 만에 37%로 곤두박질하고 탄핵 위기설까지 나오고 있지 않습니까?

이렇게 인성은 모든 대인관계와 사회생활과 신앙생활에 이르기까지 근본적으로 중요한 것으로, 여기서 모든 것이 결정됩니다. 늘 강조하지만 이처럼 소중한 사랑의 인성을 바로 세우기 위해서는 에베소서 4장 31-32절의 말씀대로 행하지 않으면 안 됩니다. "너희는 모든 악독과 노함과 분 냄과 떠드는 것과 비방하는 것을 모든 악의와 함께 버리고 서로 친절하게 하며 불쌍히 여기며 서로 용서하기를 하나님이 그리스도 안에서 너희를 용서하심과 같이 하라." 이 말씀처럼 신앙 이전에 우리의 인성부터 바로 세우기 위해서는, 우리의 모든 상처의 감정을 먼저 다 주님 앞에 내버리고, 하나님의 사랑으로 어떠한 원수라도 친절하게 대하고 불쌍히 여기고 하나님께서 예수 그리스도를 통해 우리를 용서해 주셨듯이 그들을 용서해야 합니다. 또 지난날의 상처부터 치유 받고 성령 충만함을 간구하고 십자가에서 날마다 죽음을 통해 십자가 사랑의 인성을 회복해야 합니다. 그리할 때 이 땅에 사는 동안에도 날마다 천국의 축복과 행복을 누리며 모든 사람과 화평케 되는 진정한 개혁의 회복을 이루게 될 줄 확실히 믿으시기 바랍니다.

신앙의 영성을 회복해야 함

계속해서 본문 16절 하반절 말씀을 보겠습니다. "어머니의 백성이 나의 백성이 되고 어머니의 하나님이 나의 하나님이 되시리니."

결국 작은 며느리 오르바는 모압의 그모스신(Chemosh, 민 21:29; 삿 11:24; 렘 48:46)과 바알브올신(Baar-Peor, 민 25:3; 신 4:3)에게로 돌아갔습니다. 그러나 큰며느리 룻은 시어머니를 굳게 붙좇으며, "어머니의 백성 즉 하나님의 택함 받은 백성이 나의 백성이 되고, 어머니의 하나님 즉 여호와 하나님이 나의 하나님이 되십니다"라고 고백합니다. 종교를 바꾸는 것은 결코 쉬운 일이 아닌데, 시어머니 나오미가 평소에 보여 준 감동적인 신앙의 삶이 결국 며느리 룻을 신앙의 여인이 되도록 이끈 것입니다. 룻은 시어머니 나오미를 닮아 사랑의 인성만 회복한 것이 아니라 신앙의 영성까지도 회복했으니, 이 얼마나 아름다운 여인의 모습입니까? 여기서부터 시어머니 나오미와 며느리 룻의 고난의 삶이 풀리기 시작합니다.

사랑의 인성을 갖추어도 신앙의 영성이 없으면 많은 경우 영적인 분별력을 잃어버리고 이 땅에서의 진정한 은혜와 축복과 행복의 삶도 다 무너져 버리고 맙니다. 신앙의 영성은 그만큼 중요합니다. 그렇다면 어떻게 이 신앙의 영성을 회복할 수 있습니까?

우리 교회 장로님들 가운데 한 분은 과거에 독실한 불교 신자로서 불교대학인 동국대학교를 졸업하고 불교에 심취해 살았습니다. 그런데 매형이 암으로 투병하는 가운데 주님을 구주로 영접하고 온 가족을 다 전도했습니다. 그렇게 예수님을 믿기 시작한 후 주일낮예배를 비롯해 수요밤예배, 금요심야기도회, 새벽기도회 등 교회의 모든 예배에 빠진 적이 없을 정도로 열심히 신앙생활을 했습니다. 예수님을 믿은 지는 얼마 되지 않았지만 오래 믿은 교인들보다 훨씬 더 많이 은혜를 체험하고, 축복을 누리고, 행복하게 신앙생활하고, 충성스럽게 봉사해 결국 서리집사에서 안수집사를 거치지 않고 곧바로 장로님이 되었습니다. 장로가 된 후에 교만해지고 불성실해지고 불충성하는 사람도 많은데, 두 내외분은 지금도 변함없이 신실하게 주님을 섬기며 정말 신앙의 영성이 충만하십니다. 이것이 가능한 이유는 두 내외분이 매일 새벽기도회에 나와 말씀과 기도로 충만해지기 때문입니다.

여러분, 우리는 종종 말씀과 기도를 우습게 생각하고 소홀히 하지만, 우리가 아무리 애쓰고 수고해도 해결되지 않는 모든 문제가 바로 여기서 풀립니다. 더 나아가 어떠한 시련과 역경이 부딪혀 와도 다 이겨 낼 수 있는 힘이 바로 여기에 있습니다. 이처럼 우리의 영성은 매일의 말씀과 기도의 경건의 시간이 없이는 결코 불가능합니다. 그래서 디모데전서 4장 4-5절에서 “하나님께서 지으신 모든 것이 선하매 감사함으로 받으면 버릴 것이 없나니 하나님의 말씀과 기도로 거룩하여짐이라”고 분명히 강조하고 있지 않습니까? 하나님의 말씀과 기도가 없이는 어느 누구도 주님을 본받아 거룩해질 수 없고, 성령 충만해질 수 없고, 진정으로 주님의 은혜와 능력과 축복과 행복의 삶을 살 수가 없습니다. 건강을 위해서는 매일 시간을 정해 놓고 산책도 하고 운동도 하면서, 왜 영적인 기적을 일으키는 경건의 시간은 안 갖는 것입니까? 우리가 매일 말씀과 기도로 경건의 시간을 갖고 경건하게 살아가면, 우리 자신이 기적의 삶을 사는 것은 말할 것도 없고, 우리의 신앙의 영성에 감동을 받은 가족들로부터 시작해 친척, 친구, 이웃에 이르기까지 모두 다 신앙의 길로 나아오게 될 것입니다. 그리하여 그들을 구원하고 치유하고 양육하고 주님의 제자로 삼게 될 것입니다.

이번 주 목요일부터 사순절특별새벽기도회가 시작됩니다. 특별히 금년은 종교개혁 500주년을 맞이하였고, 우리 총회의 주제가 '다시 거룩한 교회로'(레 19:2; 롬 1:17)입니다. 그런데 이번 사순절특별새벽기도회 때 우리가 '다시 거룩한 삶으로'라는 주제로 레위기 말씀을 함께 나눈다는 것은 대단히 의미 있는 일입니다. 사실 신구약성경을 통틀어 레위기처럼 지루하고 어려운 말씀도 드물고, 더구나 이 구약성경의 말씀을 함께 나누면서 예수님을 만난다는 것은 더욱 힘든 일이지만, 우리는 예외 없이 레위기 가운데서 주님을 새롭게 만나게 될 것입니다. 그런데 지난 주일에 말씀드린 것처럼 이제는 우리만 나와서 그 은혜를 받는 것이 아니라, 우리 자녀들이 신앙을 이어 가게 하는 것이 중요합니다. 그러니 자녀들도 다 함께 나와 하나님의 말씀의 은혜를 함께 나눌 수 있게 하시길 바랍니다.

우리 자신부터 시작해 부모, 형제, 친척, 친구, 이웃, 하나님의 교회, 주의 종들, 고통당하는 성도들, 우리나라와 새 대통령, 민족과 세계 열방을 위해 기도해야 할 제목이 얼마나 많습니까? 더욱이 우리 자녀들의 구원과 치유와 양육과 믿음의 헌신뿐 아니라, 그들의 학업과 취업과 결혼과 출산과 일생의 행복과 축복을 위해 기도해야 하지 않겠습니까? 우리가 기도하지 않으면 그들의 장래가 어떻게 되겠습니까?

한 개척교회 목사님이 교회를 개척한 지 1년도 안 되어 대머리가 되어 버렸는데 왜 그런가 했더니 주일 아침마다 초긴장을 하기 때문이었습니다. "김 집사가 오늘은 교회에 나오려나? 박 집사는 왜 아직도 안 올까? 이 집사는 오늘 어디 갔나? 최 집사는 또 왜 이래…?" 그렇게 성도들이 교회에 안 나올 때마다 신경을 쓰다 보니 머리카락이 빠져 어느새 대머리가 되어 버렸다는 겁니다. 그래서 목사님들 중에 대머리가 많은 걸까요? 저는 오히려 머리카락이 많아진 걸 보니 정말 행복한 목회를 하는 게 맞나 봅니다.

여러분, 우리가 머리를 싸매고 걱정하고 염려한다고 해서 되는 일이 있습니까? 그러나 기도하면 우리가 애쓰고 수고하는 것과 비교할 수 없는 기적적인 하나님의 은혜가 임하고, 능력이 나타나고, 축복을 받고, 행복을 누리게 됩니다.

지난 화요일 오전에는 인천 청라지역에서 일본 상품 직구사이트를 운영하는 30대 집사님의 회사 사무실 확장예배를 드리러 갔습니다. 2015년 9월에 개업을 했는데 개업예배를 드릴 때 저에게 기도 부탁은 안 했지만 마음속으로 우리 치유하는교회에서 십일조를 가장 많이 드릴 수 있게 해달라고 기도해 왔다고 합니다. 그런데 매출액이 계속 늘면서 이렇게 회사 사무실을 확장하게 되었고, 회사가 개업한 지 1년 반밖에 안 됐는데 요즘엔 목장 식구들까지 합세해 직원만 6명이 되었다고 합니다. 어려운 위기의 때마다 전율할 정도로 사람을 붙여 주시거나 기적적으로 앞길을 열어 주시더랍니다. 그래서 제가 "믿음으로 사업을 경영하려는 집사님의 노력도 있지만, 부모님이 매일 새벽이나 금요심야기도회에 나와 얼마나 열심히 기도하시는 줄 아십니까?"라고 말해 주었습니다. 그 믿음에 하나님께서 은혜를 베풀어 주시고 축복을 내려 주셔서 큰 축복을 받게 된 것이라고 증거하고 돌아왔습니다.

이처럼 우리가 하나님의 말씀과 기도를 통해 우리 자신부터 시작해 가족들, 특별히 우리 자녀들까지도 신앙의 영성만 회복하면, 거기서부터 우리의 모든 삶의 문제가 풀리고 자녀들의 앞길이 열리는 진정한 개혁의 회복을 이루게 될 줄 확실히 믿습니다.

사명에 대한 충성도 회복해야 함

마지막으로 본문 17절 말씀을 보겠습니다. "어머니께서 죽으시는 곳에서 나도 죽어 거기 묻힐 것이라 만일 내가 죽는 일 외에 어머니를 떠나면 여호와께서 내게 벌을 내리시고 더 내리시기를 원하나이다 하는지라."

작은 며느리 오르바는 고향으로 돌아갔지만, 큰며느리 룻은 시어머니를 붙좇았습니다. 그런데 여기서 '붙좇다'라는 단어는 히브리어로 'דָּבְקָה'(따베카)라고 하는데, 영어로는 'cling to'(꼭 붙잡고 매달리다)로 '마음의 정성을 다해 붙잡고 섬기며 따르다'라는 의미입니다. 그처럼 죽음 외에는 시어머니를 떠나지 않겠다는 결심의 고백입니다. 여러분, 사랑하는 남편과 두 아들을 잃고 남은 것이라곤 늙고 병든 육신밖에 없는 시어머니에게 무슨 기대할 것이나 희망이 있었겠습니까? 그런데도 룻은 "만일 내가 죽는 일 외에 어머니를 떠나면 여호와께서 내게 벌을 내리시고 더 내리시기를 원하나이다"라며 단호하게 말합니다. '하나님이 벌을 내리시고 내리시길 원한다'라는 표현은 히브리식 서약 형식인데, 가장 강력한 약속을 다짐할 때 사용하는 표현이었습니다(삼상 3:17, 25:22; 삼하 19:13; 왕상 2:23; 왕하 6:31). 룻은 시어머니 나오미를 통해 히브리인의 신앙뿐 아니라 맹세법까지도 배워 스스로 그렇게 충성스러운 사명의 약속을 할 수 있었던 것입니다.

결국 나오미는 이처럼 룻의 결심이 확고부동한 것을 보고 더는 그녀에게 떠나라 말하지 않고 함께 고향 땅인 베들레헴으로 돌아갑니다. 그런데 이러한 룻의 사랑의 인성과 신앙의 영성과 사명의 충성이 결단코 헛되지 않아, 그곳에서 신앙의 부자 청년 보아스를 만나게 되고, 나오미의 축복 속에서 재혼까지 하게 됩니다. 그의 후손 가운데 오벳, 이새, 다윗이 나오고, 그 가문에서 결국 영원한 구세주 예수 그리스도께서 탄생하시는 인간으로서는 최고의 영광을 누리게 됩니다. 이름 없는 한 이방 여인에게 이 얼마나 영광스럽고 감격스러운 축복이고 행복입니까?

그러므로 우리도 맡은 자들에게 구할 것은 충성임을 기억하면서 주님께서 부르실 때까지 우리에게 맡겨 주신 사명에 충성을 다해야 합니다.

요즘 애완동물 천만시대를 맞이했다고 하는데, 어떤 사람이 애완견을 사러 가게에 갔더니 주인이 "어떤 강아지를 원하십니까?" 하고 물었습니다. 그래서 "충성스러운 강아지를 원합니다"라고 대답했더니, 주인이 강아지 한 마리를 적극 권하면서 그러더랍니다. "이놈이 제일 충성스럽습니다." 그래서 어떤 점에서 그런지 물었더니, "이 놈을 네 번이나 팔았는데 네 번 다 우리 가게로 다시 돌아왔거든요"라고 말하더랍니다. 판 강아지가 주인을 버리고 가게로 돌아온 것이 진정한 충성입니까? 몇 번씩 다시 팔아 돈을 벌게 해주었으니 가게 주인에게만 도움을 준 거 아닙니까?

우리는 각자 재능에 따라 사명을 받았습니다. 그 사명을 따라 주님께 충성을 다하면, 주님께서 다 보고 계시고 기억하시며 하늘의 상과 이 땅의 복으로 갚아 주십니다. 우리의 생애에 못 갚아 주신 것은 우리 자손들에게라도 갚아 주십니다. 그래서 늘 강조하지만, 은혜 받고 축복 누리며 행복하게 신앙생활하며 충성을 다하는 목사님, 장로님, 권사님, 평신도들을 보면 앞서 신앙의 선조들이 맡겨진 사명에 충성을 다했음을 분명히 알게 됩니다.

저도 증조외할아버지가 선교사님에게서 말씀을 전해 듣고 예수님을 믿게 되어 외할아버지, 외할머니가 신실한 장로님, 권사님이 되셨습니다. 또 그 신앙이 저의 아버지, 어머니에게 전해져 충성스러운 장로님, 권사님이 되셔서 저희 5남매가 목사, 장로, 권사, 피택권사 가정을 이루는 큰 은혜를 받게 되었을 뿐 아니라 의사, 약사, 한의사, 간호사, 목사 가정이 되는 큰 축복까지 누리게 되었습니다. 저희 집안은 역사와 전통이 빛나는 집안도 아니고, 머리가 뛰어난 집안도 아니고, 무슨 뼈대가 있는 집안도 아닙니다. 모든 것이 저희 믿음의 선조들의 충성스러운 사명의 삶에 대한 하나님의 은혜요, 축복의 보상이었던 것입니다. 여러분도 마찬가지입니다. 우리가 어떻게 맡겨진 사명에 충성을 다하는지에 따라 우리 자녀들의 장래가 결정될 것입니다.

그러므로 우리의 삶에 어떠한 어려움이 있어도 요한계시록 2장 10절 말씀만은 잊지 마시기 바랍니다. "너는 장차 받을 고난을 두려워하지 말라 볼지어다 마귀가 장차 너희 가운데에서 몇 사람을 옥에 던져 시험을 받게 하리니 너희가 십 일 동안 환난을 받으리라 네가 죽도록 충성하라 그리하면 내가 생명의 관을 네게 주리라." 고난 없는 인생은 없으므로 누구에게나 닥쳐오는 고난을 두려워하지 말라는 것입니다. 심지어 마귀가 장차 우리를 감옥에 던져 시험을 받게 할지라도, 그 기간이 십 일 동안이라는 것은 그 환난이 언젠가는 끝이 난다는 것입니다. 그러므로 우리가 죽을 때까지(to the point of death) 충성하라는 말씀인데, 그러면 이 땅에 사는 동안에도 하나님께서 기필코 우리에게 복을 주시지만, 이 세상을 떠난 다음에도 생명의 면류관을 주실 것이라고 분명히 약속하셨습니다.

지난 수요일 새벽기도회에 한 집사님이 기도를 받으러 왔는데, 그 집사님은 일찍이 남편과 사별하고 현재 대학과 대학원에 다니는 두 딸을 키우며 참으로 어렵게 살아왔습니다. 그런데 작년에 유방암이 폐암으로 전이되어 죽음의 절망 가운데 찾아와 눈물을 흘리셨습니다. 자신도 남편 없이 너무도 외롭고 서럽고 눈물 나도록 힘들게 살아왔지만, 아빠를 잃고 엄마까지 세상을 떠나면 두 딸이 어떻게 되겠습니까? 너무도 불쌍한 마음이 들어 이제부터 살아계신 하나님께 모든 것을 맡기고 믿음으로 부르짖자고 권면하고 눈물로 간절히 기도해 드렸습니다. 그리고 그다음 날 새벽기도회부터 중보적 기도를 요청하고, 거의 매일 안수기도를 해주며 합심해서 기도했는데, 그로부터 2-3주 지난 다음 병원에 갔더니 폐암이 사라졌다고 하더랍니다. 할렐루야! 그래서 너무도 감격해하면서 유방암까지 완치되도록 기도하며 항암치료를 계속 받고 있는데, 그 힘든 몸을 이끌고 교회에 나와 새벽기도는 말할 것도 없고 부목자로 섬기고 수요밤예배 안내 봉사까지 하고 있습니다. 그렇게 그 어려운 여건에서도 충성을 다하고 있는 중에, 지난 수요일 새벽에 찾아와 건강이 너무도 좋아졌다고 감사하고 감격해하셨습니다.

여러분, 우리의 삶과 죽음과 축복과 저주와 행복과 불행이 모두 다 하나님의 손에 달려 있습니다. 그러므로 우리가 우리에게 맡겨진 사명에 충성을 다할 때, 이 땅에서 우리의 인생뿐 아니라 자손대대로 하나님의 복을 누리고, 주님 앞에 서는 날 생명의 면류관을 얻는 진정한 개혁의 회복을 이루게 될 줄 분명히 믿으시기 바랍니다.

2017년 3월 19일 미국 뉴욕 메디슨 스퀘어가든에서 열린 WBA(세계복싱협회)·WBC(세계복싱평의회)·IBO(국제복싱기구)·IBF(국제복싱연맹) 미들급 통합챔피언 방어전에서 카자흐스탄의 게나디 골로프킨

선수가 가장 강력한 라이벌 도전자인 미국의 대니얼 제이콥스 선수와 붙어 심판 전원 일치 3:0 판정승을 거두고 타이틀 방어에 성공했습니다. 골로프킨 선수가 특별히 우리의 관심을 끄는 것은 그의 외할아버지가 한국인이라는 사실 때문입니다.

골로프킨의 외할아버지는 일제 강점기에 일본의 핍박을 견딜 수 없어 연해주로 이주해 갔는데, 날마다 고향산천과 부모형제를 그리워하며 이국땅의 외로움과 서러움 속에서 피눈물 나는 고생을 했습니다. 그런데 제2차 세계대전이 연합군의 승리로 끝나면서 조국이 광복의 기쁨을 얻어 고국으로 돌아오고 싶었지만, 막상 돌아갈 형편이 못 되어 결국 꿈에도 그리던 조국에 돌아오지 못하고 그곳에 남아 정착해야만 했습니다. 그렇게 골로프킨은 러시아 아버지와 고려인 어머니 사이에 태어났는데, 소련의 붕괴로 나라가 혼란스러웠던 어린 시절 군에 입대했던 두 형은 전투에 나갔다 모두 세상을 떠나고 말았습니다. 자녀 하나만 잃어도 평생 부모 가슴에 묻는다고 하는데, 두 아들을 잃은 그 부모의 슬픔은 말로 다 표현할 수가 없었습니다. 홀로 남은 골로프킨은 광부인 아버지와 화학공장에서 일하는 어머니를 자신이 봉양해야겠다고 다짐했습니다.

그는 일찍이 11세 때부터 복싱을 시작했습니다. 가난한 혼혈아로서 친구들로부터 놀림을 당하며 가슴에 응어리진 남모르는 상처의 아픔을 풀기 위해, 그는 괴롭고 눈물이 날 때마다 샌드백을 사정없이 두들겼습니다. 그 결과 20세인 2002년 모국에서 열린 부산 아시안게임에서 금메달을 따고, 22세인 2004년 아테네 올림픽에서 은메달까지 따며 프로로 데뷔했지만, 독일에서 4년간 무명 선수들만 상대하면서 별 소득 없이 어렵게 살아야 했습니다.

그러다 미국 시장에 진출한 후 28세가 된 2010년, 처음으로 WBA

미들급 세계챔피언 벨트를 차지하고, 그다음 해인 2011년에 29세의 나이로 IBO 세계챔피언이 된 후 IBF 세계챔피언, WBC 세계챔피언까지 4개 세계복싱연맹 챔피언 벨트를 거머쥐게 되었습니다. 지금까지 전적이 37전 전승인데 그중 33승이 KO승이고, 23승은 연속 KO승이며, 3라운드 이내 KO승 한 것만 해도 18승이 될 정도였기에, 마이크 타이슨 이후 가장 강력한 주먹을 가진 복서로 평가받게 되었습니다. 그런데 5체급 세계챔피언 벨트 소유자인 미국의 플로이드 메이웨더는 대전료가 1천억 원이 넘는데, 이에 비해 골로프킨은 턱없이 낮은 28억 원에 불과할 정도로 인종차별을 당했습니다.

그럼에도 그는 35세의 권투선수로서는 퇴물이 되어 갈 나이에 오히려 '베이비 페이스'(baby face, 어린아이 얼굴)라는 별명으로 불릴 정도로 천진난만하게 모든 사람을 사랑하고 모든 것을 감사함으로 받아들이는 사랑의 인성을 보였습니다. 그 어려움 속에서도 주님만 의지하고 주님의 도우심을 구하며 믿음으로 이겨 내는 신앙의 영성과, 매 경기마다 최선을 다해 열정을 쏟는 사명의 충성을 가지고 있었습니다. 그 결과, 지금까지 무패의 전적으로 4개의 세계 복싱연맹의 통합 챔피언 자리를 지키고 있으니, 이 얼마나 자랑스러운 우리 조국의 피가 흐르는 고려인의 후예입니까?

사랑하는 성도 여러분, 우리가 아무리 어려운 삶에 처해 있다 할지라도 사랑의 인성을 회복하고, 신앙의 영성을 회복하고, 사명의 충성을 회복하면서 개혁의 신앙을 회복해야 합니다. 어떠한 상황에서도 하나님의 도우심을 구하면 하나님의 축복을 누리고, 하나님의 나라를 위해 크게 쓰임 받으며 놀랍게 하나님 아버지께 영광 돌리는 복된 생애를 자손대대로 살아가게 될 줄 확실히 믿습니다.

결단의 찬송으로 〈하나님 아버지의 마음〉을 부르며 결단하겠습니다.

아버지 당신의 마음이 있는 곳에
나의 마음이 있기를 원해요
아버지 당신의 눈물이 고인 곳에
나의 눈물이 고이길 원해요
아버지 당신이 바라보는 영혼에게
나의 두 눈이 향하길 원해요
아버지 당신이 울고 있는 어두운 땅에
나의 두 발이 향하길 원해요
나의 마음이 아버지의 마음 알아
내 모든 뜻 아버지의 뜻이 될 수 있기를
나의 온몸이 아버지의 마음 알아
내 모든 삶 당신의 삶 되기를

살아계신 하나님 아버지, 저희의 삶에 고난과 역경이 얼마나 많이 있습니까? 그러나 어떠한 환경에서도 사랑의 인성을 회복하게 해주시옵소서! 신앙의 영성을 회복하게 해주시옵소서! 사명의 충성을 회복하게 해주시옵소서! 그리함으로 진정으로 개혁의 신앙을 회복하면서, 하나님의 축복을 누리고 하나님의 나라를 위해 크게 쓰임 받으며 놀랍게 하나님께 영광 돌리는 복된 생애를 살아가게 해주실 줄 믿사옵고 예수님의 이름으로 기도하옵나이다. 아멘!

이렇게 효도하라

룻기 1장 14-18절

매년 5월 둘째 주일은 온 가족이 함께 드리는 예배인데, 이는 온 가족이 다함께 모여 우리를 오늘에 이르게 하신 하나님의 은혜와 부모님의 은혜를 잊지 말자는 뜻입니다. 특별히 오늘은 우리가 어버이 주일을 맞이하게 되었습니다. 누군가 말하길, 영어로 'Family'(가족)는 'Father And Mother, I Love You'(아빠, 엄마, 사랑해요)의 약자라고 합니다. 부모님께 대한 사랑에서부터 진정한 가족이 시작된다는 것입니다. 그렇다면 우리가 부모님의 은혜를 잊지 않고 어떻게 효도하면서 보답할 것인지, 이 시간 효녀 며느리 룻을 통해 하나님의 음성을 들을 수 있길 바랍니다.

부모 곁에서 잘 섬겨야 함

먼저 본문 16절 상반절 말씀을 보겠습니다. "룻이 이르되 내게 어머니를 떠나며 어머니를 따르지 말고 돌아가라 강권하지 마옵소서 어머니께서 가시는 곳에 나도 가고 어머니께서 머무시는 곳에서 나도 머물겠나이다."

이방 땅 모압 지방에 이주해 온 나오미는 남편 엘리멜렉이 세상을 떠나고 두 아들 말론과 기룐까지 죽자, 고향 땅 베들레헴으로 돌아가기 위해 모압에서 얻은 첫째 며느리 룻(룻 4:10)과 둘째 며느리 오르바에게 그들의 행복을 찾아 친정으로 돌아가라고 권합니다. 그러자 둘째 며느리 오르바는 시어머니 나오미에게 입을 맞추고 작별 인사를 하고 떠납니다. 그런데 첫째 며느리 룻은 소리를 높여 울면서 시어머니 나오미를 붙좇습니다. 여기서 '붙좇다'는 히브리어로 'דָּבְקָה'(따베카)인데, 굳게 잡고 놓지 않는다는 뜻입니다.

그러자 시어머니 나오미는 룻에게 또다시 "네 동서는 그의 백성과 그의 신들에게로 돌아가나니 너도 너의 동서를 따라 돌아가라"(15절)고 합니다. 그런데도 며느리 룻은 시어머니를 친어머니처럼 '어머니'라고 부르면서, "내게 어머니를 떠나며 어머니를 따르지 말고 돌아가라 강권하지 마옵소서 어머니께서 가시는 곳에 나도 가고 어머니께서 머무시는 곳에서 나도 머물겠나이다"라고 말합니다. 늙고 병들고 오갈 데 없는 외로운 시어머니 곁에 남아 섬기길 원했던 것입니다. 사실 우리가 친어머니를 곁에서 섬기는 것도 쉽지 않은데, 세상에서 가장 불편한 관계라고 하는 시어머니를 모신다는 것은 정말 보통일이 아닙니다. 그런데도 룻은 시어머니 나오미를 결코 떠나지 않고 곁에서 섬기길 원했던 것입니다.

한 아들이 부모님께 핸드폰으로 이런 문자메시지를 보냈다고 합니다. "앞으로 부모님께 효도하겠습니다. 말씀도 잘 듣고 공부도 열심히 하겠습니다. 앞으로 어른이 되면 용돈도 많이 드리고, 큰 집도 사드리고, 좋은 차도 사드리고, 해외여행도 보내 드리겠습니다. 지켜

봐주세요." 그랬더니 부모님이 "이놈아, 빨리 집에나 들어와라!"라고 문자메시지를 보냈다고 합니다. 아마도 가출한 아들이었던 모양입니다.

우리가 부모님께 할 수 있는 효도의 기본은 부모님 곁에서 부모님을 행복하고 축복되게 섬기는 것입니다. 말로는 멀리서도 잘 할 것 같아도 서양 속담에 "Out of sight, out of mind"(눈에서 멀어지면 마음에서도 멀어진다)라는 말이 있듯이, 몸이 멀어지면 마음도 멀어지기 쉽습니다. 그러기에 부모님 곁에서 모시고 살면서 섬긴다는 것이 얼마나 큰 효도인지 모릅니다. 에베소서 6장 1-2절에서도 "자녀들아 주 안에서 너희 부모에게 순종하라 이것이 옳으니라 네 아버지와 어머니를 공경하라 이것은 약속이 있는 첫 계명이니"라고 분명히 강조하고 있지 않습니까? 여기서 부모님께 순종한다는 것은 부모님의 말씀을 잘 듣고, 마음 평안하게 모시고, 가슴에 응어리진 감정도 다 풀어 버리는 것인데 이것은 정신적인 효도를 의미합니다. 또한 부모님을 공경한다는 것은 부모님이 물질적으로도 부족함이 없도록 해드리는 것입니다. 우리가 하나님의 자녀라면 매달 십일조를 떼어 가장 먼저 영의 아버지이신 하나님께 드리고, 또 다른 십일조를 떼어 절반을 공평하게 나누어 매달 양가 부모님께 용돈을 보내 드려야 하는 것입니다. 모두들 매달 십일조를 따로 떼어 양가 부모님을 잘 모시고 계십니까? 우리가 이렇게 물질적인 효도를 잘 못 하니까 우리 부모님들이 평생 자녀들에게 다 쏟아 부으시고는 노년을 얼마나 어렵게 살아가십니까? 앞서가는 나라들인 OECD(경제협력개발기구) 38개 국가 중에서 우리나라 노인 빈곤율이 최상위이고, 생활고에 시달리다 스스로 목숨을 끊는 노인 자살률도 최상위라니 이 얼마나 부끄러운 일입니까?

얼마나 자식이 효도를 안 했는지, 어버이날에 엄마가 이런 메모를 남겼다고 합니다. "너 바쁠 것 같아서 어버이날 선물은 내가 알아서 샀다. 입금해라. 고맙다."

이처럼 거룩한 일이요, 하나님의 복을 받는 지름길인 십일조 헌금은 어렸을 때부터 배우고 실천해야 합니다. 또 십일조를 따로 더 떼어 부모님께 용돈을 드리거나, 모아 놨다가 부모님 생신이나 어버이날이나 크리스마스 때 부모님께 선물도 해야 합니다. 사실 우리가 지금까지 우리를 낳아 주시고, 길러 주시고, 학교에 보내 주시고, 용돈도 주시고, 병을 치료해 주시고, 뒷바라지해 주신 것을 생각하면 그 은혜는 평생 갚아도 못 갚습니다. 그러므로 이제는 우리가 지난날의 부모님의 은혜에 진심으로 감사하면서 부모님의 남은 인생이라도 잘 돌봐 드려야 합니다.

그렇습니다. 지금까지 우리가 부모님께 받은 은혜는 평생 갚아도 못 갚습니다. 그런데 우리가 이렇게 부모님 곁에서 순종하고 공경하면 에베소서 6장 3절에서 "이로써 네가 잘되고 땅에서 장수하리라"고 분명히 약속하시지 않습니까? 우리가 부모님께 순종하고 부모님을 공경하며 잘 섬기면 이 땅에서 잘 되고 건강하게 장수할 것을 하나님께서 약속하고 계십니다. 그러므로 우리가 부모님 곁에서 순종하고 공경하며 잘 섬길 때, 복의 근원 되시는 하나님께서 우리로 분명히 잘 되고 장수하게 하실 줄 확실히 믿으시기 바랍니다.

부모의 믿음을 잘 이어 가야 함

계속해서 본문 16절 하반절 말씀을 보겠습니다. "어머니의 백성이 나의 백성이 되고 어머니의 하나님이 나의 하나님이 되시리니."

며느리 룻은 본래 모압 여인으로서 그모스(민 21:29; 삿 11:24; 렘 48:46)나 바알브올(민 25:3; 신 4:3) 등 모압 신을 섬기고 있었습니다. 그러나 시집와서 시어머니 나오미를 섬기는 가운데 시어머니가 믿는 하나님이 참신이라는 것을 깨닫게 되었을 것입니다. 그렇기에 동서인 오르바는 자기 민족과 모압 신들에게로 돌아갔지만, 룻은 시어머니 나오미를 떠나지 않고 곁에서 섬길 뿐 아니라, 시어머니와 같은 유다 백성이 되고 시어머니가 믿는 하나님까지 믿겠다고 고백합니다. 무엇보다 룻은 시어머니의 믿음을 잘 이어 가길 원했던 것입니다.

한 초등학생이 진정한 효도에 대해 스스로 이렇게 결론을 내렸다고 합니다. "부모님 보약 사드리고 여행 보내 드리고…이런 것이 효도가 아니다! 부모님은 그냥 자식이 행복하게 사는 것을 좋아하신다. 부모님에게 행복한 모습을 보여 드리는 것이 진정한 효도다! 나는 게임 할 때 가장 행복하니까 게임을 열심히 하는 게 효도다!" 이게 맞는 말입니까?

우리의 부모님들은 자식이 잘 되는 것 이상 바라는 것이 없고, 더욱이 믿음의 부모님들은 자식이 주님 안에서 복된 삶을 사는 것 이상 바라는 것이 없습니다. 그러므로 우리가 다른 무엇보다도 부모님의 믿음을 이어 가는 것은 가장 큰 효도입니다. 하나님을 믿는 부모님으로 인해 우리 자신도 복을 받았고 우리의 가정도 복을 받았지만, 무엇보다 영원한 생명을 얻고 천국의 소망 가운데 살아가고 있습니다. 또 이처럼 부모님의 믿음을 잘 이어 받은 자녀들은 부모님의 뒤를 이어 하나님의 교회의 목사, 장로, 권사, 집사가 되어 지금 하나님의 크신 은혜도 받고 축복도 누리면서 행복하게 믿음생활을 하고 있습니다. 그러나 그 믿음을 이어 받지 못한 자녀들은, 세상에서 아무리 열심히 일하며 노력을 다 쏟아 붓고 실력을 발휘하고 애쓰고 수고해서 모으고 쌓아도 하나님께서 흩으시면 다 무너지고 맙니다. 그래서 잠언 3장 1-2절에서 "내 아들아 나의 법을 잊어버리지 말고 네 마음으로 나의 명령을 지키라 그리하면 그것이 네가 장수하여 많은 해를 누리게 하며 평강을 더하게 하리라"고 분명히 약속하고 있지 않습니까? 그러므로 부모님을 통해 전해 주신 하나님의 말씀을 잊어버리지 않고 마음을 다해 하나님의 명령을 잘 지켜 행하면, 틀림없이 건강하게 장수할 뿐 아니라 마음의 평안을 누리게 됩니다. 우리가 부모님의 믿음을 잘 이어 가는 것도 근본적으로 중요하지만, 아직 예수님을 안 믿는 부모님일 경우 가장 큰 효도는 부모님께 복음을 전해 영원한 생명을 얻고 천국의 소망 가운데 사시게 하는 것입니다.

평생에 걸쳐 현재 102세 되신 어머니를 전도한 양명석 장로님과 한용순 권사님이 두 주 전에 어머니를 모시고 교회에 나오셨습니다. 일평생 불자이자 보살로 사셨던 어머니가 교회에 나오신 것은 기적이었는데 장로님, 권사님의 간절한 기도가 하나님께 상달된 것입니다. 권사님이 지난 화요일에 문자메시지를 보내 왔습니다.

"존경하는 목사님, 안녕하세요? 어제 남편이 목사님이 선물해 주신 어머님 교회 출석 기념사진 액자와 앞으로 교회 출석이 어려운 터라 예수님을 기억하실 수 있도록 크게 복사해서 보기 좋게 만든 주기도문과 사도신경을 어머님께 전해 드리고 왔습니다. 기뻐하시며 사진을 보고 또 보시더니 어머님도 마스크를 벗고 촬영할 걸 그러셨다고 합니다. 남편이 주기도문과 사도신경을 매일 읽으시라고 당부하고 함께 읽자고 하니 기꺼이 함께 읽으셨다는 말을 듣고 주님의 사랑에 더없이 감격스러웠습니다. 다시금 목사님께 깊은 감사를 드리며 귀한 사역을 위해 늘 강건하시기를 기도합니다. 존경하는 목사님, 어머님에 대한 하나님의 구원의 역사를 지켜보면서 우리 가족에게 믿음의 새로운 사고 전환을 원하심을 깨닫게 됩니다. 그것이 우리를 사랑하시는 주님의 축복임을 믿고 감사로 영광 돌립니다!"

그렇습니다. 아직도 예수님을 안 믿는 부모님이 있다면 먼저 복음을 전하는 것이 최고의 효도입니다. 교육전도사 시절에도 매 주일 우리 어린이들의 부모의 믿음을 위해 기도했더니 많은 부모님이 교회에 나오셨습니다. 전도를 하다 안 되면 포기할 때가 얼마나 많습니까? 그러나 이 세상에서의 효도는 잠시 잠깐이지만, 복음을 전해 부모님을 구원받게 하면 영원한 효도가 된다는 사실을 기억해야 합니다. 그리고 부모님의 믿음을 우리가 계속해서 잘 이어 가야 하니, 부모님이 집사님이시라면 우리는 적어도 집사님 이상이 되어야 하고, 부모님이 권사님이시라면 우리는 적어도 권사님 이상이 되어야 하고, 부모님이 장로님이시라면 우리는 적어도 장로님 이상이 되어야 합니다. 또 부모님이 목사님이시라면 자녀 가운데서 꼭 목사님이 나올 수 있길 바랍니다. 그리할 때 말씀의 약속대로 우리가 평생을 건강하게 장수하고 천국의 소망 가운데 평안하게 살아가게 될 줄 확실히 믿습니다.

부모를 끝까지 잘 모셔야 함

마지막으로 본문 17절 말씀을 보겠습니다. "어머니께서 죽으시는 곳에서 나도 죽어 거기 묻힐 것이라 만일 내가 죽는 일 외에 어머니를 떠나면 여호와께서 내게 벌을 내리시고 더 내리시기를 원하나이다 하는지라."

며느리 룻은 시어머니가 죽어 묻히는 곳에 자신도 묻힐 것이라면서, "만일 내가 죽는 일 외에 어머니를 떠나면 여호와께서 내게 벌을 내리시고 더 내리시기를 원하나이다"라고 고백합니다. '여호와께서 벌을 내리시고 더 내리시기를 원한다'라는 말은 히브리인들이 자신의 강한 의지를 나타낼 때 사용하는 표현이었습니다. 한마디로 룻은 시어머니 나오미를 평생 잘 모시겠다고 하나님 앞에서 다짐한 것입니다.

초등학생 때부터 공부는 뒷전이며 부모 속을 썩이던 어느 집 둘째 아들이 중학생이 되더니 완전히 달라졌습니다. 큰 아이보다 더 부모의 말을 잘 듣기 시작하더니, 공부도 열심히 하고 성적도 많이 올라, 부모가 아들에게 물어 보았습니다. "무슨 계기로 이렇게 달라져서 엄마, 아빠를 기쁘게 하니?" 그러자 둘째 아들이 그러더랍니다. "학원 선생님께서 형보다 공부도 열심히 하고 효도해야 나중에 저에게 더 많은 재산을 물려주신다고 하셨어요. 앞으로 더욱 열심히 하겠습니다! 지켜봐주세요!" 재산 많이 물려받기 위해 효도를 한다는 것인데, 이것이 진정한 효도입니까?

많은 경우 우리는 부모님이 젊고 건강하시고 높은 지위에 계시거나 돈이 많으면 그나마 끝까지 잘 모시려 하지만, 부모님이 늙고 병들고 가진 것이 없거나 더 기대할 것이 없으면, 자신도 모르게 무시하고 소홀히 하고 외면해 버리고 맙니다. 그러나 지난날 부모님께서 베풀어 주신 사랑과 은혜와 희생을 기억한다면 평생 정성을 다해 부모님께 효도해야 합니다. 그리고 돌아가실 때까지 잘 모셔야 합니다.

극동방송 이사장 김장환 원로목사님의 둘째 아드님이며 대전의 함께하는교회 담임목사인 김요한 목사님이 쓴, 한국인으로 살아온 미국인 엄마 김트루디 사모님의 이야기를 담은 《Mom》이라는 책이 있습니다. 이 책에서 김요한 목사님은 자신이 어느덧 세 아이의 아빠가 되어 부모의 입장이 되어 보니 엄마의 존재와 의미에 대해 삶으로 이해하게 되었지만, 자신이 어머니처럼 아이들을 위해 언제나 기댈 수 있는 든든한 버팀목이 되어 줄 수 있을지는 솔직히 의문이라고 했습니다.

어머니는 고향이자 친정인 미국을 떠나 아버지를 따라 인종과 언어와 문화와 사고나 삶의 방식이 완전히 다른 낯선 타향인 한국, 그것도 가난한 집안에 시집오셔서 자신의 모든 일생을 희생해 살아오셨습니다. 그렇게 할 수 있었던 근거는 어머니가 가장 좋아하시던 성구인 갈라디아서 2장 20절에 있었다고 합니다. "내가 그리스도와 함께 십자가에 못 박혔나니 그런즉 이제는 내가 사는 것이 아니요 오직 내 안에 그리스도께서 사시는 것이라 이제 내가 육체 가운데 사는 것은 나를 사랑하사 나를 위하여 자기 자신을 버리신 하나님의 아들을 믿는 믿음 안에서 사는 것이라." 이렇게 자신을 온전히 희생하시면서 오늘의 자신이 있게 해주신 어머니에게 아들 김 목사님은 이렇게 감사의 마음을 전합니다. "어머니, 고맙습니다! 텅 빈 집을 향해 걸어가던 무거운 발걸음이 나를 맞이해 주실 어머니가 기다리고 있음을 알기에 가벼운 발걸음으로 바뀌어 집을 향할 수 있었습니다. 언제나 어김없이 그 자리에서 당신의 자리를 지켜주신 그 사랑에 감사를 드립니다. 너무도 고맙고 감사합니다!" 그래서 김요한 목사님은 미국에서 시집오셔서 평생을 고생하고 희생하신 어머니를 사랑하며 잘 모시지 않을 수 없다고 고백합니다. 저는 이 고백이 우리 모두의 부모님께 대한 평생의 감사의 고백이 되어야 한다고 믿습니다.

성경은 끊임없이 부모에 대한 효도를 강조하는데 특히 마태복음

22장 37-40절의 말씀을 따라 효를 행해야 합니다. "예수께서 이르시되 네 마음을 다하고 목숨을 다하고 뜻을 다하여 주 너의 하나님을 사랑하라 하셨으니 이것이 크고 첫째 되는 계명이요 둘째도 그와 같으니 네 이웃을 네 자신 같이 사랑하라 하셨으니 이 두 계명이 온 율법과 선지자의 강령이니라." 우리가 믿는 십자가의 복음은 하나님께 대한 신앙과 인간에 대한 신의(의리)를 지켜나가는 것입니다. 다시 말하면 우리가 평생토록 하나님께 대한 신앙을 가지고 있다면, 부모님께 대한 신의 즉 부모님께 대한 효도도 끝까지 지켜나가야 한다는 것입니다. 그런데 예수님을 믿는다고 하면서 세상 사람들 특히 조직폭력배만큼도 신의를 못 지키고 의리도 못 지키고 효도도 못 하는 자녀가 있다면, 그들은 진정으로 하나님을 믿는 사람이 아닙니다.

지난 4월 24일 베트남 매체 〈얀〉(Yan)은 믿었던 자식들에게 배신당한 충격과 서러움에 눈물을 쏟아 낸 한 할머니의 안타까운 사연을 전했습니다. 틱톡커 'TTP'가 공개한 영상에는 얼굴에 주름이 가득한 할머니가 세상에서 가장 슬픈 표정으로 눈물을 흘리는 장면이 담겨 눈길을 끌었습니다. 사연에 따르면 할머니는 딸 둘과 아들 하나를 남부럽지 않게 키울 만큼 재산이 넉넉했는데, 자녀들이 성인이 된 후 평생 일해서 모은 재산을 다 털어 삼 남매에게 집 한 채씩을 사주었다고 합니다. 그렇게 전 재산을 다 쓴 후 할머니는 아들과 함께 살기로 했지만, 막상 돈을 받고 집을 싹 수리한 아들은 이제 와서 어머니를 모시고 살 돈이 없다며 집에서 내쫓아버렸고, 결국 지금 할머니 곁에는 돌봐 줄 자식이 아무도 남지 남았다는 것입니다. 그토록 믿었던 자식들이 빈털터리가 된 자신에게서 싸늘하게 돌아서자 할머니는 서러움에 눈물을 쏟고 말았던 것입니다. 이 안타까운 사연을 접한 누리꾼들은 "도대체 어떤 자식들이 그런 짓을 한 겁니까?" "할머니를 어떻게 하면 도울 수 있을까요?" "재산을 되돌려 받을 순 없나요?" 등 도움을 주고 싶다는 마음을 전했습니다. 사실 자식들에게 줄 수 있는 것이라면 뭐든지 다 주는 분이 부모인데, 이러한 자녀들은 정말 같은 사람이라고 말하기가 부끄럽습니다.

일제 강점기에 이흥렬이라는 음악에 남다른 재능이 가진 청년이 있었습니다. 그는 음악공부를 위해 일본으로 유학을 떠났는데, 작곡을 하기 위해서 피아노가 없으면 안 된다는 것을 깨닫고 어머니께 편지를 썼습니다. "어머니, 피아노가 없어서 음악 공부를 더는 할 수가 없네요. 음악에는 피아노가 필수라는 걸 뒤늦게 알았습니다. 그래서 소자는 음악 공부를 이만 접고 귀국하려 합니다." 이 편지를 받은 어머니는 혼자 몸으로 유학 간 아들 뒷바라지를 하느라 조금씩 빚이 늘어 가고 있었음에도, 다음날 새벽부터 새벽기도를 마친 뒤 땅거미가 질 때까지 산이란 산은 다 뒤져 솔방울을 긁어모았습니다. 손이 다 부르트고 허리를 펴기 어려웠지만 불쏘시개로 화력이 좋은 솔방울을 모아 팔아 400원을 만들어 아들에게 보냈습니다. 1930년대에 쌀 한 가마니가 13원이었으니 이는 엄청난 거금이었습니다. 아들은 그 돈으로 피아노를 사서 작곡 공부를 계속했는데, 그가 그 피아노로 제일 먼저 작곡한 노래가 바로 시인이자 문학박사인 양주동 님의 시로 유명한 〈어머니의 마음〉입니다.

1. 낳으실 제 괴로움 다 잊으시고
   기를 제 밤낮으로 애쓰는 마음
   진자리 마른자리 갈아 뉘시며
   손발이 다 닳도록 고생하시네

하늘 아래 그 무엇이 넓다 하리오
어머님의 희생은 가이 없어라

2. 어려선 안고 업고 얼려 주시고
자라선 문 기대어 기다리는 맘
앓을 사 그릇될 사 자식 생각에
고우시던 이마 위에 주름이 가득
땅 위에 그 무엇이 높다 하리오
어머님의 정성은 지극하여라

3. 사람의 마음속엔 온 가지 소원
어머님의 마음속엔 오직 한 가지
아낌없이 일생을 자식 위하여
살과 뼈를 깎아서 바치는 마음
인간의 그 무엇이 거룩하리오
어머님의 사랑은 그지없어라

지난날 우리 부모님들은 이렇게 다 자식들을 위해 사시다 더 쏟아 주실 것이 없을 때 떠나셨습니다. 그러므로 우리를 위해 일생을 고생하시고 희생하신 부모님께 진심으로 감사하면서 부모님을 평생토록 끝까지 잘 모셔야 합니다. 이처럼 우리가 부모님을 끝까지 잘 모실 때 출애굽기 20장 12절에 기록된 십계명 제5계명의 "네 부모를 공경하라 그리하면 네 하나님 여호와가 네게 준 땅에서 네 생명이 길리라"는 약속이 이루어질 줄 확실히 믿으시기 바랍니다.

저는 5남매 중 셋째로 태어나, 앞으로도 사랑을 못 받고 뒤로도 사랑을 못 받아 사랑의 상처와 결핍으로 미운 오리 새끼처럼 외롭게 자랐습니다. 더욱이 초등학교 4학년 때 어머니가 5남매 앞에서

"의식이는 다리 밑에서 주워 온 자식이다!"라고 말하신 것이 저를 더욱 우울하고 말없는 아이로 만들었습니다. 나중에 알고 보니 다들 부모님에게 "다리 밑에서 주워 왔다"는 소리를 듣고 자랐다는데, 그때는 저만 그런 줄 알았습니다. 더욱이 신학을 공부한다고 했을 때는 "신학을 공부하려면 집에서 나가서 해라!"라고 하셔서 더 어머니로부터 멀어져만 갔습니다.

신학을 공부하고 결혼을 하고 목회를 하면서 피눈물 나는 고생길로 접어들었습니다. 그런데 미국 유학을 가서 상담치유학 박사과정 중에 이민목회를 하면서 왜 어머니가 저에게 신학을 하지 말라고 하셨는지 그 이유를 깨달았습니다. 어머니는 선임장로 부인 권사로서 목사님을 가까이에서 모셔 보셨기 때문에, 주의 종이 가는 길이 얼마나 멀고 험난한 고난의 가시밭길인지 알고 계셨던 것입니다. 저는 그것도 모르고 어머니가 저를 사랑하지 않고 이해해 주지 않으셔서 그런 줄 알았는데, 어려운 이민목회를 하는 가운데 어머니의 사랑을 깨닫게 된 것입니다.

그래서 한국에 돌아온 뒤에 부모님의 은혜에 보답하기 위해 십일조를 따로 떼어 매달 부모님께 용돈을 드렸고, 치유하는교회에 온 뒤에는 아파트를 얻어 부모님을 모시게 되었습니다. 그러던 중 12년을 모시던 아버지께서 10년 전 하늘나라로 떠나게 되자, 어머니께 효도할 날도 얼마 남지 않았다는 것을 깨닫게 되었습니다. 그래서 아무리 바쁘고 피곤해도 매주 찾아뵙고 맛있는 것도 사다 드리고, 필요한 것도 사드리고, 함께 대화하고, 사랑의 정도 나누고, 기도도 해드리곤 했습니다. 그 세월도 금방 지나가 어머니는 7년을 더 모셨고 3년 전에 하늘나라로 떠나셨습니다.

어머니 장례식 때 한 안수집사님이 저에게 그랬습니다. "목사님,

이제 목사님도 진짜 고아가 되셨네요!" 그때는 이 말의 깊은 의미를 깨닫지 못하고 지나쳤는데, 이제는 고아가 되었다는 의미가 가슴 속 깊이 뜨겁게 와 닿습니다. 그래서 지금은 어머니가 병상에 누워 계시더라도 살아만 계시다면 얼마나 좋을까 하는 생각이 들고, 살아만 계신다면 이제는 한 주에 두 번, 세 번이라도 달려가고, 더 맛있는 것도 사드리고, 더 기쁜 소식도 전해 드리고, 더 행복한 시간도 가질 텐데 하는 아쉬움만 남습니다. 더욱이 모든 일이 복되고 형통할 때 부모님이 살아계셨더라면 얼마나 기뻐하시고 뿌듯해하셨을까 하는 생각에 눈물이 자꾸 나옵니다. 요즘에는 부모님이 한 분이라도 살아계신 분들을 보면 그렇게 부럽고, 부모님께서 세상을 떠나시기 전에 잘 모시지 못한 것이 그렇게 가슴에 맺히고 후회가 될 수 없습니다.

사랑하는 성도 여러분, 지난 주간에도 귀한 안수집사님, 권사님 등 여러 부모님들이 갑작스럽게 우리 곁을 떠나가셨습니다. 부모님이 살아계실 때는 효도할 줄 모르다 돌아가신 다음에 후회하는 사람이 이 세상에 얼마나 많습니까? 그러므로 부모님이 살아계실 때 부모님 곁에서 잘 섬기고, 부모님의 믿음을 잘 이어 가고, 부모님을 끝까지 잘 모셔야 합니다. 그리할 때 부모님의 여생도 건강하고 장수하시며 축복되고 행복하실 뿐 아니라, 우리의 여생과 자손들에게도 이 땅의 축복과 하늘의 상급으로 천 배나 만 배나 갚아 주실 줄 확실히 믿습니다.

결단의 찬송으로 〈나의 어머니〉(Mother of Mine)를 부르며 믿음으로 결단하겠습니다.

낳으시고 기르시며 손등 야위신 내 어머니
그 모든 슬픔 삼키시어 눈가엔 주름이네
마구 놀던 어린 시절 종아리 걷어 꾸짖으사
그 사랑 속에 나의 가슴 정의로 가득 찼네
말로 다 할 수 없어라 어머니 그 사랑
주님의 축복 내리시라 사랑 깊은 어머니
어리던 날 푸른 꿈도 그 사랑 속에 익어 오고
가녀린 팔뚝엔 자랑스런 새 힘이 자라났네
그 깊은 사랑 속에

저희에게 세상에서 가장 소중한 부모님을 허락하신 하나님 아버지, 저희의 부모님이 계셨기에 오늘의 저희가 있음을 알게 하시니 진심으로 감사드립니다. 그동안 부모님의 은혜를 잊고 보답하지 못했던 것을 용서해 주시옵소서! 저희의 남은 인생이라도 부모님 곁에서 잘 섬기게 해주시옵소서! 부모님의 믿음을 잘 이어 가게 해주시옵소서! 부모님을 끝까지 잘 모시게 해주시옵소서! 그리하여 부모님의 여생도 건강하고 장수하시며 축복되고 행복하실 뿐 아니라, 저희의 남은 인생과 자손들에게도 이 땅의 축복과 하늘의 상급으로 천 배나 만 배나 갚아 주실 줄 확실히 믿사옵고 예수님의 이름으로 간절히 축복하며 기도하옵나이다. 아멘!

이렇게 선택하라

룻기 2장 1-7절

오늘은 대한예수교장로회 총회가 정한 청년주일이자 스승주일입니다. 아마도 우리의 첫 번째 최고의 스승은 부모님일 것입니다. 그런데 본문 말씀에 나오는 룻은 고향 땅인 모압 지방에서 시아버지와 남편을 잃은 뒤 늙은 시어머니를 곁에서 돌보기 위해 요단강을 건너 낯선 유대 땅 베들레헴까지 따라나섭니다. 또 시어머니를 봉양하기 위해 아침 일찍부터 보리 이삭을 주우러 밭으로 나갑니다. 이렇게 주님 안에서 선을 행하는 룻에게 재혼의 행복이 어떻게 임하는지를 보면서, 우리 자신이나 자녀들의 일생에서 가장 소중한 결혼을 앞두고 어떻게 선택해야 할 것인지, 본문 말씀을 통해 하나님의 음성을 들을 수 있길 바랍니다.

신앙의 사람을 만나야 함

먼저 본문 1절 말씀을 보겠습니다. "나오미의 남편 엘리멜렉의 친족으로 유력한 자가 있으니 그의 이름은 보아스더라."

룻이 베들레헴에 살면서 시어머니 나오미를 봉양하기 위해 보리 이삭을 주우러 밭으로 나갔습니다. 룻의 선행을 보시고 그녀가 더는 가난하고 어렵고 힘들게 살기를 원치 않으셨던 하나님께서는, 하필이면 그녀의 시아버지 엘리멜렉의 수많은 친족 중에 유력한 자를 거기서 만나게 하십니다. 그는 신실한 신앙의 사람이었을 뿐 아니라 성경에 '유력한 자'라고 기록하고 있는데, 여기서 '유력한 자'란 히브리어로 'אִישׁ גִּבּוֹר חַיִל'(이쉬 깁보르 하일)이며, 영어로는 'a man of standing' 즉 '뛰어난 사람'이란 뜻입니다. 그는 재산도 많고 능력 있으며 사회적으로 존경도 받는 사람이었음에 틀림없습니다. 더구나 그의 이름 '보아스'는 히브리어로 'בֹּעַז'(뽀아즈)인데 이는 '힘'이란 뜻입니다. 한마디로 하나님께서는 효성이 지극한 며느리 룻을 위해 힘 있는 신앙의 사람 보아스를 예비하고 계셨던 것입니다.

여러분, 우리가 학교를 잘못 들어가면 편입이나 재입학을 할 수 있고, 직장을 잘못 들어가면 다른 직장에 재취업할 수 있습니다. 그런데 가정을 잘못 이루었을 때 재혼은 쉽지 않습니다. 그래서 그런지 요즘 우리 자녀들이 얼마나 이 결혼에 대해 기피하는지 모릅니다. 2021년 통계청의 발표에 따르면, 혼인율이 83년생(39세)은 66.9%, 88년생(34세)은 36.9%로 무려 30%나 떨어져 작년 혼인율이 역대 최저가 되었다고 하지 않습니까? 그 배경에는 코로나19 등 불경기 가운데 청년층의 취업난과 더불어 결혼 경비 부담 등이 있습니다. 그런데 우리 부모 세대가 진정으로 행복한 결혼생활의 모범을 보이지 못한 데다, 먼저 결혼한 친구들도 불행과 고통을 겪고 있는 것을 보면서 굳이 그 힘든 결혼을 해야 하느냐고 말하는 청년들도 많습니다.

늘 강조하지만, 이처럼 우리의 결혼생활의 근본적인 문제는 독일의 문호 괴테의 말처럼 첫 단추를 잘못 끼우는 데서 시작됩니다. 러시아 속담에 "전쟁터에 나갈 때는 한 번 기도하고, 바다에 나갈 때는 두 번 기도하고, 결혼할 때는 세 번 기도하라"는 말이 있습니다. 결혼이 그만큼 중요하다는 것입니다. 그러므로 결혼생활을 행복하게 하려면 우리와 우리 자녀의 결혼 상대를 구할 때 그의 가정 배경이나 외모, 학력, 경제력, 세상의 지위 등보다도 신앙을 우선시해야 합니다. 그렇지 않고 거꾸로 세상적인 조건을 우선시해 선택하면 불행이 싹 트는 것입니다. 처음부터 신앙의 사람이 아닌 잘못된 선택을 하니, 평생을 티격태격 싸우고 보기 싫어하고 미움의 감정을 못 풀어 지옥과 같이 불행과 고통 속에서 사는 게 아닙니까?

부부 세대별 잠자리의 형태가 다르다고 합니다. 20대는 포개져서 자고, 30대는 마주 보고 자고, 40대는 천장 보고 자고, 50대는 등 돌리고 자고, 60대는 각자 다른 방에서 따로 자고, 70대는 서로가 어디서 자는지도 모르고 자고, 80대는 한 사람은 집에서, 한 사람은 산에서 자고, 90대는 모두 다 하늘에서 잔다고 하지 않습니까?

부부의 동거 형태도 보면 요즘 고등학생 엄마, 아빠가 얼마나 늘어나고 있습니까? 그래서 10대는 서로가 뭣 모르고 살고, 20대는 서로가 신나서 살고, 30대는 서로가 한눈 팔며 살고, 40대는 서로가 마지못해 살고, 50대는 서로가 필요해서 살고, 60대는 서로가 가엾어서 살고, 70대는 서로가 의지하며 살고, 80대는 서로가 (지금까지 살아 있는 것만 해도) 고마워서 살고, 90대는 서로가 (살아 있는 것이) 감격해서 산다고 하지 않습니까? 어떻습니까? 맞습니까? 아직 덜 살아 봐서 모르겠습니까?

우리가 하루를 살아도 서로 사랑하고 감사하면서 믿음으로 천국의 축복과 행복 속에서 살아야 하지 않겠습니까? 그러므로 결혼 상대를 고를 때는 그 사람의 어떤 배경보다도 신앙을 가장 우선시해야 합니다. 우리가 항상 신앙을 우선시하면 '웬수' 같은 남편이나 아내라도 기필코 주님의 품으로 돌아와, 그 성격이나 행동이나 삶도 모범적이고 감동적으로 변화될 것입니다. 복의 근원 되시는 하나님께서는 우리가 피눈물을 흘리며 불행과 고통 속에서 살아갈 때 우리를 위로해 주시고 격려해 주시며 끝까지 붙들어 주십니다. 또 우리의 먹고 입고 쓰고 살아가는 모든 것을 미리 아시고 풍성히 채워 주십니다.

우리나라의 대표적인 현대 소설가인 이외수 성도님은 도인의 이미지와는 반대로 시대에 뒤처지지 않는 감각으로 에세이 《하악하악: 이외수의 생존법》 등의 작품을 문단에 내놓은 바 있습니다. 그는 활발한 SNS 소통으로 팬이 많이 생긴 데다 2000년 이후 방송 출연을 통해 인지도가 올라갔지만, 다소 과격한 정치·사회 관련 발언으로 주목받으며 많은 논란을 일으키기도 했습니다. 그의 부인인 전영자 성도님은 과거 간호사로 일하며 미스코리아 강원에 출전할 만큼 빼어난 미모까지 겸비한 반면, 이외수 씨는 다방에서 DJ로 일했는데 긴 머리에 수염을 덥수룩하게 기르고 다녀 춘천 거지로 불렸다고 합니다. DJ로 일하던 다방에서 전 씨에게 첫눈에 반한 이외수 씨는 적극적으로 관심을 표현했고, 전 씨는 첫인상과는 달리 속이 알찬 이외수 씨의 모습에 마음이 흔들려, 결국 친정 부모의 반대를 무릅쓰고 결혼해 두 아들을 낳고 잘 살았습니다. 결혼 후 많은 이들에게 친근하면서도 존경받는 작가로 이름을 알리던 이외수 씨는 오모 씨가 소송을 제기하며 혼외자 논란으로 큰 충격을 주었지만, 부인 전 씨는 남편을 다 용서하고 심지어 KBS 2TV 〈살림남2〉에 출연해, "사람이 사람을 좋아해서 만나 강아지를 낳으면 사건이지만 사람이 나왔는데 그게 무슨 사건이냐"며 사랑으로 다 받아들였습니다.

그러나 부인 전 씨는 하루에 손님을 30여 명씩을 대접해야 했는데, 그 일에 너무도 지쳐 결혼 44년 만인 3년 전에 졸혼을 선택했습니다. '졸혼'이란 '결혼생활을 졸업한다'는 의미로 이혼하지 않은 채 부부 관계를 정리하고 독립적으로 살아가는 것을 뜻합니다. 그런데 졸혼한 뒤로는 생활비를 단돈 10원도 안 주더랍니다. 이 후 남편 이 씨는 강원도 화천에서, 아내 전 씨는 강원도 춘천에서 거주하며 독립적인 생활을 했는데 재작년에 이 씨가 뇌출혈로 쓰러졌습니다. 그러자 아내는 또다시 남편을 사랑으로 받아들여 졸혼을 종료하고는 "여보, 이러려고 둘이 사는 거야! 혼자면 외로워서 안 돼! 한날한시에 같이 가자고! 사는 것도 같이 살고" 하면서 병수발에 정성을 다했습니다. 그러나 작년 7월 서툴게나마 말도 하고 조금씩 재활에 나서던 이외수 씨는 금년 4월 25일 결혼생활 46년을 마감하고 뇌출혈 투병 중 코로나 후유증으로 인한 폐렴을 이겨 내지 못하고, 76세를 일기로 사랑하는 아내의 품에 안겨 하늘나라로 떠났습니다. 아내의 인내와 사랑의 섬김이 46년간의 결혼생활을 행복하게 마무리하게 한 것입니다.

결혼 상대를 선택할 때는 세상의 어떠한 조건보다도 상대방의 신앙을 중시해야 하는데, 진정으로 구원의 확신을 갖고 주님과 고통당하는 이웃을 위해 믿음으로 헌신함으로 충성을 다하고자 하는 신앙의 사람이어야 합니다. 그리할 때 우리가 평생 살아가면서 겪는 어떠한 어려움 속에서도 마태복음 6장 33절의 "그런즉 너희는 먼저 그의 나라와 그의 의를 구하라 그리하면 이 모든 것을 너희에게 더하시리라"고 분명히 약속하시지 않습니까? 여기서 '나라'는 물리적인 영역이 아니라 통치의 개념이기 때문에, 하나님의 나라를 구한다는 것은 하나님께서 주관하시고 통치하시도록 내 자신을 온전히 내어 드리고 하나님의 지배에 순종하는 것을 의미합니다. 또 하나님의 의를 구한다는 것은, 하나님께서 의롭게 여기시고 기뻐하실 일이 무엇인지를 구하면서 믿음으로 살아가는 것을 말합니다. 그러면 온 세상을 창조하시고 소유하시고 주관하시는 하나님 아버지께서 우리의 모든 삶의 필요를 미리 아시고 결코 부족함이 없도록 채워 주시고 부어 주시고 갚아 주십니다. 비록 우리가 빈 손 들고 이 땅에 왔지만, 주님 안에서 신앙의 사람에 대한 영적인 선택을 하면 일생토록 진정으로 천국의 축복과 행복 속에 살아가게 될 줄 확실히 믿으시기 바랍니다.

은혜로운 사람을 찾아야 함

계속해서 본문 2절 말씀을 보겠습니다. "모압 여인 룻이 나오미에게 이르되 원하건대 내가 밭으로 가서 내가 누구에게 은혜를 입으면 그를 따라서 이삭을 줍겠나이다 하니 나오미가 그에게 이르되 내 딸아 갈지어다 하매."

룻과 시어머니 나오미가 베들레헴에 도착해 보니, 하나님의 은혜로 마침 보리 추수가 시작될 때였습니다(룻 1:22). 이에 룻은 시어머니를 봉양하기 위해 이삭을 주우러 나가겠다며 시어머니의 허락을 구했습니다. 하나님께서 구약의 율법인 레위기 19장 9-10절에서 이렇게 명령하셨기 때문입니다. "너희가 너희의 땅에서 곡식을 거둘 때에 너는 밭 모퉁이까지 다 거두지 말고 네 떨어진 이삭도 줍지 말며 네 포도원의 열매를 다 따지 말며 네 포도원에 떨어진 열매도 줍지 말고 가난한 사람과 거류민을 위하여 버려두라 나는 너희의 하나님 여호와이니라." 그래서 이스라엘 사람들은 추수 때 가난한 사람들이 자신의 밭에서 이삭을 줍도록 허락했습니다. 시어머니 나오미도 룻의 요청을 허락합니다. 그러면서 하나님의 말씀대로 행하지 않는 각박한 사람도 있기 때문에, 밭 임자가 은혜로워 이삭을 줍게 하면 그 사람에게로 가라고 합니다. 다시 말하면 은혜로운 사람을 찾아가야 한다는 것이었습니다.

말세 마지막 때가 되면 많은 사람이 신앙을 떠날 뿐 아니라, 신앙을 가지고 있다고 하면서도 십자가의 사랑으로 상처를 치유 받지 못해 점점 강퍅하고 완악해져서 인본주의와 세속주의와 율법주의에 빠져 은혜로운 신앙생활을 하지 못합니다. 그래서 허구한 날 율법의 잣대를 들이대면서, "당신은 뭐가 잘못 되었다", "뭐가 맘에 안 든다", "뭐가 못마땅하다", "언제까지 그렇게 살 거냐" 하면서 사사건건 지적합니다. 그러나 그런 사람하고는 숨이 막혀 더는 함께 못 살게 됩니다.

정작 자신도 신앙이나 인격이나 삶의 어떠한 모범도 되지 못하고, 감동도 주지 못하고, 열매도 맺지 못해 가까운 사람을 제외하고는 아무도 인정해 주지 않는데도, 매사에 불평과 원망이 가득한 채로 살아가면, 결혼생활에 무슨 은혜가 있고 축복이 있고 행복이 있겠습니까? 그러한 사람은 남을 비판하고 정죄하고 미워하는 지옥 같은 신앙생활을 하다 인생을 끝내 버리는데 이보다 불행하고 불쌍한 삶은 없을 것입니다.

이렇게 부부가 같이 살다 보면 상처투성이의 부부 사이에서는 갖가지 증상이 터져 나오는데, 옛날에는 아내들이 많이 그랬지만 요즘에는 남편들이 더 그렇습니다. 그래서 남자가 나이 들면 조심해야 질병들이 있다고 합니다.

요즘 들어 부쩍 마누라가 예뻐 보이면 '백내장'이고, 갑자기 나도 모르게 마누라에게 고분고분해지면 '갑상샘질환'이고, 가끔 마누라와 달달한 커피를 마시고 싶으면 '당뇨'이고, 화장하는 마누라를 보고 가슴이 쿵쿵거릴 때가 있으면 '심장질환'이고, 마누라의 가녀린 팔목을 보고 왠지 울적해지면 '우울증'이고, 자꾸 마누라와 떨어져서 걷게 되면 '관절염'이고, 마누라의 하얀 목덜미가 어지러울 정도로 예뻐 보이면 '빈혈'이고, 마누라의 눈이나 입가 주름에 가슴이 먹먹하게 되면 '부정맥'이고, 평생 날 믿어 준 마누라에게 고개가 숙여지면 '경추디스크'이고, 한창 예뻤을 때의 마누라를 기억하며 미소 지으면 '치매'이고, 평생 원수 같던 마누라가 천사처럼 보일 때가 있으면 '정신분열증'(조현병)이라고 합니다.

우리가 갈등을 겪는 문제가 물러설 수 없는 신앙에 관한 것이나 복음에 관한 것이나 주님의 영광에 관한 것이 아니라 개인의 성격이나 행동이나 감정이나 이익이나 인간관계에 관한 것이면, 다 용서하고 양보하고 은혜롭게 받아들여야 합니다. 살면 얼마나 산다고 그놈의 자존심이나 감정이나 이익에 매여 그 밴댕이 소갈머리같이 좁은 마음으로 감정을 풀지 못하고, 평생 예수님을 믿는다고 하면서도 어떠한 변화도 없고 감동도 없고 열매도 없이 그렇게 자기 감정대로, 자기 주장대로, 자기 고집대로 불행과 고통 속에서 살다 짧은 인생을 끝내 버릴 것입니까?

그러므로 우리 자신도 은혜롭지 못한 사람과는 절대 결혼해서는 안 되고, 우리 자녀도 아무리 조건이 좋아도 은혜롭지 못한 사람과는 절대 결혼시키면 안 됩니다. 상대방을 진심으로 배려할 줄 아는 은혜로운 사람을 찾아야 평생토록 행복하고 축복되게 살 수 있습니다. 은혜로운 사람을 영적으로 잘 선택할 때, 베드로전서 3장 8-9절의 "마지막으로 말하노니 너희가 다 마음을 같이하여 동정하며 형제를 사랑하며 불쌍히 여기며 겸손하며 악을 악으로, 욕을 욕으로 갚지 말고 도리어 복을 빌라 이를 위하여 너희가 부르심을 받았으니 이는 복을 이어 받게 하려 하심이라"는 말씀의 약속이 이루어질 것입니다.

얼마 전 MBN TV의 〈특종세상〉이란 프로그램에서 소개된 내용입니다. 대한민국에 거주하는 캄보디아 국적의 스롱 피아비(Sruong Pheavy)라는 프로 당구 선수가 있습니다. 피아비는 캄보디아에서 태어나 학창 시절 의사가 되기를 희망했는데, 너무도 가난해 중학교 1학년 때 학교를 중퇴하고 아버지의 감자 농사를 도우며 살았습니다. 그러다 피아비가 20세가 된 2010년에 지인의 소개로 28세 연상인 48세의 한국인 인쇄업자 김만식 성도를 알게 되어 충청북도 청주로 결혼 이민을 왔습니다.

그런데 고향을 떠나온 피아비가 혼자 너무 외로워하자 어느 날 남편이 위로 삼아 당구장으로 데려가 처음으로 당구 큐대를 잡아 보게 했습니다. 남편은 타국 생활에 힘들어하던 아내에게 취미라도 만들어 줘야겠다며 데려간 건데 뜻밖에 재능이 뛰어나 남편의 권유를 받고 본격적으로 당구 선수의 길로 들어섰습니다. 남편은 살림은 자기가 할 테니 당구 연습만 하라며 당구 선생님까지 직접 수소문해서 구해 주고, 연습 때나 시합이 있을 때는 항상 차로 태워다 주고, 경기 영상을 찾아 분석을 도와주는 등 적극적으로 외조를 했습니다.

처음에는 한국어가 서툴러 배우는 데 애를 먹었는데, 말이 안 통하면 그림을 그려 가며 기술을 익혔고, 하루 12시간씩 연습에 매달렸다고 합니다. 경기를 앞두고는 오전 11시부터 다음날 오전 7시까지 20시간을 연습할 정도로 강훈련을 거듭했는데, 스승인 조오복 씨는 "후천적인 노력이 100퍼센트다. 기존 여자 선수들 연습량의 한 3배 정도는 연습하는 것 같았다"고 말했습니다. 그리하여 소규모 대회에 참가하면서 조금씩 이름을 알리게 되었는데, 당구를 시작한 지 3년 만에 전국 아마추어 동호인 대회들에서 우승을 휩쓸었습니다. 다음해 1월에 정식으로 선수 등록을 한 뒤, 국내 대회에서 3번 우승하고 프로 데뷔 후 5개월 만인 2017년 6월에는 국내 1위에 올랐습니다. 이러한 사실이 그녀의 조국 캄보디아에 알려져 2018년 6월에는 캄보디아당구협회가 창설되면서 국제대회에도 나갈 수 있게 되었는데 훈 센 총리도 관심을 보였다고 합니다. 이 후 세계선수권 4강과 아시아선수권에서 우승하는 등 연달아 입상하면서 세계 랭킹 3위에 올라섰고, 이어서 2019년 대한당구연맹 KBF슈퍼컵, 아시아선수권대회, 대한체육회장배, 철원오대쌀배 등 4개 대회에서 우승하는 등 그녀는 국내 여자 3쿠션에서 독보적인 위치를 차지하고 있습니다.

남편 김만식 성도의 아내를 위한 사랑의 배려 덕분에 기적적인 축복의 열매를 맺을 수 있었던 것입니다. 그리고 더 놀라운 것은 이 피아비 부부는 자녀를 안 낳는 대신, 당구대회의 우승 상금으로 캄보디아의 고향 땅에 자신과 같이 생활고로 학교에 다니지 못하는 아이들을 위해 학교를 짓는 위대한 꿈을 이루어 가고 있다는 것입니다.

그런데 이렇게 은혜로운 사람을 찾지 못하고 이미 결혼해 버리신 분들은, 은혜를 입지 못한 그 인간을 어떻게 하면 좋겠냐고 하시는데, 이제 와서 어떻게 하겠습니까? 그러나 늦었다고 생각하는 때가 가장 이른 때이니, 이제라도 주님의 십자가 사랑의 치유의 은혜를 체험하게 해야 합니다. 우리의 남편이나 아내가 된 사람이나, 될 사람까지도 예수님을 구주로 영접한 다음, 가장 먼저 지난날의 어떠한 원수라도 십자가의 사랑으로 뜨겁게 용서하는 체험을 하게 해야 합니다. 이처럼 우리가 십자가 사랑의 치유의 은혜를 체험하게 되면, 주님께서 나를 사랑하셨듯이 어떠한 원수도 사랑하게 되고, 주님께서 나를 사랑하셨듯이 어떠한 원수도 용서하게 되고, 주님께서 나를 인내해 주셨듯이 어떠한 원수도 인내하며 섬기게 됩니다. 그리할 때 평생토록 천국과 같은 가정을 이루어 천국의 축복과 행복 속에 살아가게 될 줄 확실히 믿습니다.

성령님의 인도하심을 받아야 함

마지막으로 본문 3절 말씀을 보겠습니다. "룻이 가서 베는 자를 따라 밭에서 이삭을 줍는데 우연히 엘리멜렉의 친족 보아스에게 속한 밭에 이르렀더라."

당시에는 보리 이삭을 베는 자가 이삭을 베면서 한두 줄기를 미처 베지 못하고 지나가면 그 뒤를 따라가는 자가 그 이삭들을 주울 수 있었습니다. 룻도 그런 식으로 이삭 베는 자를 따라가며 이삭을 주웠습니다. 그런데 따라가서 보니 우연히 시아버지인 엘리멜렉의 친척 보아스에게 속한 논에 이르게 되었던 것입니다. 우리는 이것을 '우연히'라고 말할지 모르지만, 결과론적으로 그것은 하나님의 섭리 즉 하나님의 준비하심이었고, 성령님의 인도하심이었습니다. 결국 그곳에서 보아스와의 만남을 갖게 되고 결혼까지 이르게 되어 주님 안에서 진정으로 행복하고 축복받은 재혼의 여생이 펼쳐지게 됩니다.

우리도 진정으로 하나님의 뜻을 이루는 결혼생활을 하려면, 가장 먼저 하나님의 말씀에 근거해 상대를 선택해야 하지만, 하나님의 뜻을 기다리는 가운데 먼저 성령님의 인도하심을 간구하고, 그다음 성령님의 인도하심을 분별하고, 마지막으로 성령님의 인도하심에 순종해야 합니다. 그래서 마태복음 7장 7-8절에서 "구하라 그리하면 너희에게 주실 것이요 찾으라 그리하면 찾아낼 것이요 문을 두드리라 그리하면 너희에게 열릴 것이니 구하는 이마다 받을 것이요 찾는 이는 찾아낼 것이요 두드리는 이에게는 열릴 것이니라"고 두 번씩이나 강조하며 분명히 약속하시지 않습니까? 그러므로 성령님의 인도하심을 체험하기 위해서는 먼저 우리가 자녀들의 결혼을 위해 만민이 기도하는 집인 성전에 나아와 구해야 합니다. 그러나 구하고만 있어서는 못 찾으니, 멀리 갈 것도 없이 교회 안에서 찾아야 합니다. 또 찾아내고 나서도 바라만 보고 있어서는 안 되니, 찾아가 문을 두드려보아야 합니다. 본인이 직접 나서기 힘들면 주의 종들이나 영적인 장로님들, 권사님들, 집사님들에게 부탁해서라도 마음 문을 두드려야 합니다.

그런데 부모들이 결혼 걱정만 하고 실제로는 구하고 찾고 두드리지를 않으니, 우리 자녀들의 나이가 어느덧 30, 40을 훌쩍 넘어 그 좋은 기회들 다 놓쳐 버리고 일생을 외롭고 힘들게 살아가게 되는 것 아닙니까? 한순간의 잘못된 선택으로 평생 불행한 결혼생활로 피눈물을 흘리며 살아가는 분들도 있지만, 행복한 선택의 기회를 놓침으로 평생 고독 속에 살다 외롭게 떠나는 분들도 많습니다.

2022년 5월 7일, 베니스영화제 여우주연상과 모스크바영화제 여우주연상에 빛나는 1980-1990년대 우리나라 영화계를 대표했던 배우 강수연 씨가 서울 압구정동 자택에서 갑자기 뇌출혈로 쓰러져 이틀간 사경을 헤매다 세상을 떠났습니다. 무려 56년을 홀로 그렇게 외롭게 살다 떠난 것입니다. 물론 혼자 행복하게 살았을 수도 있지만, 팬들의 입장에서는 뇌출혈로 쓰러졌을 때 가족들이 곧바로 발견했더라면 골든타임을 놓치지 않고 살릴 수 있었을 텐데 그렇게 갑자기 외롭게 떠나 버려 아쉬움이 너무도 큽니다.

여러분, 이것이 우리의 인생입니다. 그러므로 더는 인생을 홀로 외롭게 살지 말고, 남은 인생이라도 날마다 성령님으로 충만하고 우리가 먼저 성령님의 인도하심을 받아, 지금까지 고생하며 함께 살아온 배우자에게 감사하면서 서로 말 한마디라도 따뜻하게 하면서 행복하게 살아야 합니다. 그런데 우리가 성령님으로 충만하지 못하고 그분의 인도하심을 받지 못한 채 만나니, 평생을 불평하고 원망하고 서로에게 상처를 주고 싸움이 끊이지 않고 끊임없는 불화와 다툼 속에서 불행과 고통 가운데 살아가게 되는 것 아닙니까? 적어도 우리가 성령님으로 충만하고 그분의 인도하심을 따르는 부부라면, 이러한 세상적인 부부와는 결혼생활이 완전히 달라야 합니다. 기도하고 찾고 두드리는 가운데 하나님의 기적적인 응답을 받고 하나님 나라의 위대한 역사를 이루어 가는 부부들이 얼마나 많이 있습니까?

그러므로 늦었다고 생각하는 때가 가장 이른 때이니, 금년 내에라도 주님의 응답이 오도록 마음으로 강하게 결단하고, 오늘부터라도 응답이 올 때까지 성령님의 인도하심을 간절히 찾고 구하고 두드리길 바랍니다. 성령님의 인도하심을 받으며 영적인 선택을 올바르게 하면, 틀림없이 성령님께서 예비하신 이 세상에서 가장 축복된 배우자를 기필코 만나게 될 줄 확실히 믿으시기 바랍니다.

지난 부활주일을 앞두고 극동방송 사장 한기붕 장로님에게서 지난 60여 년 동안을 한국인으로 사신 극동방송 이사장 김장환 원로목사님의 부인, 트루디 사모님의 인생 이야기를 담은 《한국에 왜 시집 왔나》라는 제목의 책을 선물로 받았습니다. 원래 트루디 사모님은 밥 존스 고등학교를 다니면서 이 학교의 설립자이신 밥 존스 박사의 손자였던 밥 존스 3세와 교제하고 있었는데, 1학년 여름방학 때 두 달 동안 고향인 미시간에 다녀온 사이에 그 학생이 다른 여학생을 만나고 있더랍니다. 그와의 교제가 하나님의 뜻이 아닌 모양이라고 생각하고 낙심해 홀로 외롭게 지내고 있었는데, 마침 성령님께서 인도하셨는지 2개월 후 미군 부대의 하우스보이로 있다 칼 파워스 상사에 의해 미국에 유학 온 3학년 학생이었던 김장환 목사님에게서 데이트 신청을 받았다고 합니다. 당시 김 목사님은 한국에서 유학 온 동양인이었지만 축구부 주장이었고 웅변대회에서 최고상을 받아 여학생들 사이에서 인기가 최고였는데, 하나님께서 그 데이트를 계기로 교제의 길을 열어 주신 것입니다. 그런데 만나 보니 키는 작은데 웃는 인상도 좋고 신사다운 매너도 갖추고 있을 뿐 아니라 신앙까지 너무나 좋았습니다. 첫 데이트로 음악회를 다녀오던 날 밤 헤어질 때 키스라도 해주려나 하고 기대했는데, 뜻밖에도 "우리 헤어지기 전에 함께 기도합시다!" 하는 겁니다. 그런데 그 말 한마디에 키스를 받은 것보다 더 가슴이 뛰더랍니다. 참으로 그는 확실한 신앙의 사람이었습니다.

그렇게 시작된 교제 가운데 트루디 사모님이 고등학교를 졸업할 때 김 목사님이 서로를 믿고 있다는 증표로 졸업반지를 바꿔 끼자고 했는데, 그때 그 말이 프러포즈처럼 들려 가슴이 찡하고 눈물이 핑 돌더랍니다. 그런데 그때부터 하나님께서 김 목사님을 쓰시기 시작해, 김 목사님은 고등학교 3학년 때 신학대학을 가기로 결심하고 주말마다 시골 교회를 찾아 전도 집회를 다녔습니다. 그리고 신학대학 1학년 때부터는 여러 교회에서 간증설교를 했고, 3학년 때는 이

도시 저 도시로 불려 다니는 유명강사가 되었다고 합니다.

그렇게 함께 대학생활을 하는 가운데 어느 날 도서관에서 사모님이 다른 남학생과 친근하게 이야기하는 모습을 보고 순진한 김 목사님이 상처를 받았는지, 밤중에 기숙사로 찾아와 손에 낀 반지를 빼주면서 "우리, 헤어지는 게 좋겠어!" 그러더랍니다. 무언가 마음이 상했을 때는 무슨 말을 해도 안 되니까 반지를 빼주었더니, 그대로 받아들고 돌아서서 가버렸습니다. 그렇게 헤어지고 4학년 졸업반이 되었는데, 추수감사절을 맞이해 축구대회가 열려 마음먹고 응원하러 찾아갔는데도 싸늘하게 대하더랍니다.

그런데 축구대회에서 승리한 후 그날 밤 김 목사님이 트루디 사모님의 기숙사로 찾아와 "우리 다시 사귈래요?" 하는 겁니다. 그래서 사모님이 "우리가 언제 헤어졌어요?" 했더니 김 목사님이 그러더랍니다. "당신의 마음을 알아보려고 반지를 빼준 건데 당신도 반지를 돌려줘서 당신 마음이 변했다고 생각했어요. 그 후 자존심 때문에 연락도 못 했는데 오늘 낮에 응원하러 먼저 찾아와 줘서 고마워요! 우리 다시는 헤어지지 맙시다!"

결국 기도하는 가운데 성령님의 인도하심의 확신을 얻어 대학을 졸업하고 20세의 어린 나이에 결혼을 했습니다. 그런데 석사학위를 받고 박사과정까지 공부하길 바랐는데 한국에 돌아가겠다고 폭탄선언을 하더랍니다. 고국에 두고 온 어머니를 비롯해 가족들이 세상을 떠나기 전에 빨리 전도를 해야 한다는 거였습니다. 남편의 뜻을 따라 1959년 11월 모금을 해서 한국행 배표를 사고, 17일간의 긴 항해 끝에 1959년 12월 12일 밤 8시 부산항에 가방 3개를 들고 도착했습니다. 그리고 인천행 배를 갈아타고 그다음 날 인천항에 도착해 남편 고향인 수원에 도착했는데, 마을은 폐허가 되어 있고 주위는 황폐해 한없이 낯설기만 했습니다. 더욱이 시가가 누추한 초가집인데다 새색시가 왔다고 정성을 들여 잔치국수를 만들어 주는데, 마치 멸치가 살아서 헤엄치는 것 같아 도저히 먹을 수가 없더랍니다.

그때부터 고생길이 열렸는데, 고추장은 왜 그렇게 맵고, 김치는 왜 그리 신지, 도대체 먹을 수 있는 것이 없더랍니다. 또 미국에서는 차를 타고 다녔는데 한국에서는 대부분 걸어서 다니니까 너무도 힘들었고, 더욱이 조그만 초가집에 부모, 형제 등 대식구 14명이 함께 사는 것도 너무 불편했습니다. 게다가 미국 사람이 산다니까 구경하러 온 사람들도 많았고, 잘사는 줄 알고 수원의 거지들이 매일 몰려오고 도둑들도 그렇게 많이 찾아와 집에 남아 있는 게 없을 정도였다고 합니다. 그러니 얼마나 살기 어렵고 힘들었겠습니까?

남편 김 목사님이 사랑이 많고 배려심이 깊은 은혜로운 사람이었기 때문에 그러한 남편만 바라보고 선교지 같은 남편의 고국에 따라와 적응하느라 피눈물 나고 뼈 빠지는 고생을 한 것입니다. 그나마 큰 위로가 된 것은 큰아들 김요셉 목사, 둘째 아들 김요한 목사, 셋째 딸 김애설 극동방송 미국 지사장에 이르기까지 삼 남매를 낳아 주님 안에서 열심히 키운 일이었습니다.

그렇게 남편의 목회와 선교사역에 그림자 내조를 하면서 자신에게 주어진 수원중앙기독유치원과 초등학교 등 교육 선교사역에 힘써 오던 중, 결국 그동안의 스트레스와 고생 때문이었는지 다발성 골수종 3기로 암이 온몸에 퍼져 더는 치료가 힘들다고 하더랍니다. 평소에도 외롭고 힘들 때면 고향에 계신 아버지, 어머니를 그리워하면서 눈물로 슬픈 마음을 달랬지만, 더욱이 그렇게 죽음을 앞두게 되자 시집가서 고생할 것을 그토록 걱정하면서 기도하시다 하늘나라로 떠나신 친정어머니가 가장 먼저 떠올랐습니다. 하늘나라에 계신 부모님이 너무 그리워 투병생활을 포기하고 싶었지만 홀로 한없이 눈물을 흘리면서 인내했습니다. 47년째 선교사역을 해왔기에 지금 죽어도 여한이 없었지만, 지금도 죽어 가는 수많은 영혼을 구원하고 제자로 양육해야 한다는 사명감으로 더욱 생명을 연장시켜 달라고 온 가족이 합심해서 간절히 기도했는데, 수술 후 1년이 넘는 항암치료와 방사선치료를 하면서 하나님의 은혜로 기적적으로 살아나게 되었습니다.

이처럼 트루디 사모님은 남편 한 사람만 바라보고 낯설고 가난한 이방나라에서 인종과 언어와 문화가 다른 환경에서 뼈 빠지게 고생하면서, 마치 오늘이 마지막 날인 듯이 끝까지 인내하며 남편의 사역을 뒷바라지해 오신 것입니다. 이 희생적인 내조로 남편 김장환 목사님은 지난 2000년 동양인 최초로 전 세계에 1억 5천 명이 넘는 세계침례교연맹 총회장이 되는 영광을 누리셨고, 수원중앙침례교회에서 원로목사님으로 은퇴하신 뒤에는 지금까지도 극동방송 이사장으로 우리나라와 북한과 극동아시아의 방송선교사역에 힘쓰고 계십니다. 이 모든 것은 어느덧 84세가 되신 트루디 사모님의 지난 64년에 걸친 한 알의 밀알과 같은 희생적인 내조가 있었기에 가능했던 것입니다.

사랑하는 성도 여러분, 우리가 결혼한 지도 벌써 10년, 20년, 30년, 40년, 50년이 금방 흘러가 버렸습니다. 혹 지난날의 잘못된 선택으로 피눈물 나는 불행과 고통의 세월을 살아왔더라도, 우리 자녀들만큼은 그러한 힘겨운 삶을 결단코 살지 않도록 신앙의 사람을 만나야 하고, 은혜로운 사람을 찾아야 하고, 성령님의 인도하심을 받아야 합니다. 그리할 때 기필코 하나님의 사람을 영적으로 잘 선택해 평생의 사명을 충성스럽게 감당하며 자손 대대로 천국의 축복과 행복 속에 살아가게 될 줄 확실히 믿습니다.

이제 〈우리 함께〉를 부르며 믿음으로 결단하겠습니다.

1. 하나님께서는 우리의 만남을
   계획해 놓으셨네
   우린 하나 되어 어디든 가리라
   주 위해서라면 무엇이든 하리라
   당신과 함께
2. 또 우리 모임은 주님만 따르리
   환란이 올지라도 주 함께하시리
   또 우리 마음에 시험이 닥칠 때
   어둠은 지나가고 새 아침 주시리

후렴) 우리는 하나 되어 함께 걷네
하늘 아버지 사랑 안에서
우리는 기다리며 기도하네
우리의 삶에 사랑 넘치도록

저희에게 행복한 가정을 허락하신 하나님 아버지, 모두 다 행복하게 살길 원하셨지만 저희가 하나님의 말씀대로 살지 못함으로 인해 그 축복과 행복을 잃어버릴 때가 얼마나 많았습니까? 저희의 자녀들이라도 신앙의 사람을 만나게 해주시옵소서! 은혜로운 사람을 찾게 해주시옵소서! 성령님의 인도하심을 받게 해주시옵소서! 그리함으로 영적인 선택을 잘 하게 될 때, 행복한 가정을 이루고 자손대대로 천국의 축복과 행복 속에 살게 해주실 줄 믿사옵고 예수님의 이름으로 간절히 축복하며 기도하옵나이다. 아멘!

이렇게
행복하라

룻기 3장 1-5절

어제는 두 사람이 하나 되어 행복하게 살아간다는 5월 21일 부부의 날이었고 오늘은 부부주일을 맞았습니다. 일찍이 사랑하는 남편을 잃고 두 아들까지 먼저 떠나보낸 시어머니 나오미가 며느리 룻을 재혼시키기 위해 교훈하는 말을 통해 부부가 어떻게 행복하게 살아갈 수 있는지, 이 시간도 하나님의 음성을 들을 수 있길 바랍니다.

마음의 안식처를 찾아야 함

먼저 본문 1절 상반절 말씀을 보겠습니다. "룻의 시어머니 나오미가 그에게 이르되 내 딸아 내가 너를 위하여 안식할 곳을 구하여."

시어머니 나오미는 며느리 룻에게 부자 청년 보아스에게 청혼하게 하면서, 자신이 룻을 위해 안식할 곳을 구해야 한다고 말합니다. NIV 영어성경에서는 이 구절을 "My daughter, I must find a home for you"라고 번역하는데, 여기서 '안식할 곳'이란 바로 '가정'입니다. 다시 말하면 가정이 우리의 마음이 안식할 곳이 되어야 한다는 것입니다.

우리가 행복하기 위해서는 가장 먼저 가정이 마음의 안식처가 되어야 하는데, 오늘날 우리의 가정이 과연 '안식할 곳'입니까? 많은 경우 가정이 진정한 안식처가 되지 못함으로 인해 얼마나 많은 사람이 가정에서 불화와 갈등을 겪고 불행과 고통을 느끼며 낙심과 절망 가운데 살아갑니까?

거울을 보며 화장하던 부인이 갑자기 흐느끼며 울자 남편이 깜짝 놀라 물었습니다. "아니, 갑자기 왜 우는겨?" 아내가 서럽게 말합니다. "나이가 드니 얼굴이 쭈굴쭈굴 말이 아니네요. 이렇게 징그럽게 늙어 가는 걸 보니 슬퍼서 눈물이 나요." 그러자 남편이 말했습니다. "그런 소리 하지 말어! 당신이야 거울 볼 때만 잠깐 당신 얼굴을 보지만, 그 얼굴을 매일 보는 나의 마음은 어떻겠어? 이렇게 참고 사는 나를 생각해서라도 당신도 참고 살구려!"

얼마나 많은 부부가 차마 죽이지도 못하고 살리지도 못하고 같이 살면서 마음고생을 하고 있습니까? 이혼한 부부처럼 평생 남남으로 불행의 감정을 품고 살아가니, 그 가정이 어떻게 마음의 안식처가 될 수 있겠습니까?

우리가 얼마나 가정에서 마음의 안식을 누리지 못하면 잠언에서 이렇게 말하고 있겠습니까? "다투며 성내는 여인과 함께 사는 것보다 광야에서 사는 것이 나으니라"(21:19) "다투는 여인과 함께 큰 집에서 사는 것보다 움막에서 혼자 사는 것이 나으니라"(25:24). 그렇다면 우리의 가정이 이처럼 마음의 안식처가 되지 못하는 근본적인 이유가 어디에 있을까요? 우리가 성령님으로 충만하지 못함으로 지난날의 상처에 대한 치유의 은혜를 체험하지 못하면 성격이나 행동이나 신앙의 변화가 일어나지 않습니다. 그래서 결국 성경적인 안식이 있는 가정을 회복하지 못하고, 평생 불화와 분쟁 가운데 끝없는 불행과 고통을 느끼면서 정서적 이혼 상태로 살아가는 것입니다.

박호근 가정문화연구원 원장이 부부 행복의 솔루션에 관해 쓴 《머리 아픈 남편, 가슴 아픈 아내》라는 책이 있는데, 가정의 불행으로 인해 남편은 머리와 골치가 아프고, 아내는 가슴이 아프고 속이 상한다는 것입니다. 그는 이 책에서 모든 부부는 사랑하기 때문에 결혼하는데, 사랑할 줄 몰라서 이혼한다고 말합니다. 특히 부부가 불화하는 이유는 서로에게 진정한 정서적 친밀감을 느끼지 못하기 때문인데, 서로 마음의 상처를 주고받아 불행과 고통에서 헤어 나오지 못한다는 것입니다. 그러므로 부부 사이의 치열한 갈등 속에서 남편의 속 터지는 마음을 이해하고, 아내의 마음 아픈 속사정을 이해하기 위해서 정서적 친밀감을 회복하라고 말합니다. 그래서 이런 구호로 책을 끝맺습니다. "어느 때보다 치열하게 싸우라! 상처받은 생각을 버리고 이해하라! 달콤함이 아닌 친밀감으로 사랑하라!" 그러나 더는 구체적으로 정서적 친밀감을 회복하는 길을 제시하지 못합니다.

그러나 상담치유학적으로 볼 때는, 부부 자신들이 지난날의 상처부터 치유 받지 않으면 삶의 변화가 일어나지 못하고, 정서적 친밀감을 얻지 못하고, 진정으로 서로를 행복하게 하지 못합니다. 그러므로 우리 자신부터 치유를 받고, 더 나아가 부부 사이의 모든 갈등과 불화를 치유하고 회복할 수 있는 근본적인 치유의 길은, 끊임없이 강조했듯이 에베소서 4장 31-32절의 말씀에 순종하는 것입니다. "너희는 모든 악독과 노함과 분 냄과 떠드는 것과 비방하는 것을 모든 악의와 함께 버리고 서로 친절하게 하며 불쌍히 여기며 서로 용서하기를 하나님이 그리스도 안에서 너희를 용서하심과 같이 하라." 이렇게만 하면 어떠한 불행과 고통 중에 있는 가정도 치유 받을 수 있습니다. 그런데 이 치유의 명령대로 믿지 않고 가슴으로 느끼지도 못하고 삶으로 실천하지 않기 때문에, 더는 치유의 은혜에 대한 체험이 없고 삶의 변화가 없고 행복이 없습니다. 날마다 천국의 축복과 행복 속에 사는 사람과 지옥의 고통과 불행 가운데 사는 사람이 여기서 갈라지는 것입니다.

그러므로 다른 길이 없습니다. 우리의 상처의 감정부터 더는 가슴속에 끌어안고 있지 말고, 주님과 나만의 시간에 주님의 십자가 앞에 다 내려놓고, 어떠한 원수라도 그들 역시 상처의 피해자요 희생자임을 기억하면서 친절하게 대하고 불쌍히 여기면서, 주님께서 우리를 용서하셨듯이 용서해야 합니다. 그리할 때 주님의 치유의 은혜를 체험하게 되고, 지금까지 우리를 불행과 고통으로 몰고 갔던 어떠한 원수 같은 부모님이나 남편이나 아내나 자녀들이라도 주님의 사랑으로 다 용납하게 됩니다. 그러면 가정에서 진정으로 마음의 안식을 얻게 되고, 가정이라는 마음의 안식처를 사모하며 살게 됩니다.

미국의 존 하워드 페인(John Howard Payne)은 13세 때 어머니를 잃고 곧이어 아버지마저 세상을 떠나자 형제들이 다 뿔뿔이 흩어져 그때부터 가정이 없었습니다. 시간이 흘러 어린 시절 웅변 선생님이었던 아버지의 가르침 덕분에 뛰어난 배우 겸 극작가가 된 그는 최초로 영국 무대에 진출하게 되었습니다. 그런데 1822년, 오페라 〈클라리, 밀라노의 아가씨〉(Clari, The Maid of Milan)에서 전쟁 중에 강을 사이에 두고 대치한 상황에서 한 병사가 하모니카로 부른 영국의 작곡가 헨리 비숍이 만든 노래에 가사를 붙여, 지난날의 가정에 대한 깊은 그리움을 담은 〈즐거운 나의 집〉(Home, Sweet Home)이란 명곡을 만들었습니다.

> 1. 즐거운 곳에서는 날 오라 하여도
> 내 쉴 곳은 작은 집 내 집뿐이리
> 내 나라 내 기쁨 길이 쉴 곳도
> 꽃 피고 새 우는 집 내 집뿐이리
> 오 사랑 나의 집
> 즐거운 나의 벗 집 내 집뿐이리
> 2. 고요한 밤 달빛도 창 앞에 흐르면
> 내 푸른 꿈길도 내 잊지 못하리
> 저 맑은 바람아 가을이 어디뇨
> 벌레 우는 곳에 아기별 눈 뜨네
> 오 사랑 나의 집
> 즐거운 나의 벗 집 내 집뿐이리

그런데 연극에서 이 노래가 끝난 후 기적이 일어납니다. 병사들이 서로가 적이라는 것을 망각한 채 강물로 뛰어들어 한 가족처럼 얼싸안고 서로 한 가족임을 고백하며 고향에 두고 온 가정을 그리워하면서 함께 이 노래를 부르게 된 것입니다.

존 하워드 페인이 이 노래를 지은 것은 프랑스 파리에서 동전 한 푼 없는 처량한 신세였을 때였습니다. 그는 평생 결혼하지 못하고 가정도 없이 외롭게 떠돌아다니다 북아프리카 튀니지에서 사랑하는 친구에게 꿈에도 그리던 가정에 대한 그리움을 고백한 편지 한 통을 남기고 하늘나라로 떠났습니다. 그가 죽은 지 31년이 지난 후 그 소식을 전해들은 미국 정부는 그의 유해를 미국으로 운구해 워싱턴 근교의 디 오크 힐 공원(The Oak Hill Park)에 안치하고 이렇게 묘비에 새겨 놓았습니다. "아름다운 노래로 미국을 건강한 나라로 만들어 준 존 하워드 페인, 편안히 잠드소서!"

그러므로 마음의 안식처가 되는 가정의 소중함을 깨닫고, 이제라도 원수 같은 남편이나 아내라도 주님의 십자가 사랑으로 다 용서함으로, 세상 그 어디에서도 찾을 수 없는 마음의 안식을 가정에서 찾게 될 때, 진정으로 주님 안에서 행복한 여생을 살아가게 될 줄 확실히 믿으시기 바랍니다.

육신적으로 복되게 살아야 함

계속해서 본문 1절 하반절 말씀을 보겠습니다. "너를 복되게 하여야 하지 않겠느냐." 시어머니 나오미는 며느리 룻이 마음의 안식처만 찾기를 구한 것이 아니라 육신적으로도 복되게 살아가길 바랐습니다. 사실 마음의 안식을 얻어도 물질적으로 어려우면 그것이 행복의 걸림돌이 되어 버릴 때가 얼마나 많습니까? 그래서 우리에게 하나님의 축복이 절실한 것입니다. 그러나 그 하나님의 축복은 우리가 애쓰고 수고한다고 얻을 수 있는 것이 결단코 아닙니다. 하나님께서 복을 내려 주셔야 가능한 것입니다. 또 우리가 복을 많이 받았다 할지라도 주님과 고통당하는 이웃을 위해 쓰지 못하는 복은 진정한 복이 아닌 것입니다.

사업을 하는 남편이 20억짜리 생명보험 7개를 들어 놓고 갑자기 과로로 쓰러져 죽었는데, 장례를 다 치른 다음 날 부인이 남편 사진을 보면서 "당신은 정말 멋진 남자야!"라고 했다지 않습니까? 이 소리를 들은 옆집 남편이 돈은 못 벌면서 그날로 헬스클럽에 가서 열심히 운동하며 너무나 건강하게 살며 죽지도 않으니 옆집 마누라가 마음속으로 '어유, 저놈은 정말 질긴 놈이야!' 그랬다고 하지 않습니까? 이게 진정한 부부입니까?

여러분, 우리가 아무리 복을 많이 받았다 해도 이렇게 갑자기 세상을 떠나게 되면 다 헛된 것입니다. 진정한 복은 건강하고 질기게 살면서 그 복을 주의 일에 사용하는 것입니다. 그러면 하늘의 상과 이 땅의 복이 자신의 여생과 자손들에게까지 계속 이어집니다. 그런데 우리가 다 복 받고 살기를 원하지만, 이러한 물질이나 건강 등 모든 육신의 복은 하나님으로부터 옵니다. 그러므로 신명기 28장 2, 6절의 "네가 네 하나님 여호와의 말씀을 청종하면 이 모든 복이 네게 임하며 네게 이르리니…네가 들어와도 복을 받고 나가도 복을 받을 것이니라"는 말씀처럼 하나님께 순종해야 합니다. 하나님의 말씀이 마음으로 받아들여져서 순종하면 제일 좋지만, 혹 마음에 안 내켜도 청종 즉 복종하면 하나님의 모든 복이 우리에게 임해, 우리가 들어와도 복을 받고 나가도 복을 받게 됩니다. 그러므로 우리가 축복의 약속의 말씀을 믿고 복종해야 진정으로 복되게 살 수 있게 되는 것입니다.

뉴질랜드에서 선교하시는 이은태 목사님은 어머니의 서원기도를 무시하고 세상에서 살다 갑작스러운 교통사고를 당해 죽음의 고비를 넘기고, 38세의 늦은 나이에 뉴질랜드로 신학 공부를 하러 유학을 떠났습니다. 가진 돈이 다 떨어지고 절망의 나락에 떨어졌지만 하나님께 간절히 부르짖으며 간구함으로 인해, 오직 하나님의 은혜로 믿을 수 없는 기적의 축복을 체험했습니다. 복의 근원 되시는 하나님께서 빈손이었던 그에게 3개의 빌딩을 주셨는데, 그는 받은 복을 자신만을 위해 헛되게 쓰지 않았습니다.

기독 영어학교를 세워 매년 200여 명의 기독청년들에게 장학금을 주고 영어와 신앙훈련을 하게 했고, 더 나아가 뉴질랜드의 최대 선교센터를 세워 17개 국제선교단체를 후원하면서 선교의 풍성한 열매도 맺고 있습니다. 그뿐 아니라 최근에는 다니엘 크리스천 캠프와 노인들을 섬기는 나눔센터까지 세워 전 세계에 이르기까지 끝없이 하나님의 축복의 통로로 쓰임 받고 있습니다.

그런데 그는 많은 그리스도인이 물질의 주인이 하나님이심을 망각하고 인간적인 방법으로 돈을 벌려고 애쓰는 모습이 너무도 안타까웠습니다. 이러한 기적의 축복의 역사를 체험할 수 있는 길은, 하나님의 말씀대로 물질을 하나님의 영광을 위해 바치고 나누며 섬기는 성경적 물질관에 있음을 알리고 싶었습니다. 이에 그의 저서인 《이른 비의 기적》, 《늦은 비의 기적》에 이어 최근에 펴낸 《이은태 목사의 재물 이야기》라는 책을 통해 계속해서 자신의 기적적인 축복의 체험을 간증하고 있습니다.

우리가 하나님의 축복을 움켜쥐고 살다 보면, 번 것도 다 못 쓰고 어느 날 갑자기 모든 것을 내려놓고 세상을 떠나게 될 수도 있습니다. 그러므로 우리는 하나님의 축복의 약속을 확실히 믿으며 바로 지금 나누고 베풀고 섬기면서 살아가야 합니다. 그리할 때 우리가 육적으로 건강하고 장수하며 복을 받아 진정으로 주님 안에서 행복하게 쓰임 받게 될 줄 확실히 믿습니다.

사랑하며 행복해야 함

마지막으로 본문 3-4절 말씀을 보겠습니다. “그런즉 너는 목욕하고 기름을 바르고 의복을 입고 타작마당에 내려가서 그 사람이 먹고 마시기를 다 하기까지는 그에게 보이지 말고 그가 누울 때에 너는 그가 눕는 곳을 알았다가 들어가서 그의 발치 이불을 들고 거기 누우라 그가 네 할 일을 네게 알게 하리라 하니."

보아스는 많은 종을 거느린 부자였고 엘리멜렉의 친족이었습니다. 여기서 '친족'은 히브리어로 'מִשְׁפָּחָה'(미쉬파하트)이며, 영어로는 '친족 속량자'(Kinsman-Redeemer)라고 하는데, 이 친족 속량자가 되면 사람이 자식이 없이 죽는 경우 그의 아내를 취해 자식을 낳게 함으로 대를 잇게 할 수 있습니다. 또 빚을 져서 종이 되면 빚을 갚아 종의 신분에서 해방시켜 줄 수도 있고, 억울하게 죽임을 당하면 그의 원한도 풀어 줄 수 있으며, 다른 말로는 '기업 무를 자'[גֹּאֵל(고엘), 룻 2:20)] 라고도 했습니다. 영적으로 이는 우리의 인생에 가장 큰 불행과 고통을 안겨 주는 죄악과 상처와 질병으로부터 우리를 구원하시는 예수님을 상징합니다.

시어머니 나오미는 성경의 가르침대로 며느리 룻에게 이러한 '기업을 무를 자'인 보아스에게 청혼하도록 하기 위해, 타작하는 날 목욕하고 화장하고 아름다운 옷을 입고 신부의 단장을 하고서 보아스의 타작마당으로 가서 타작이 끝나고 축하 잔치가 끝나기를 기다리라고 했습니다. 당시 베들레헴의 타작마당은 높은 언덕 위에 있고, 직경 30미터 정도의 원형으로 평평하게 다져져 있었는데, 보통 보리 타작이 끝나면 이 타작마당에 같이 모여 먹고 마시는 축하 잔치를 열었습니다. 나오미는 보아스가 축하 잔치가 끝나고 홀로 잠자리에 누울 때 룻에게 그 발치 이불, 즉 발을 덮는 이불을 들고 거기에 같이 눕고 그 후의 일은 보아스에게 맡기라고 했습니다. 결국 룻의 이런 청혼을 보아스가 받아들였고 두 사람은 부부가 되어 행복하게 살게 되었습니다.

우리가 행복하게 살기 위해서는 가정에서 마음의 안식도 찾고 육신적으로 복되게 사는 것도 중요하지만, 하루를 살아도 사랑하며 행복해야 합니다. 창세기 2장 25절에서 "아담과 그의 아내 두 사람이 벌거벗었으나 부끄러워하지 아니하니라"고 말씀하듯, 하나님께서는 아담과 하와가 부부로 맺어진 후 부끄러움 없이 서로 사랑하며 행복을 누리며 살길 원하셨습니다. 그리고 잠언(5:15-20)이나 아가서에서도 부부의 행복한 성생활을 강조하고 있습니다. 그럼에도 우리는 유교적인 성 관념에 사로잡혀 성생활을 죄악시하거나 세속적으로 받아들여 금욕주의에 치우치는 경향이 있는데, 그렇게 하면 우리가 진정으로 그 사랑의 행복을 누리며 살 수 있을까요?

새 집으로 이사한 부부가 가구 등 집 안 도구를 모두 다 새 것으로 바꾸었습니다. 그런데 저녁식사를 한 후 부부가 차를 한잔하면서 서로 마주 보고 말은 안 해도 마음속으로 '너만 바꾸면 되는데…' 했다고 하지 않습니까? 부부가 사랑의 정을 못 느끼고 상대방의 모든 게 마음에 안 드니까, 상대방만 바꾸면 마음이 행복할 것 같습니다. 이게 몸만 붙어 사는 원수이지, 어떻게 진정으로 한 몸 된 사랑하는 부부입니까?

더욱이 신앙심이 깊고 기도 많이 하고 거룩하다는 남편이나 아내일수록 너무 '거룩, 거룩, 거룩'해서 '가까이하기에는 너무 먼 당신' 아닙니까? 그래서 일주일 내내 밖에서 스트레스 받고 지친 남편이 아내의 사랑의 품이 그리워 주일 밤 가까이 다가가면 "거룩한 날 딴 생각 하지 마세요!" 하며 손을 딱 뿌리칩니다. 그래서 월요일 밤을 기대하며 다가가니, "당신은 어제 온종일 예배드리고 봉사하고, 오늘도 온종일 일했는데 피곤하지도 않아요?" 하고는 손을 밀어 냅니다.

화요일 밤에 또 다가가자 이번에는 "오늘 성경공부하고 와서 피곤하니까 건들지 마요!" 합니다. 그래서 수요일 밤에 다가가니, "오늘이 삼일 밤이요!" 그럽니다. 삼일 밤이어서 어떻다는 것입니까? 목요일 밤에 또 다가가니 "오늘 전도 심방 다녀와서 피곤하니까 건들지 마세요!" 하며 철벽을 칩니다. 그러니 어떻게 합니까? 금요일 밤에 또 다가가려고 기다리고 있었더니 이 여자가 심야기도회에 가서 안 와서 결국 기다리다 지쳐 잠들고 맙니다. 그래서 토요일 밤 마지막으로 희망을 안고 다가가자 손을 확 뿌리치면서 하는 말이 "내일이 주일이여!" 그러더랍니다. 내일이 주일이라고 자기가 주일설교를 합니까? 대표기도를 합니까? 찬양대 지휘라도 하면 말도 안 합니다. 그러니 언제 부부의 사랑을 나누며 행복하게 살겠습니까?

그래서 이러한 부부의 사랑의 갈등에 대해 고린도전서 7장 3-5절은 분명히 말씀하고 있습니다. "남편은 그 아내에 대한 의무를 다하고 아내도 그 남편에게 그렇게 할지라 아내는 자기 몸을 주장하지 못하고 오직 그 남편이 하며 남편도 그와 같이 자기 몸을 주장하지 못하고 오직 그 아내가 하나니 서로 분방하지 말라 다만 기도할 틈을 얻기 위하여 합의상 얼마 동안은 하되 다시 합하라 이는 너희가 절제 못함으로 말미암아 사탄이 너희를 시험하지 못하게 하려 함이라." 이제라도 하나님의 말씀대로 남편은 그 아내에 의한 성적 의무를 다하고, 아내도 그 남편에 대한 성적 의무를 다하면서 기도나 금식을 하거나 몸이 아플 때나 마음이 많이 상했을 때를 제외하고는, 서로 원할 때 언제든지 응해 주고 거절해서는 안 된다는 것입니다. 서로를 사랑으로 받아 줌으로 사탄이 부부 사이를 더는 시험하지 못하도록, 주님 안에서 서로 사랑하며 행복해야 합니다. 그리할 때 부부의 사랑이 더 깊어지면서 주님 안에서 진정으로 행복하게 될 줄 확실히 믿으시기 바랍니다.

지금으로부터 150여 년 전 미국의 남북전쟁이 끝나 가고 온누리에 평화가 찾아올 무렵입니다. 뉴욕주 끝자락에 있는 나이아가라폭포에서 멀지 않은 곳에 있는 마을인 해밀턴 인근의 글렌포드 고등학교에 조지 존슨(George Johnson)이라는 캐나다 출신의 갓 20세 된 잘생긴 총각 선생이 부임했습니다. 그가 고3 여학생 반에서 첫 영어수업을 하는데 그 많은 여학생 중에서 확 들어오는 아리따운 한 여학생에게 첫눈에 반하게 되었습니다. 그 예쁜 여학생은 18세의 마거릿 클라크(Margaret Clark)였는데, 수업시간 내내 젊은 총각 선생의 시선은 그 여학생을 떠나지 않았습니다. 그 후 학교 일과가 끝나면 둘은 데이트를 하게 되었고 그 여학생도 미남인 총각 선생을 너무도 좋아해 깊은 사랑에 빠지게 되었습니다.

총각 선생과 이 여학생은 둘 다 음악을 좋아했기에 마을 합창단에서 함께 봉사 활동을 했습니다. 두 사람은 시간만 나면 거대한 나이아가라 폭포수가 온타리오호수로 흘러가는 경사진 언덕의 양지바른 금잔디에 나란히 앉아, 청옥보다 더 푸른 호수를 바라보며 꿈 같은 사랑을 속삭였으며, 시냇가에 줄지어 선 그 오색찬란한 아름다운 단풍나무 길을 따라 데이트를 즐기곤 했습니다. 아름다운 호수와 개울가, 베이지 꽃이 수줍게 피어 있는 동산, 물레방앗간, 꽃보다 더 아름다운 단풍길, 그리고 숲을 이룬 목가적인 자연에서 그들은 사랑을 키워 갔습니다.

결국 마거릿이 고등학교를 졸업한 후 두 사람은 결혼식을 올렸고, 미국 오하이오의 클리블랜드로 옮겨가 남편은 교사생활을 계속하면서 달콤한 신혼의 행복에 빠졌습니다. 그런데 불행하게도 마거릿이 폐결핵에 걸리고 말았습니다. 그리고 결혼생활 1년째가 되어 갈

무렵 아들을 하나 낳은 마거릿은 남편을 만나 사랑을 나눈 지 5년 밖에 안 되었을 때 안타깝게도 세상을 떠나게 되었습니다. 당시 폐결핵은 너무도 전염률이 높아 마거릿이 마지막 세상을 떠나던 날 사랑하는 부모조차도 딸에게 가까이 가지 못했습니다. 그러나 남편 조지만은 의사의 간곡한 만류에도 사랑하는 아내 곁에서 마지막 임종을 지켜주었습니다.

가래에 막혀 숨조차 제대로 못 쉬며 고통스러워하던 아내 마거릿을 품에 안고 조지는 남편으로서 더는 도울 길이 없어 한없이 눈물을 흘리며 오열했습니다. 마지막 숨을 힘겹게 내쉬며 행복한 미소를 지으며 떠나가는 사랑하는 아내를 꼭 껴안고 흐느껴 울며 "여보, 사랑해! 나는 너무 행복했어요! 하늘나라에서 다시 만나요!"라고 고백했습니다. 이렇게 그녀는 사랑하는 남편의 품에 안겨, 5년이라는 짧은 세월이었지만 행복한 사랑의 기억을 간직한 채 23세의 꽃다운 나이에 하늘나라로 떠나고 말았습니다.

모든 장례 절차가 끝나고 조지는 지난날 그녀와 그토록 행복하게 사랑을 속삭이던 그녀의 고향 언덕에 아내를 묻어 주려 아내의 관을 화물열차에 싣고 어린 아기를 안은 채 기차에 올라 아내의 고향 해밀턴으로 향했습니다. 그런데 품에 안고 있던 아기가 얼마나 큰 소리로 울면서 엄마를 찾는지 다른 승객들에게 너무 미안했습니다. 온 힘을 다해 아이를 달래 보았지만 울음을 그칠 줄 몰랐습니다. 그래서 조지는 아기를 안고 일어서서 승객들에게 사과의 말을 했습니다. "아기가 엄마를 찾으며 이렇게 울고 있는데 이 아기 엄마는 지금 화물칸의 관에 있어요. 저는 아내를 고향 언덕에 묻어 주려고 아내의 관과 함께 고향으로 가는 중이에요. 그런데 아기가 제 엄마가 세상을 떠난 줄도 모르고 자꾸 엄마를 찾네요. 여러분, 시끄러워도 조금만 참아 주세요! 대단히 죄송합니다!"

이렇게 사랑하는 아내를 고향 땅에 묻어 준 후, 그는 학교를 사임하고 학업을 계속해서 미국의 명문 존스 홉킨스 대학교에서 철학박사 학위를 받고, 캐나다 토론토 대학교의 철학교수이자 시인이 되었습니다. 사랑하는 아내와의 추억을 그리워하며 홀로 인생을 살면서 《Maple leaves》(단풍잎)라는 시집에 사랑하는 아내를 잃은 슬픔과 옛날을 회상하면서 한편의 시를 실었는데, 그 시에 친구 제임스 버터필드(James Butterfield)가 곡을 붙여 탄생한 노래가 세계적으로 널리 애창된 〈매기의 추억〉(When You and I Were Young, Maggie)입니다. '매기'(Maggie)는 사랑하는 아내 마거릿의 애칭이었습니다.

1. 옛날에 금잔디 동산에 매기 같이 앉아서 놀던 곳
   물레방아 소리 들린다 매기야 내 희미한 옛 생각
   동산 수풀은 없어지고 장미화만 피어 만발하였다
   물레방아 소리 그쳤다 매기 내 사랑하는 매기야
2. 옛날에 금잔디 동산에 매기 같이 앉아서 놀던 곳
   물레방아 소리 들린다 매기야 내 희미한 옛 생각
   지금 우리는 늙어지고 매기 머리는 백발이 다 되었네
   옛날의 노래를 부르자 매기 내 사랑하는 매기야

사랑하는 성도 여러분, 우리가 살면 얼마나 살겠습니까? 우리가 결혼한 지도 벌써 10년, 20년, 30년, 40년, 50년이 금방 다 지나가 버렸고, 이제 앞으로 살아갈 날이 얼마나 남아 있는지도 모릅니다. 그마저도 하나님께서 부르시면 어느 날 갑자기 떠나야 합니다. 지금 우리 가운데도 사랑하는 남편이나 아내를 갑작스럽게 떠나보내고 후회와 슬픔 가운데 살아가시는 분들이 얼마나 많습니까? 지내고 보면 사랑하고 감사하며 행복하게만 살아도 너무나 짧은 인생인데, 이제 우리의 남은 인생이라도 마음의 안식처를 찾아야 합니다. 육신적으로도 복되게 살고, 사랑하며 행복하게 살아갈 때 주님 안에서 진정으로 행복한 가정을 회복하게 될 줄 확실히 믿습니다.

결단의 찬송으로 〈이렇게 아름다운 하늘 아래〉를 부르며 믿음으로 결단하겠습니다.

1. 이렇게 아름다운 하늘 아래
   일생 중 가장 아름다운 모습으로
   우리 마주 보는 눈길 속에
   하나님의 축복이 함께합니다
   지친 가슴과 영혼 마음으로 위로받고
   거친 세상 속의 상처 한 맘으로
   어루만져질 사랑의 터전
2. 이렇게 아름다운 하늘 아래
   모두가 축하하는 사랑의 노래
   하늘의 천사들과 우리 모두
   기쁨으로 당신을 축복합니다
   행복한 새 가정에 하나님 사랑 깃들고
   둘이 하나로 살아갈
   영원토록 넘쳐나는 하나님 축복

후렴) 오늘 푸르른 하늘 아래
   눈부신 저 햇살에
   두 사람이 이루는 사랑의 서약

참된 사랑 기쁨 평안이 주 안에서 하나 되어

행복한 가정을 축하하리

저희 가정의 행복의 근원이 되시는 하나님, 저희가 모두 다 행복한 가정을 이루길 원하셨지만 지난날 저희가 하나님의 말씀대로 살지 못함으로 인해 불행과 고통 가운데 살 때가 얼마나 많았습니까? 이제라도 지난날의 죄악을 모두 다 용서해 주시옵소서! 그리고 남은 인생이라도 마음의 안식처를 찾게 해주시옵소서! 육적으로도 복되게 살게 해주시옵소서! 사랑하며 행복하게 살게 해주시옵소서! 그리함으로 진정으로 천국의 행복한 가정을 회복해 행복한 여생을 살게 해주실 줄 확실히 믿사옵고 예수님의 이름으로 간절히 축복하며 기도하옵나이다. 아멘!

이렇게 이어 가라

룻기 4장 13-17절

우리가 지난 5월 한 달 동안 룻기의 영적 강해를 함께 나누면서, 어린이주일에는 1장에서 "이렇게 양육하라"고 말씀하셨고, 어버이주일에는 역시 1장에서 "이렇게 효도하라", 청년주일에는 2장에서 "이렇게 선택하라", 부부주일에는 3장에서 "이렇게 행복하라"고 말씀하셨습니다. 오늘 마지막 가정주일에는 4장에서 "이렇게 이어 가라"고 말씀하십니다. 우리가 아무리 앞에서 나눈 말씀을 따라 하나님의 말씀대로 잘 양육하고 효도하고 선택하고 행복해도, 그것이 대를 잘 이어 가지 못하면 우리의 신앙은 우리 대에서 끝나고 맙니다. 아무리 우리 부모 세대가 잘 믿어서 대한민국이 세계 10위 경제대국이 되고, 실제로는 세계에서 가장 살기 좋은 나라가 되었다 해도, 다음 세대가 우리의 신앙을 이어 가지 못하면 한국 교회도, 대한민국도 그 신앙의 축복은 다 무너지고 마는 것입니다. 그러므로 우리의 신앙을 어떻게 이어 갈 것인지, 이 시간 보아스와 룻의 가정을 통해 하나님의 음성을 들을 수 있길 바랍니다.

자녀를 믿음으로 낳아 길러야 함

먼저 본문 13-14절 말씀을 보겠습니다. "이에 보아스가 룻을 맞이하여 아내로 삼고 그에게 들어갔더니 여호와께서 그에게 임신하게 하시므로 그가 아들을 낳은지라 여인들이 나오미에게 이르되 찬송할지로다 여호와께서 오늘 네게 기업 무를 자가 없게 하지 아니하셨도다 이 아이의 이름이 이스라엘 중에 유명하게 되기를 원하노라."

장로들이 모인 성문 회의에서 보아스가 룻의 속량자로 결정되고, 기업 무를 자가 된 보아스는 모압 여인이며 과부였던 룻을 구제했을 뿐 아니라, 그녀를 아내로 맞이해 결혼하게 됩니다. 그래서 룻은 이스라엘의 백성이 되고 하나님의 선민이 됨으로 하나님의 자녀를 낳는 축복을 얻게 되어(창 41:50-52; 신 7:13-14), 보아스와의 사이에서 아들을 낳는 큰 은총을 누리게 됩니다. 오죽하면 베들레헴 여인들이 이를 부러워하며 시어머니 나오미에게 "오늘 네게 기업 무를 자를 허락하신 여호와께 찬양하라! 이 아이의 이름이 이스라엘 가운데서 유명하게 되기를 원하노라!"라고 축복해 주었겠습니까?

우리도 부부끼리만 살다 인생을 끝내는 것이 아니라, 한나처럼 금식하고 통곡하며 서원기도를 해서라도 기필코 우리의 뒤를 이을 자녀를 낳아야 합니다. 그뿐 아니라 하나님께서 허락하신 자녀를 믿음으로 잘 길러 하나님 나라의 일꾼으로 만들어 우리의 신앙의 뒤를 잇게 해야 합니다. 늘 강조하지만 성공적인 자녀 양육은 우리의 자녀손들이 일류 대학에 들어가고, 일류 직장에 들어가고, 일류 가문과 결혼하는 것이 아닙니다. 그것은 세상적인 복은 될지 모르지만 하나님의 복과는 다른 것이고, 믿음이 이어지지 않으면 그것은 진정한 복이 아닌 것입니다. 오히려 그러한 세상적인 복이 불신앙의 원인과 범죄의 수단이 되기도 합니다. 자녀들에게 우리의 신앙이 이어져, 무리한 요구 같지만 우리가 집사라면 우리에게 맡겨 주신 자녀들 가운데 집사 이상이 나와야 하고, 우리가 권사라면 우리에게 맡겨 주신 자녀들 가운데 권사 이상이 나와야 하고, 우리가 장로라면 우리에게 맡겨 주신 자녀들 가운데 장로 이상이 나와야 하고, 우리가 주의 종이라면 우리에게 맡겨 주신 자녀들 가운데 주의 종이 한 명 정도는 나올 수 있길 바랍니다. 그래야 하나님의 교회가 든든히 서가고 마지막 때 사명을 충성스럽게 감당하며 하나님 아버지께 영광 돌리게 되는 것입니다. 자식들을 통해 되지 않으면 손주들이라도 신앙을 이어 가도록 해야 합니다.

지난 수요일 밤에 있었던 제42회 가족찬양제에서 우리의 사랑하는 가족들과 목장 식구들이 모여 찬양을 하는데, '여기가 천국이다!'라는 생각이 들 정도로 행복하게 웃다 울었습니다. 그 가운데 마지막 특별 순서를 담당한 청년부 차승천 목사님과 이지원 사모님과 7세 된 주원이의 다윗과 골리앗 이야기는 눈물 날 정도로 재밌었습니다. 아들 다윗이 "당장 나와라" 하니까 아버지 골리앗이 "어쩔 수 없이 나간다!" 하면서 끌려 나와 죽는데, 온 가족의 사랑의 정감이 깊이 느껴지고, 온 가족이 얼마나 함께 연습을 많이 했길래 저렇게 감동적으로 할까 하며 너무도 큰 은혜를 받았습니다. 저는 차 목사님의 아들 주원이도 할아버지와 아버지의 뒤를 이어 신실한 주의 종이 되길 간절히 바랍니다. 이것이 우리 생애 가운데 기필코 거두어야 할 진정한 믿음의 축복의 열매들인 것입니다.

흔히 오늘날 우리의 신앙이 자손 대대로 이어지지 않는 요인을 교회학교에서 찾습니다. 그러나 교회학교에서는 일주일에 겨우 1~2시간을 소요할 뿐, 대부분의 시간은 집에서 보내기 때문에, 문제의 원인은 우리의 가정에서 찾아야 합니다. 그것은 우리 부모들이 먼저 모범적으로 철저하게 믿음으로 살지 못하기 때문입니다. 우리 자신의 가정이나 자녀들을 돌아보면, 남의 가정이나 자녀들에 대해 더는 뒷말을 할 것이 없습니다. 그러므로 주보에 있는 내용대로 가정예배나 가정기도회를 통해 가족들을 신앙으로 구원하고 치유하고 양육하며, 대화를 통해 서로 사랑으로 교제함으로 가족들의 영적 성장을 가져와야 합니다. 우리 부모들이 꼭 잊지 말아야 할 것은, 유교의 관습대로 자식들에게 세상적인 물질의 유산을 물려주려 하지 말고 신앙의 유산을 물려주어야 한다는 것입니다. 유대인 속담에 "자녀들에게 생선을 구워 주지 말고, 물고기 잡는 법을 가르쳐 주라"고 한 이유가 바로 여기에 있는 것입니다.

저희 부모님도 전라남도 나주군에서 제일가는 부자이셨지만 고향 떠나실 때 하나님께 다 바쳐 버리시고, 저희 자녀들에게는 어떠한 유산도 물려주시지 않고 하늘나라로 떠나셨습니다. 다른 형제들은 그래도 살 만하니 주의 종 가정에는 좀 남겨 주시고 가시지 하는 서운함이 잠시나마 있었지만, 세상에서 가장 소중한 신앙의 유산을 물려주셨기 때문에 이렇게 행복하고 축복된 오늘의 저를 만들어 주신 것입니다. 그래서 시편 128편 1, 3-4절에서 "여호와를 경외하며 그의 길을 걷는 자마다 복이 있도다…네 집 안방에 있는 네 아내는 결실한 포도나무 같으며 네 식탁에 둘러앉은 자식들은 어린 감람나무 같으리로다 여호와를 경외하는 자는 이같이 복을 얻으리로다"라고 분명히 약속하신 것입니다. 우리가 자녀들에게 어떠한 신앙을 물려주는지에 따라 그들의 일생의 복이 달라집니다.

지난 주일 밤 12시에 영국의 노리치시티에서 세계 각 나라 대표급 선수 720명이 모인 프리미어리그 금년 시즌 마지막 축구경기가 열렸습니다. 이 경기에서 우리나라 손흥민 선수가 속한 토트넘 팀이 과연 4강 진출을 할 수 있을 것인지와 우리나라의 자랑스러운 손흥민 선수가 과연 득점왕이 될 수 있을 것인지가 국내외 축구 팬들의 최대 관심사였습니다. 그래서 지난 주일 3부 예배 후 용인 등 세 군데 심방을 다녀와 너무도 피곤한 가운데서도 새벽 2시까지 믿음의 아들을 응원하지 않을 수 없었습니다.

후반 들어 손흥민 선수의 세 차례에 걸친 결정적인 슛이 노리치시티 골키퍼에게 막혀 얼마나 안타까웠습니까? 모든 일이 뜻대로 안 될 때는 어떻게 해야 합니까? 기도하는 수밖에 없습니다. 그런데 어떻게 되었습니까? 하나님께서 바로 응답을 주셔서 놀랍게도 후반 들어 안토니오 콘테 감독이 투입한 절친한 신앙의 친구인 루카스 모우라 선수가 절묘하게 패스도 아닌 것처럼 왼발로 슬쩍 건네 준 볼을 손흥민 선수가 기가 막히게 오른쪽 코너로 감아 차서 골키퍼를 피해 이번 시즌 22번째 골을 넣었습니다. 이어서 프리킥 기회에 손흥민 선수가 전담해 차야 하는데 모우라 선수가 키커로 나서서 기회를 만들어 주니까, 그 볼을 잡은 손흥민 선수가 페널티 지역의 그 먼 거리에서 오른발로 감아 차서 또 한 골을 추가했습니다. 그래서 토트넘 팀이 5:0으로 승리하면서 챔피언십 4강 진출이 확정되었을 뿐 아니라, 총 23골로 이집트 출신 모하메드 살라 선수와 함께 세계 최고의 프리미어리그 역사상 아시아인 최초로 득점왕이 되어 골든부트(Golden Boot)를 받게 되었습니다. 그런데 살라 선수는 23골 중 5골이 리버풀 팀에서 얻은 페널티킥 골이지만, 손흥민 선수는 23골 중 한 골도 페널티킥으로 얻은 것이 아니기 때문에 실제적인 최고 득점왕은 손흥민 선수인 셈입니다. 할렐루야!

이 모든 기적의 축복의 배후에는 손흥민 선수의 아버지인 손웅정

집사님이 계십니다. 그의 에세이집 《모든 것은 기본에서 시작한다》가 작년에 출간되었는데, 손 집사님은 자신이 축구선수로서는 삼류 선수였다고 생각하고, 자신이 실패한 것을 되풀이하지 않도록 하기 위해 자신의 해왔던 것의 정반대로만 아들에게 직접 가르쳤다고 하지 않습니까? 무엇보다도 축구를 배우기 시작한 어린 시절 처음 7년 동안은 웨이트 훈련부터 시작해 트래핑, 드리블, 패스에 이르기까지 기본기만 연마하도록 하고, 더 나아가 어떠한 상황에서도 자유자재로 경기를 할 수 있도록 어렸을 때부터 왼발과 오른발 프리킥을 매일 1,000개씩 차는 강훈련을 시켰습니다. 그래서 이번 시즌의 23골 중 왼발로 12골, 오른발로 11골을 넣을 수 있었던 것입니다. 무엇보다 그의 마음속에 신앙을 심어 주었기 때문에, 그렇게 티를 내지 않지만 경기 전이나 중간마다 손흥민 선수가 두 손을 모으며 기도하는 모습이, 결국에는 국내에서도 성공하지 못했던 아버지와는 달리 세계적인 선수로 하나님의 복을 누리며 크게 쓰임 받게 했습니다. 그러므로 우리가 자녀들을 믿음으로 낳아 기르면, 하나님께서 그들의 장래 위에 두 손 들어 축복을 내려 주시고 귀하게 쓰시고 크게 영광 거두어 주시며 결국 그들이 우리의 신앙을 이어 가게 될 줄 분명히 믿으시기 바랍니다.

모두를 살리고 행복하게 해야 함

계속해서 본문 15절 말씀을 보겠습니다. "이는 네 생명의 회복자이며 네 노년의 봉양자라 곧 너를 사랑하며 일곱 아들보다 귀한 네 며느리가 낳은 자로다 하니라."

베들레헴의 여인들은 보아스와 룻이 아들까지 낳은 것을 결코 시기하거나 질투하지 않고 오히려 그 아들이 이스라엘 가운데 유명해지도록 축복했습니다. 이 아들 오벳이 지난날 절망에 빠져 죽은 자와 같았던 할머니 나오미에게 '생명의 회복자'가 되고, '노년의 봉양자'가 될 것이라며 위로합니다. 지난날의 모압 땅에서의 실패의 고통과 불행을 딛고 일어서서 신앙의 고국 땅으로 돌아온 나오미에게, 시어머니를 사랑하는 일곱 아들보다 귀한 며느리를 통해 낳은 아들 오벳을 축복하면서 그 어머니 룻을 칭송했습니다. 여러분, 시어머니 나오미의 믿음의 결단이 며느리 룻의 사랑의 순종으로 이어지고, 그들의 믿음과 사랑이 하늘 보좌의 하나님께 상달되어 룻이 기업 무를 자 보아스를 만나 결혼하게 되고, 그 결과 아들 오벳까지 낳았으니 모두가 살아나고 행복해진 것이 아니겠습니까?

우리의 가정도 믿음으로 살아 축복받는 것도 중요하지만, 결과적으로 가족 모두를 영적으로 살리고 행복하게 하는 사랑의 공동체를 이루어야 합니다. 아무리 우리가 믿음의 복을 받고 의를 내세워도 서로에게 상처를 주고 불행하게 사는 것은 진정으로 하나님께서 기뻐하실 신앙도 아니고, 진정한 하나님의 축복도 아니기에, 진정으로 하나님의 행복을 누릴 수도 없습니다. 종교개혁자 마틴 루터가 말했듯이 우리가 다 의인이면서도 죄인인데 무엇을 내세울 게 있겠습니까? 모든 것이 하나님의 은혜이기 때문에 "하나님이여, 불쌍히 여기소서! 나는 죄인로소이다" 하는 심정으로 살아야 합니다.

그런데도 우리가 내세우는 것이 있다면 그것은 다 자기 의고, 하나님의 축복이 아닌 자기 노력에 의한 소득일 뿐입니다. 그런 사람은 아무도 사랑하거나 존경하지 않습니다. 그런데도 말세 마지막 때 한국 교회가 사탄의 시험에 빠져 계속 자기 의를 내세우고 불화와 분쟁을 일삼으니 무슨 축복이 있고 행복이 있겠습니까? 그러니 개인에게도 은혜가 안 되고, 교회에도 축복이 안 되고, 가정에도 복이 안 되는 것입니다. 그래서 고린도후서 3장 6절은 "그가 또한 우리를 새 언약의 일꾼 되기에 만족하게 하셨으니 율법 조문으로 하지 아니하고 오직 영으로 함이니 율법 조문은 죽이는 것이요 영은 살리는 것이니라"고 말씀합니다. 우리가 율법주의자가 되어 매사에 율법의 잣대로 남을 비판하고 시비 걸고 물고 늘어지면, 결국 그 자신과 자손들까지도 다 영적으로 죽이고 말지만, 성령님으로 충만하면 그 사랑의 영으로 다 살려냅니다.

그런데 우리의 신앙의 근본적인 문제는 성령님으로 충만하지 못한 우리의 가정에서부터 시작됩니다. 가정에서 부모들이 사랑으로 잘 길러 주면, 부모의 신앙의 모범을 따라 자녀들이 신앙의 감동을 받고 언젠가는 신앙의 열매를 맺게 됩니다. 그리하여 자녀들의 온화하고 겸손한 성품과 사랑의 섬김과 헌신과 봉사의 신앙이 거기서부터 영적으로 살아나기 시작해 가정을 행복하게 하고, 교회를 행복하게 하고, 세상을 행복하게 하는 것입니다.

미국의 전 대통령 로널드 레이건(Ronald Reagan)이 생전에 어머니날 특집프로에 출연해 어머니의 사랑을 이렇게 표현했습니다. "나에게 가장 큰 영향을 끼친 인물은 세상에서 가장 착하고 다정한 여인인 나의 어머니 넬리 레이건(Nelly Reagan) 여사입니다. 어머니는 저의 가장 훌륭한 스승이에요. 오늘날 우리 사회를 지탱하는 힘은 바로 어머니의 사랑이에요. 생명이 태어나 제일 먼저 배우는 단어는 '맘마'(mom), '엄마'(mother)이고, 제일 먼저 보는 것도 엄마의 눈동자예요. 어머니보다 위대한 스승은 없어요. 언제 생각해도 눈물 나는 이름이 '어머니'입니다!" 이처럼 역사적인 인물 뒤에는 끊임없이 사랑을 베풀어 주시는 훌륭한 어머니가 있습니다. 하나님을 대신하는 이름인 어머니는 끝없는 사랑으로 인간을 만드는 위대한 스승인 것입니다.

그렇다면 아버지는 어떻습니까? 2004년에 영국 문화원(British Council) 설립 70주년을 맞이해 비영어권 102개국의 4만 명을 대상으로 설문조사를 했는데, 영어 중 가장 아름다운 단어 1위가 'mother'(엄마)였습니다. 2위가 'father'(아버지)이었으면 얼마나 좋았겠습니까? 그러나 2위는 'passion'(열정)이었고, 3위가 'smile'(미소), 4위가 'love'(사랑), 5위가 'eternity'(영원), 6위가 'fantastic'(환상적), 7위가 'destiny'(운명), 8위가 'freedom'(자기 권리로서의 자유), 9위는 'liberty'(지배로부터의 자유), 10위는 'tranquility'(평온)이었습니다. '아버지'는 20위 내에도, 30위 내에도 없었다고 합니다. 왜 그랬을까요?

신바람 전도사였던 황수관 장로님이 들려준 어렸을 때의 이야기입니다. 일본 히로시마에 원자폭탄이 터졌을 때, 그 순간 아버지는 가족들에게 따라오라고 한 뒤 혼자 밖으로 뛰쳐나갔는데, 어머니는 뛰쳐나갈 겨를이 없자 두 딸과 임신 9개월째인 뱃속의 황수관 장로님을 감싸 안고 그 자리에 엎드리셨다고 합니다. 도망갔던 아버지가 살아 돌아왔는데 아내와 두 딸과 태중의 아들까지 다 살아 있으니 가족 보기가 얼마나 민망했겠습니까? 그러면 좀 돌이키고 변화가 되어야 하지 않습니까? 6·25전쟁 때 피난을 내려가다 길가에 수류탄이 떨어졌는데, 아버지는 역시나 혼자 길거리 수로에 몸을 던져 피했는데, 어머니는 그 위험 속에서도 두 딸과 다섯 살 난 아들을 품에 안고 온몸으로 수류탄의 파편을 막아 내시더랍니다. 이번엔 아버지가 정말 무언가 깨닫고 변화될 줄 알았다고 합니다. 그런데 자신이 초등학교에 다닐 때 홍역에 걸리자, 그때는 약도 없으니 아버지는 아이가 곧 죽을 거라며 방 윗목에 가마니로 말아 두고는 지게를 구해

와서 산으로 묻으러 간다고 했답니다. 어머니가 죽어 가는 아들을 끌어안고 울면서 기도하다 아들의 얼굴에 눈물이 떨어지자 그걸 핥았다고 합니다. 그랬더니 피부에 난 두드러기가 기적적으로 가라앉아 결국 살아났고, 그 후 전 세계를 다니며 웃음과 눈물로 많은 이들을 치유하다 하늘나라로 가신 것입니다.

그러니 우리 아버지들이 무슨 할 말이 있겠습니까? 그러나 적어도 신앙의 아버지들은 다릅니다. 사랑하는 아내와 자식들을 위해 목숨까지도 바칠 수 있습니다. 그렇지 않습니까?

우리 부모들이 보여 주는 사랑이 오늘날 우리 자녀들의 성격이나 행동이나 신앙을 만들고, 나아가 자녀들도 그 치유 받은 성격이나 행동이나 신앙으로 그들의 가정과 교회와 세상 모두를 살리며 행복하게 우리의 신앙을 이어 가게 될 줄 확실히 믿습니다.

하나님 나라의 비전을 이루어야 함

마지막으로 본문 16-17절 말씀을 보겠습니다. "나오미가 아기를 받아 품에 품고 그의 양육자가 되니 그의 이웃 여인들이 그에게 이름을 지어 주되 나오미에게 아들이 태어났다 하여 그의 이름을 오벳이라 하였는데 그는 다윗의 아버지인 이새의 아버지였더라."

보아스와 룻이 아들을 낳자 나오미가 너무도 기뻐 손자를 품에 안고 길렀는데, 그 모습을 본 이웃 여인들이 이 손자의 이름을 '오벳'이라고 지어 주었습니다. '오벳'은 히브리어로 'עוֹבֵד'(오베드)인데 이는 '섬기는 자'라는 뜻이며, 오벳이 할머니 나오미의 노후를 돌보고 섬길 것이라는 의미입니다. 그런데 그렇게 오벳이 섬기는 자로 살아감으로 보아스와 룻 가정의 믿음의 축복이 끝난 것이 아니라, 오벳이 '선물'이라는 뜻의 이새를 낳고, 이새는 '사랑하는 자'라는 뜻의 다윗을 낳게 된다는 것입니다. 더욱 놀라운 것은 이 가문에서 '여호와는 구원하신다'라는 뜻의 예수님이 탄생하셔서 인류의 영원한 구세주가 되심으로 모든 인류의 죄악과 상처와 질병의 치유와 구원의 역사를 이루신 것입니다.

우리나 우리 자녀들도 한 번 이 땅에 왔다 어느 날 갑자기 다 떠날 텐데, 먹고 사는 문제에 매여 살아가고 노후대책에나 매달려 살아가며 자식들 잘 되기만 바라고 살아간다면, 세상 사람들과 다를 바가 아무것도 없습니다. 적어도 우리가 주님의 십자가를 통해 영원한 생명을 알고, 천국의 소망 가운데 살아가고, 하나님의 자녀가 된 자들이라면 이제는 주님의 나라를 위해 살아야 하고, 주님의 복음을 위해 살아야 하고, 주님의 몸 된 교회를 위해 살아야 합니다. 우리의 자녀들이 꼭 유명한 정치가나 의사나 교수나 사업가나 연예인이 되어야 자녀 교육에 성공한 것이 아닙니다. 그렇게 되어서 결국 무엇을 하겠다는 것입니까? 진정으로 주님과 고통당하는 이웃을 위해 의미 있고 복되게 살고 있습니까? 우리의 자녀들이 부모의 뒤를 이어 신실한 목사나 선교사나 장로나 권사나 집사나 성도가 되어 하나님의 나라를 위해 귀하게 쓰임 받으며 영광 돌리는지가 중요한 것입니다.

그런데 코로나19로 인해 어려운 이 말세 마지막 때에, 공중의 권세 잡은 자인 사탄 마귀의 세력들이 예수님의 재림에 쫓겨 우리의 가정이나 직장이나 심지어 하나님의 교회에 이르기까지 극렬하게 역사하니 얼마나 신앙생활하기가 힘듭니까?

지난 수요일(2022년 5월 25일) 우리 대한예수교장로회 총회와 희망친구 기아대책과 목회데이터연구소가 우리 교단 소속 목회자와 평신도를 대상으로 설문조사한 결과를 발표했습니다. 그런데 목회자들의 약 40%가 앞으로 성전예배만 드리고 온라인예배를 드리지 않겠다고 응답한 반면에, 평신도들은 약 25%가 앞으로도 계속해서 온라인예배를 드리겠다고 했다니, 결국 코로나19 이후 한국 교회 교인 수의 25% 감소는 불가피한 참담한 현실입니다.

이러한 말세 마지막 때에 우리 교회에 출석하시는 증경총회장이신 이성희 목사님이 최근에 《기독교와 제5차 산업혁명》이라는 명저를 펴내셨습니다. 제1차 산업혁명은 18세기 후반에서 19세기 전반에 걸쳐 경공업과 소비재의 발달을 가져왔고, 제2차 산업혁명은 19세기 중후반에 일어나 전기, 화학 등 중화학공업의 발달을 가져왔고, 제3차 산업혁명은 미국의 경제학자 제레미 리프킨(Jeremy Rifkin)이 언급한 대로 인터넷을 통한 정보의 폭발적 발전을 가져왔고, 제4차 산업혁명은 로봇과 인공지능(AI)으로 인한 기술의 혁신을 가져왔습니다. 그런데 제5차 산업혁명은 제4차 산업혁명 이후에 나타나는 말세 마지막 때 산업혁명의 단계입니다. 미래학자이신 이성희 목사님은 포스트코로나 시대인 제5차 산업혁명 시대의 교회가 예배의 재발견, 소통의 재개, 소그룹의 활성화, 온라인교회의 관심(환자나 주일 직장 교인), 영성목회의 강화, 가정교회의 부활, 교회의 확장성, 코이노니아(교제)의 회복, 디아코니아(봉사)의 회복, 바이모델(양극화)의 중재 기관, 예배당의 중요성에 대해 깊이 각성할 것을 강조하고 있습니다.

그래서 말세 마지막 때 우리가 어떠한 신앙으로 이 모든 시험을 이겨 낼 것인지를 주님께서 친히 베드로전서 4장 7-10절에서 말씀해 주십니다. "만물의 마지막이 가까이 왔으니 그러므로 너희는 정신을 차리고 근신하여 기도하라 무엇보다도 뜨겁게 서로 사랑할지니 사랑은 허다한 죄를 덮느니라 서로 대접하기를 원망 없이 하고 각각

은사를 받은 대로 하나님의 여러 가지 은혜를 맡은 선한 청지기같이 서로 봉사하라."

이처럼 이 마지막 때 우리가 하나님의 명령을 따라 먼저 정신을 차리고 깨어 기도해야 합니다. 그러지 않으면 우리의 영은 점점 잠들고 병들다 마지막으로 죽고 말 것입니다. 그다음, 원수라도 뜨겁게 사랑해야 합니다. 전에 우리 교회에 오셔서 큰 은혜를 끼치셨던 장경동 목사님을 만나 들은 이야기입니다. 노아의 홍수 심판 때, 아버지 노아가 술 취해 벗고 자고 있는 것을 본 아들 함이 형제들에게 말한 것은 '사실'(fact)이었음에도 그는 저주를 받아 아프리카 민족의 조상이 되었습니다. 그런데 셈과 야벳은 아버지의 허물을 덮어 줌으로 인해 신앙적 사명(셈)과 물질의 축복(야벳)을 받은 아시아와 유럽의 조상이 되었습니다.

말세 마지막 때가 되니, 교회마다 사탄에게 속아 불화와 분쟁이 그치지 않고 고소와 고발이 끊이지 않아 교회와 성도들이 불행과 고통 가운데 죽어 가고 있습니다. 그러나 진정한 주님의 사랑은 상대방의 허물을 들추는 것이 아니라, 아무리 많은 죄라도 결단코 내가 교만해 하나님과 같이 되어 심판하려 하지 말고 하나님의 심판에 다 맡기고 덮어 주어야 한다는 것입니다. 더 나아가 남은 인생을 선한 청지기같이 하나님께서 우리에게 허락하신 몸과 마음과 시간과 재능과 물질과 생명까지도 아낌없이 바치면서 봉사해야 합니다. 그리할 때 살아계신 하나님께서 우리의 여생과 자손들에게까지 계속해서 복을 부어 주시고 귀하게 쓰시고 크게 영광 거두어 주실 것입니다.

그래서 잠언 29장 18절에서 "묵시가 없으면 백성이 방자히 행하거니와 율법을 지키는 자는 복이 있느니라"고 말씀하십니다. 다시 말하면 우리에게 비전이 없으면 아무렇게나 자신의 본능을 따라 살아간다는 것입니다. 그러나 우리의 생애를 향하신 주님의 비전을 발견하게 되면 우리가 하나님의 말씀대로 살아가게 되고, 그러면 틀림없이 일생토록 하나님의 복을 누리게 되리라고 분명히 약속하지 않으셨습니까? 그러므로 우리가 하나님 나라의 비전을 발견하고 헌신하며 열정을 쏟을 때, 우리의 여생뿐 아니라 자손들까지 이어서 하나님 나라의 비전을 이루고 복되게 쓰임 받으며 큰 영광을 돌리게 될 줄 확실히 믿으시기 바랍니다.

저는 지금으로부터 38년 전인 1984년에, 당시 우리 대한예수교장로회 총회의 선교 100주년 총회장이셨던 노량진교회 림인식 목사님을 만나, 교육전도사부터 시작해 1989년 목사 안수를 받고 미국 유학을 떠나기까지 6년 동안 목회훈련을 받았습니다. 그 신학생 초년에 림 목사님을 만났던 것이 하나님의 큰 은총이었습니다. 왜냐하면 림 목사님의 신앙과 인품과 삶을 통해 그분의 섬김의 영성을 배우고, 오늘날의 치유목회의 이론과 실제를 터득하고 정립하며 실천할 수 있었던 절호의 기회였기 때문입니다.

그런데 림 목사님은 가정에서나 교회에서나 총회에서나 모든 삶이 언제 어디서나 한결 같으셔서 그 힘든 삶 속에서도 5남매 자녀손들을 믿음으로 잘 기르셨습니다. 첫째 아드님이 평촌교회 림형석 목사님이시고, 둘째 아드님이 잠실교회 림형천 목사님이신데, 두 분 다 아버지의 영성을 이어받아 형제가 모두 목회를 크게 잘 하고 계십니다. 그런데 셋째 아드님인 림형진 장로님은 일찍이 서울대 공대를 졸업하고 미국 유학을 가서 항공공학박사가 되어 현재 미국 오스틴에 있는 대학교 교수로 있습니다. 이분도 사실 오래전에 신학을 공부하고 주의 종이 되고 싶다고 했습니다. 그런데 림 목사님이 "너라도 장로로서 형 목사님들을 도와야지 너까지 목사가 되면 어떻게 하겠느냐?"고 극구 만류해, 결국 목사가 되지 못하고 지금까지 장로로서 전도사처럼 교회 일만 있으면 학교 강의를 마치고 교회로 달려갈 정도로 '전도사 장로'(?)로 봉사하고 있습니다.

그런데 5년 전에 큰 아드님이신 림형석 목사님이 부총회장으로 출마하신다고 도와달라고 연락이 왔습니다. 출마하신 다른 목사님들은 10년 동안 준비하고 두 번째 출마를 하셨는데, 림 목사님은 총회 10개월 전에 출마를 신청하셔서 다윗과 골리앗의 싸움같이 희망이 안 보였습니다. 더구나 나머지 네 분의 후보 목사님들로부터 부자간에 총회장을 하려는 금수저 목사라고 공격까지 받게 되었습니다.

그러던 중에 총회를 하루 앞둔 날 제102회 총회 서기로 선임을 받고 임원 상견례가 있어서 갔다 숙소 입구에서 우연찮게 림 목사님을 만나게 되었는데, 잠시 목사님 방으로 와서 부총회장 후보 5분 스피치 원고를 봐달라고 하셨습니다. 따라가 보니 원고에 아버지 이야기가 빠져 있어서 이유를 물어보았더니, 선거 참모들이 금수저 목사라고 공격받는다고 아버지 이야기를 빼라고 했다는 겁니다. 그래서 제가 그랬습니다. "형님, 형님이 무슨 금수저예요? 흙수저 중에 흙수저인데 무슨 놈의 금수저라는 거예요?" 이어서 아버지와 함께 살면서 제일 힘들었던 일이 무엇인지 물었더니 이런 이야기를 들려주셨습니다.

림인식 목사님께서 노량진교회에 부임하시면서 처음에는 선임장로님 댁에 세 들어 살기도 하고 또 전세로 사시다 교회에서 아파트를 구하라고 돈을 주셨습니다. 그런데 그때 마침 교육관을 건축하게 되어 교회로부터 받았던 아파트 구입비를 모두 헌금하시고, 교회 예배 준비실 단칸방에서 할아버지, 할머니, 아버지, 어머니 그리고 5남매 자녀들까지 총 아홉 식구가 사셨다고 합니다. 말이 큰 교회 목사이지, 실제로는 교인들보다 더 어렵게 살면서 너무도 고생을 많이 하셨습니다.

부모님이 한 번도 자녀들의 생일상을 차려 주신 적이 없었고, 크리스마스 때 케이크 하나 사 가지고 오셔서 칼국수를 끓여 먹으면서 온 가족이 한꺼번에 생일잔치를 하곤 했다는 것입니다. 더욱이 아버지가 사례비를 다 하나님께 바치고 나누고 베풀다 보니 생활비를 거의 집에 가져오지 못하셔서, 결국 어머니가 20여 년 동안 교인들 모르게 삯바느질을 하셔서 생계를 유지하셨다고 합니다. 그런 부모님을 보면서 신발이 떨어져도 차마 신발을 사달라고 말을 꺼낼 수가 없었습니다. 그래서 동생 림형천 목사님은 구멍 난 운동화를 신고 다녔는데, 항상 운동화 구멍으로 들어온 흙 때문에 그렇게 어머니에게 야단을 맞으면서도, 부모님께 부담이 될까 봐 신발이 구멍 났다는 말도 못 하고 신고 다녔다고 합니다. 그러다 어느 날 사모님이 새벽기도회에 다녀오셔서 아침에 마당을 쓸다가 구멍 난 아들의 신발을 보고 그렇게 우셨다고 합니다. 그래서 제가 이런 이야기들을 5분 스피치에 넣어야 총대들이 형님을 바로 이해할 수 있다며 집어넣게 해서, 결국 림형석 목사님이 기적적으로 대역전의 승리로 부총회장에 당선이 되셨습니다.

그런 부모님의 헌신적이고 모범적인 신앙이 결단코 헛되지 않아서, 지금 아버지 림 목사님은 96세 장수의 복을 누리시면서 은퇴하신 목사님들 가운데 한국 교회를 위해 가장 크게 쓰임 받고 계시고, 자녀들에게까지 하나님의 넘치는 복이 이어졌습니다. 한 가정에서 한 명도 나오기 어려운 목사가 두 명이나 나와, 한국 교회 역사상 최초의 영광스러운 4대 목사 가문을 이루었습니다. 이상근·이성희 증경총회장님이 최초의 부자(父子) 총회장이셨지만, 림인식·림형석 목사님은 영광스럽게도 한국 교회 최초의 생존하고 계신 부자 총회장님이 되신 것입니다. 여러분, 한 가정에서 주의 종 한 사람만 나와도 가문의 영광인데, 어떻게 그렇게 신실한 신앙이 두 아들 목사에, 장로 막내아들과 권사 따님들에게까지 아름답게 감동적으로 이어질 수 있습니까? 림 목사님의 철저한 신앙과 일치된 삶의 실천과 허물 많은 어떠한 죄인까지도 끝까지 살리시는 목회와 하나님 나라를 위한 충성된 사명의 삶의 열매가 그대로 자손 대대로 맺힌 것입니다.

사랑하는 성도 여러분, 지금 한국 교회는 코로나19로 인해 점점 무너져 가고 있고, 다들 어렵고 힘들게 살아가고 있습니다. 그러나 우리가 말세 마지막 때 어떠한 환난과 핍박 속에서도 믿음으로 자녀를 낳아 기르고, 모두를 살리고 행복하게 하고, 하나님 나라의 비전을 이루며 살아가면, 언젠가는 우리의 자녀들도 우리의 뒤를 이어 신실한 주님의 일꾼이 되어 하나님의 영광스러운 축복의 신앙을 계속해서 이어 가게 될 줄 확실히 믿습니다.

이제 〈십자가의 길 순교자의 삶〉을 부르며 믿음으로 결단하겠습니다.

내 마음에 주를 향한 사랑이
나의 말엔 주가 주신 진리로
나의 눈에 주의 눈물 채워 주소서
내 입술에 찬양의 향기가
두 손에는 주를 닮은 섬김이
나의 삶에 주의 흔적 남게 하소서
하나님의 사랑이 영원히 함께하리

십자가의 길을 걷는 자에게
순교자의 삶을 사는 이에게
조롱하는 소리와 세상 유혹 속에도
주의 순결한 신부가 되리라
내 생명 주님께 드리리

복의 근원 되시는 하나님 아버지, 저희들의 일생이 하나님의 나라를 위해 복되게 이어지길 원하셨지만 저희가 하나님의 말씀대로 살지 못하여 불행과 고통 가운데 살 때가 얼마나 많았습니까? 이제라도 남은 인생 믿음으로 자녀를 낳아 기르게 해주시옵소서! 모두를 살리고 행복하게 만들게 해주시옵소서! 하나님 나라의 비전을 이루며 살아가게 해주시옵소서! 그리함으로 언젠가는 저희의 자녀들도 저희 뒤를 이어 신실한 주님의 일꾼이 되어 하나님의 영광스러운 축복의 신앙을 계속해서 이어 가게 해주실 줄 믿사옵고 예수님의 이름으로 간절히 축복하며 기도하옵나이다. 아멘!

치유의 말씀

하나님은 역사하십니다 4

1판 1쇄 인쇄 _ 2023년 4월 25일
1판 1쇄 발행 _ 2023년 5월 1일

지은이 _ 김의식
펴낸이 _ 이형규
펴낸곳 _ 쿰란출판사

주소 _ 서울특별시 종로구 이화장길 6
편집부 _ 745-1007, 745-1301~2, 743-1300
영업부 _ 747-1004, FAX 745-8490
본사평생전화번호 _ 0502-756-1004
홈페이지 _ http://www.qumran.co.kr
E-mail _ qrbooks@daum.net / qrbooks@gmail.com
한글인터넷주소 _ 쿰란, 쿰란출판사
페이스북 _ www.facebook.com/qumranpeople
인스타그램 _ www.instagram.com/qrbooks
등록 _ 제1-670호(1988.2.27)
책임교열 _ 최찬미 · 이화정

 ISBN 979-11-6143-822-1 94230
979-11-6143-556-5 (세트)

책값은 뒤표지에 있습니다.

파본(破本)은 구입처에서 교환해 드립니다.